Agatha Christie
(1890-1976)

AGATHA CHRISTIE é a autora mais publicada de todos os tempos, superada apenas por Shakespeare e pela Bíblia. Em uma carreira que durou mais de cinquenta anos, escreveu 66 romances de mistério, 163 contos, dezenove peças, uma série de poemas, dois livros autobiográficos, além de seis romances sob o pseudônimo de Mary Westmacott. Dois dos personagens que criou, o engenhoso detetive belga Hercule Poirot e a irrepreensível e implacável Miss Jane Marple, tornaram-se mundialmente famosos. Os livros da autora venderam mais de 2 bilhões de exemplares em inglês, e sua obra foi traduzida para mais de cinquenta línguas. Grande parte da sua produção literária foi adaptada com sucesso para o teatro, o cinema e a tevê. *A ratoeira*, de sua autoria, é a peça que mais tempo ficou em cartaz, desde sua estreia, em Londres, em 1952. A autora colecionou diversos prêmios ainda em vida, e sua obra conquistou uma imensa legião de fãs. Ela é a única escritora de mistério a alcançar também fama internacional como dramaturga e foi a primeira pessoa a ser homenageada com o Grandmaster Award, em 1954, concedido pela prestigiosa associação Mystery Writers of America. Em 1971, recebeu o título de Dama da Ordem do Império Britânico.

Agatha Mary Clarissa Miller nasceu em 15 de setembro de 1890 em Torquay, Inglaterra. Seu pai, Frederick, era um americano extrovertido que trabalhava como corretor da Bolsa, e sua mãe, Clara, era uma inglesa tímida. Agatha, a caçula de três irmãos, estudou basicamente em casa, com tutores. Também teve aulas de canto e piano, mas devido ao temperamento introvertido não seguiu carreira artística. O pai de Agatha morreu quando ela tinha onze anos, o que a aproximou da mãe, com quem fez várias viagens. A paixão por conhecer o mundo acompanharia a escritora até o final da vida.

Em 1912, Agatha conheceu Archibald Christie, seu primeiro marido, um aviador. Eles se casaram na véspera do Natal de 1914 e tiveram uma única filha, Rosalind, em 1919. A carreira literária de Agatha – uma fã dos livros de suspense do escritor inglês Graham Greene – começou depois que sua irmã a desafiou a escrever um romance. Passaram-se alguns anos até que o primeiro livro da escritora fosse publicado. *O misterioso caso de Styles* (1920), escrito próximo ao fim da Primeira Guerra Mundial, teve uma boa acolhida da crítica. Nesse romance aconteceu a primeira aparição de Hercule Poirot, o detetive que estava destinado a se tornar o personagem mais popular da ficção policial desde Sherlock Holmes. Protagonista de 33 romances e mais de cinquenta contos da autora, o detetive belga foi o único personagem a ter o obituário publicado pelo *The New York Times*.

Em 1926, dois acontecimentos marcaram a vida de Agatha Christie: a sua mãe morreu, e Archie a deixou por outra mulher. É dessa época também um dos fatos mais nebulosos da biografia da autora: logo depois da separação, ela ficou desaparecida durante onze dias. Entre as hipóteses figuram um surto de amnésia, um choque nervoso e até uma grande jogada publicitária. Também em 1926, a autora escreveu sua obra-prima, *O assassinato de Roger Ackroyd*. Este foi seu primeiro livro a ser adaptado para o teatro – sob o nome *Álibi* – e a fazer um estrondoso sucesso nos teatros ingleses. Em 1927, Miss Marple estreou como personagem no conto "O Clube das Terças-Feiras".

Em uma de suas viagens ao Oriente Médio, Agatha conheceu o arqueólogo Max Mallowan, com quem se casou em 1930. A escritora passou a acompanhar o marido em expedições arqueológicas e nessas viagens colheu material para seus livros, muitas vezes ambientados em cenários exóticos. Após uma carreira de sucesso, Agatha Christie morreu em 12 de janeiro de 1976.

Agatha Christie

O segredo de Chimneys

Tradução de Bruno Alexander

www.lpm.com.br

L&PM POCKET

Coleção **L&PM** POCKET, vol. 1218

Texto de acordo com a nova ortografia.
Título original: *The Secret of Chimneys*

Primeira edição na Coleção **L&PM** POCKET: maio de 2016
Esta reimpressão: outubro de 2020

Tradução: Bruno Alexander
Capa: www.juliejenkindesign.com © HarperCollins/Agatha Christie Ltd 2008
Preparação: Patrícia Yurgel
Revisão: Lia Cremonese

CIP-Brasil. Catalogação na publicação
Sindicato Nacional dos Editores de Livros, RJ.

C479s

Christie, Agatha, 1890-1976
  O segredo de Chimneys / Agatha Christie; tradução Bruno Alexander. – 1. ed. – Porto Alegre, RS: L&PM, 2020.
  304 p. : il. ; 18 cm. (Coleção L&PM POCKET, v. 1218)

Tradução de: *The Secret of Chimneys*
ISBN 978-85-254-3403-6

1. Ficção inglesa. I. Alexander, Bruno. II. Título.

16-31210	CDD: 823
	CDU: 821.111-3

The Secret of Chimneys Copyright © 1925 Agatha Christie Limited. All rights reserved.
AGATHA CHRISTIE and the Agatha Christie Signature are registered trade marks of Agatha Christie Limited in the UK and elsewhere. All rights reserved.
www.agathachristie.com

Todos os direitos desta edição reservados a L&PM Editores
Rua Comendador Coruja, 314, loja 9 – Floresta – 90220-180
Porto Alegre – RS – Brasil / Fone: 51.3225.5777

Pedidos & Depto. Comercial: vendas@lpm.com.br
Fale conosco: info@lpm.com.br
www.lpm.com.br

Impresso na Gráfica e Editora Pallotti, Santa Maria, RS, Brasil
Primavera de 2020

*Para meu sobrinho,
como lembrança de uma
inscrição no Compton Castle
e de um dia no zoológico.*

Sumário

Capítulo 1 – Anthony Cade é contratado....................9
Capítulo 2 – Uma moça em apuros.........................20
Capítulo 3 – Ansiedade em alta.............................30
Capítulo 4 – Uma criatura realmente adorável.........38
Capítulo 5 – Primeira noite em Londres..................44
Capítulo 6 – A nobre arte da chantagem..................58
Capítulo 7 – O sr. McGrath recusa um convite........70
Capítulo 8 – Um homem morto.............................79
Capítulo 9 – Anthony livra-se de um corpo.............87
Capítulo 10 – Chimneys..96
Capítulo 11 – Chega o superintendente Battle........108
Capítulo 12 – Anthony conta sua história..............115
Capítulo 13 – O visitante americano......................126
Capítulo 14 – Política e finanças, sobretudo...........132
Capítulo 15 – O francês desconhecido...................142
Capítulo 16 – Chá na sala de estudos.....................156
Capítulo 17 – Uma aventura à meia-noite..............169
Capítulo 18 – Segunda aventura à meia-noite.........178
Capítulo 19 – História secreta...............................190
Capítulo 20 – Battle e Anthony confabulam..........203
Capítulo 21 – A maleta do sr. Isaacstein.................210
Capítulo 22 – Sinal vermelho................................221
Capítulo 23 – Encontro no roseiral........................236
Capítulo 24 – A casa em Dover.............................247
Capítulo 25 – Terça à noite em Chimneys..............255
Capítulo 26 – Dia 13 de outubro...........................264
Capítulo 27 – Dia 13 de outubro (continuação)......270

Capítulo 28 – Rei Victor 282
Capítulo 29 – Mais algumas explicações 287
Capítulo 30 – Anthony assume um novo trabalho ... 293
Capítulo 31 – Detalhes diversos 301

Capítulo 1

Anthony Cade é contratado

— Cavalheiro Joe!
– Ora, ora, mas se não é o velho Jimmy McGrath!
Os turistas selecionados da Companhia Castle, representados por sete mulheres de aparência depressiva e três homens suados, observavam a cena com considerável interesse. Pelo visto, o sr. Cade encontrara um amigo antigo. Todos eles admiravam bastante o sr. Cade, sua figura alta, esbelta, o rosto bronzeado, a maneira despreocupada com que apaziguava discussões e instaurava o bom humor. E agora havia um amigo – um sujeito de aspecto curioso. Mais ou menos da mesma altura que o sr. Cade, porém corpulento e não tão belo. O tipo de homem sobre o qual se lê em livros, provavelmente dono de uma taberna. Interessante, de qualquer forma. Afinal, é para isso que se viaja ao exterior: para ver todas essas coisas pitorescas que se conhecem nos livros. Até o momento, tinham se entediado em Bulawayo. O sol era insuportavelmente quente, o hotel, desconfortável, e parecia não haver nenhum lugar especial aonde ir, até chegar a hora de embarcar para as Colinas de Matobo. Felizmente, o sr. Cade tinha sugerido cartões-postais. Havia uma boa quantidade de cartões-postais.

Anthony Cade e o amigo afastaram-se um pouco.

– O que é que você anda fazendo no meio de tantas mulheres? – perguntou McGrath. – Vai montar um harém?

– Não com esse grupo – brincou Anthony. – Você reparou bem nelas?

– Reparei. Achei que talvez você estivesse ficando com a vista fraca.

– Minha vista está perfeita. Não. Esta é uma excursão seleta da Companhia Castle. Eu sou o guia da Castle. O guia local, digo.

– O que o fez aceitar um emprego desses?

– A lamentável necessidade de dinheiro. Posso lhe garantir que o trabalho não tem nada a ver comigo.

Jimmy deu um sorriso galhofeiro.

– Você nunca gostou muito de trabalho fixo, não é?

Anthony ignorou a calúnia.

– Há de aparecer coisa melhor em breve – disse, esperançoso. – Sempre aparece.

Jimmy soltou uma risada.

– Onde há tumulto, lá estará Anthony Cade, mais cedo ou mais tarde – disse. – Você tem instinto para briga, *e* as sete vidas de um gato. Quando é que podemos bater um papo?

Anthony suspirou.

– Tenho que levar essas galinhas cacarejantes para ver o túmulo de Rodes.

– Por isso mesmo – disse Jimmy, em tom de aprovação. – Elas voltarão acabadas por conta dos trancos da estrada, implorando por uma cama para se recuperarem das sacudidelas. Então, teremos tempo para nos encontrar e colocar a conversa em dia.

– Certo. Até breve, Jimmy.

Anthony voltou para o rebanho. A srta. Taylor, a participante mais jovem e volúvel do grupo, atacou-o na mesma hora.

– Sr. Cade, aquele senhor é seu amigo?

– Era, srta. Taylor. Um dos amigos da minha irrepreensível juventude.

A srta. Taylor deu uma risadinha.

– Achei-o bem interessante.

– Pode deixar que eu conto para ele.

– Sr. Cade, o senhor está sendo muito indiscreto! Que ideia! Como foi que ele o chamou?

– Cavalheiro Joe?

– Sim. Seu nome é Joe?

– A senhorita não sabe que é Anthony, srta. Taylor?

– Só o senhor, mesmo! – exclamou a srta. Taylor, de modo alegre.

Anthony reassumira seus deveres. Além das providências necessárias para a viagem, os deveres incluíam acalmar senhores idosos irritáveis quando sua dignidade fosse abalada, propiciar às matronas oportunidades para a aquisição de cartões-postais e flertar com qualquer mulher abaixo de quarenta anos. Esta última tarefa se tornava ainda mais fácil graças à extrema presteza com que as moças em questão interpretavam suas mais inocentes observações como um sinal de carinho.

A srta. Taylor retomou o ataque.

– Então por que ele o chama de Joe?

– Justamente porque esse não é o meu nome.

– E por que "cavalheiro"?

– Pelo mesmo motivo.

– Sr. Cade! – protestou a srta. Taylor, quase ultrajada. – O senhor não deveria dizer isso. Ontem à noite mesmo meu pai estava comentando sobre seus modos de cavalheiro.

– Muita gentileza de seu pai, srta. Taylor.
– E todos nós concordamos que o senhor é um cavalheiro mesmo.
– Fico lisonjeado.
– De verdade.
– "Corações bondosos valem mais do que coroas" – disse Anthony, de maneira vaga, sem a mínima noção do que queria dizer com aquilo e desejando ardentemente que já fosse a hora do almoço.
– Sempre achei lindo esse poema.* Entende de poesia, sr. Cade?
– Poderia recitar "Casabianca", de Felicia Dorothea Hemans, em último caso. "O menino estava no convés em chamas, de onde todos haviam fugido, menos ele". Só sei essa parte, mas posso interpretar esse trecho com gestos, se a senhorita quiser. "O menino estava no convés em chamas", whoosh... whoosh... whoosh... São as chamas, entende? "De onde todos haviam fugido, menos ele." Aqui, eu corro de um lado para o outro, como um cachorro.

A srta. Taylor caiu na gargalhada.
– Olhem o sr. Cade, que hilário!
– Hora do chá matinal – cortou Anthony. – Venham por aqui. Há um excelente café na próxima rua.
– Presumo – disse a sra. Caldicott, com sua voz grave – que as despesas estejam incluídas na excursão.
– O chá da manhã, sra. Caldicott, é uma despesa extra – retrucou Anthony, assumindo sua postura profissional.
– Lamentável.
– A vida está cheia de provações, não é? – disse Anthony, animadamente.

Os olhos da sra. Caldicott brilharam, e ela falou como se estivesse detonando uma mina:

---

* "Lady Clara Vere de Vere", de Alfred Tennyson. (N.T.)

— Suspeitei disso e, por precaução, guardei um pouco de chá numa jarra hoje de manhã! Posso esquentar na espiriteira. Vamos, papai.

O sr. a sra. Caldicott saíram de modo triunfal para o hotel, ela cheia de si, por conta da premonição acertada.

— Meu Deus — murmurou Anthony. — Quanta gente esquisita é necessária para se fazer um mundo!

Guiou o restante do grupo em direção ao café. A srta. Taylor postou-se a seu lado e recomeçou a cantilena.

— Fazia muito tempo que o senhor não via seu amigo?

— Uns sete anos.

— Foi na África que o senhor o conheceu?

— Sim, mas não nesta região. Na primeira vez que vi Jimmy McGrath ele já estava pronto para ir para o caldeirão. Algumas tribos do interior são canibais. Chegamos na hora certa.

— O que aconteceu?

— Uma baguncinha legal. Jogamos alguns caras no caldeirão, e o resto saiu em disparada.

— Oh, sr. Cade, quantas aventuras o senhor deve ter vivido!

— Tive uma vida muito tranquila, acredite.

Mas é claro que a moça não acreditou.

Eram cerca de dez horas da noite quando Anthony Cade entrou na saleta onde Jimmy McGrath se entretinha manipulando diversas garrafas.

— Faça um bem forte, James — implorou. — Estou precisando.

— Deve estar mesmo. Eu não aceitaria seu emprego por nada neste mundo.

— É só me arranjar outro que eu deixo este na hora.

McGrath serviu sua própria bebida, agitou-a com prática e preparou uma segunda dose.

– Está falando sério, meu caro? – perguntou lentamente.

– Sobre o quê?

– Largar esse trabalho se conseguir outro.

– Por quê? Não me diga que tem um emprego dando sopa. Por que você mesmo não pega?

– Já peguei. Mas não me agrada muito. É por isso que estou tentando passar para você.

Anthony ficou desconfiado.

– Qual o problema? Não vai me dizer que o colocaram para trabalhar numa escola dominical.

– Você acha mesmo que alguém me escolheria para dar aulas numa escola dominical?

– É. Se o conhecessem bem, não escolheriam. De fato.

– O trabalho é ótimo. Não há nada de errado.

– Por acaso, não é na América do Sul, não? Estou de olho na América do Sul. Uma revolução muito bem organizada está prestes a estourar numa daquelas repúblicas.

McGrath achou graça.

– Você sempre adorou revoluções. Se há briga, você está dentro.

– Sinto que meus talentos poderiam ser valorizados lá. Olhe, Jimmy, posso ser muito útil numa revolução, tanto de um lado quanto de outro. É melhor do que ganhar a vida honestamente, dia a dia.

– Você já comentou a respeito disso, meu caro. O emprego não é na América do Sul. É na Inglaterra.

– Inglaterra? Retorno do herói a seu país de origem depois de tantos anos. Os credores não podem me importunar depois de sete anos, não é, Jimmy?

– Acho que não. Bom, gostaria de ouvir mais sobre o trabalho?

– Sim, gostaria. O que me preocupa é por que você mesmo não o quer.

– Vou lhe dizer. Estou atrás de ouro, Anthony, lá no interior.

Anthony assobiou e olhou para ele.

– Você sempre esteve atrás de ouro, Jimmy, desde que o conheço. É o seu ponto fraco. Seu hobby particular. Procurar ouro, seguindo os caminhos mais arriscados.

– E no fim encontrarei, você verá.

– Bem, todo mundo tem um hobby. O meu são as brigas, o seu é ouro.

– Vou lhe contar a história toda. Suponho que você saiba tudo sobre a Herzoslováquia.

Anthony ergueu o olhar.

– Herzoslováquia? – exclamou com um curioso acento na voz.

– Sim. Sabe alguma coisa a respeito?

Houve uma considerável pausa antes de Anthony responder.

– Só o que todo mundo sabe – disse ele, vagarosamente. – É um dos Estados balcânicos, não é? Rios principais: desconhecidos. Montanhas principais: também desconhecidas, embora sejam muitas. Capital: Ekarest. População: bandoleiros, sobretudo. Hobby: assassinar reis e fazer revoluções. Último rei: Nicholas IV, assassinado há uns sete anos. Desde então, tem sido uma república. De um modo geral, um lugar muito agradável. Você poderia ter dito antes que a Herzoslováquia fazia parte do assunto.

– Não faz, a não ser indiretamente.

Anthony olhou-o mais com pena do que com raiva.

– Você precisa tomar alguma providência em relação a isso, James – disse. – Faça um curso por correspondência ou alguma coisa assim. Se você contasse uma história desse jeito no velho Oriente, seria pendurado pelos tornozelos e chicoteado, na melhor das hipóteses.

Jimmy prosseguiu, indiferente às censuras.

– Já ouviu falar do conde Stylptitch?

– Agora estamos conversando – disse Anthony. – Muita gente que jamais ouviu falar da Herzoslováquia vibraria à simples menção do nome do conde Stylptitch. O grande senhor dos Bálcãs. O maior estadista dos tempos modernos. O vilão que escapou impune. A visão depende do jornal que se lê. Mas uma coisa é certa: você e eu já teremos virado pó, e o conde Stylptitch ainda será lembrado. Nos últimos vinte anos, toda medida e contramedida no Oriente Próximo tiveram o dedo do conde Stylptitch. Um ditador, um patriota, um estadista. Ninguém sabe muito bem o que ele foi. O rei da intriga, isso é certo. Mas o que ele tem a ver com o assunto?

– Ele foi primeiro-ministro da Herzoslováquia. Foi por isso que a mencionei antes.

– Você não tem senso de proporção, Jimmy. A Herzoslováquia não tem importância nenhuma em comparação a Stylptitch. Forneceu-lhe apenas um local de nascimento e um posto no escritório das Relações Exteriores. Mas achei que ele estivesse morto.

– Ele está morto. Morreu em Paris há uns dois meses. O que estou lhe contando aconteceu há alguns anos.

– A questão é: o que você está me contando?

Jimmy aceitou a repreensão e prosseguiu, sem demora.

– É o seguinte: eu estava em Paris, há quatro anos, para ser exato. Uma noite, lá ia eu, perambulando sozinho por um lugar meio deserto, quando vi meia dúzia de valentões franceses batendo num senhor idoso, de aparência respeitável. Como detesto covardia, entrei na briga e dei uma surra nos caras. Acho que eles nunca apanharam tanto na vida. Desmoronaram como sacos vazios.

– Bom para você, James – disse Anthony, tranquilamente. – Gostaria de ter visto a pancadaria.

– Não foi nada de mais – disse Jimmy, com modéstia. – Mas o velho ficou muito grato. Ele tinha bebido um pouco, sem dúvida, mas estava sóbrio o suficiente para anotar meu nome e endereço. Veio me agradecer no dia seguinte, em grande estilo. Foi aí que descobri que o senhor que eu tinha salvado era o conde Stylptitch. Ele tinha uma casa perto do Bois.

Anthony assentiu.

– Sim. Stylptitch foi morar em Paris após o assassinato do rei Nicholas. Queriam que ele voltasse para se tornar presidente mais tarde, mas ele não quis. Manteve-se fiel a seus princípios monárquicos, embora dissessem que ele andou metido em todas as confusões que ocorreram nos Bálcãs. Muito fiel, o último conde Stylptitch.

– Nicholas IV era o sujeito de gosto duvidoso em relação a esposas, não? – perguntou Jimmy, de repente.

– Sim – respondeu Anthony. – E isso lhe custou caro, coitado. Conheceu uma menina de rua, artista num teatro de variedades de Paris, que não servia nem para um casamento morganático. Mas Nicholas se apaixonou perdidamente por ela, e ela estava louca para ser rainha. Parece mentira, mas eles conseguiram. Chamaram-na de condessa Popoffsky, algo assim, e passaram a dizer que corria o sangue dos Romanoff em suas veias. Nicholas casou-se na catedral de Ekarest, perante um par de arcebispos relutantes, e ela foi coroada rainha Varaga. Nicholas liquidou seus ministros e achou que bastava. Mas se esqueceu do povão. As pessoas são muito aristocráticas e reacionárias na Herzoslováquia. Gostam de reis e rainhas genuínos. Em meio a cochichos e descontentamento, e apesar das duras repressões, fizeram uma rebelião no palácio, e o rei e a rainha foram assassinados, resultando na proclamação da república. Desde então, esse é o regime, mas as coisas ainda andam bastante agitadas por lá, pelo que ouvi dizer. Assassinaram um ou dois presidentes, só para não perder o hábito. Mas *revenons à nos moutons*, voltemos ao nosso assunto. Você estava dizendo que o conde Stylptitch o aclamava como seu salvador.

– Sim. Bem, esse foi o fim da história. Voltei para a África e não pensei mais nisso até umas duas semanas atrás, quando recebi um pacote estranho, que me seguiu por todos os lugares, só Deus sabe por quanto tempo. Eu tinha lido num jornal que o conde Stylptitch tinha morrido recentemente em Paris. Bem, esse pacote continha suas memórias, ou reminiscências, sei lá como chamam essas coisas. Havia um bilhete informando que, se eu entregasse o manuscrito a determinada editora em Londres até o dia 13 de outubro, eles me dariam mil libras.

– Mil libras? Foi isso mesmo o que eu ouvi, Jimmy?

– Sim, meu caro. Espero que não seja um trote. Não confie em príncipes ou políticos, dizem. Bem, é isso. Levando em consideração o caminho que o manuscrito percorreu para chegar a mim, não tenho tempo a perder. De qualquer maneira, é uma pena. Acabei de organizar uma viagem para o interior, e estava animado com a ideia de ir. Talvez não tenha outra oportunidade tão boa.

– Você é incurável, Jimmy. Mil libras na mão valem muito mais do que um ouro hipotético.

– E se for um trote? De qualquer forma, aqui estou eu, de passagem comprada e malas prontas, a caminho da Cidade do Cabo. E aí você aparece!

Anthony levantou-se a acendeu um cigarro.

– Já entendi seu jogo, James. Você vai atrás do ouro, conforme planejado, e eu pego as mil libras para você. Quanto ganho nisso?

– Que tal 25 por cento?

– Duzentos e cinquenta libras "no bolso", como dizem.

– Exato.

– Fechado. E, só para você se morder de raiva, saiba que eu teria aceitado até por cem libras! E digo mais: você não morrerá contando o dinheiro economizado.

– Fechado, então?

– Sim. Estou dentro. E dá-lhe confusão na excursão da Companhia Castle.

Bridaram solenemente.

Capítulo 2

Uma moça em apuros

— Então está combinado – disse Anthony, esvaziando o copo e recolocando-o em cima da mesa. – Em que navio você ia embarcar?

– No *Granarth Castle*.

– A passagem está reservada no seu nome, imagino. Por isso, talvez seja melhor eu viajar como James McGrath. Superamos esse negócio de passaporte, não?

– Não há outro jeito. Somos totalmente diferentes, mas provavelmente nossa descrição coincida em algum ponto. Altura: um metro e oitenta. Cabelos castanhos, olhos azuis, nariz comum, queixo comum...

– Pare com essa história de "comum". Pois lhe digo que a Castle me escolheu entre diversos candidatos somente por causa da minha aparência agradável e minhas boas maneiras.

Jimmy sorriu.

– Reparei nas suas boas maneiras hoje de manhã – disse, irônico.

– Claro!

Anthony levantou-se e andou de um lado para o outro. Franzia a testa.

– Jimmy – falou depois de um tempo –, Stylptitch morreu em Paris. Qual o sentido de enviar um manuscrito de Paris a Londres via África?

Jimmy sacudiu a cabeça com desânimo.

– Não sei.

– Por que não fazer um embrulho bonito e mandar pelo correio?

– Concordo que seria muito mais sensato.

– Pois é – continuou Anthony. – Eu sei que os reis, as rainhas e os representantes do governo, por etiqueta mesmo, são impedidos de fazer as coisas de maneira simples e direta. Daí a necessidade dos mensageiros do rei e essa história toda. Nos tempos medievais, o sujeito recebia um anel com sinete, como uma espécie de "abre-te sésamo". "O anel do rei! Pode entrar, meu senhor!" E geralmente era o outro camarada que o havia roubado. Nunca entendi por que um rapaz inteligente nunca teve a ideia de copiar o anel. Poderia fazer uma dúzia e vendê-los por cem ducados cada. Parece que na Idade Média eles não tinham muita iniciativa.

Jimmy bocejou.

– Pelo visto, minhas observações sobre a Idade Média não lhe interessam muito. Voltemos ao conde Stylptitch. Da França à Inglaterra via África parece-me um pouco estúpido, mesmo no caso de uma celebridade diplomática. Se ele quisesse que você recebesse mil libras, poderia ter deixado no testamento. Graças a Deus, nem você nem eu somos orgulhosos a ponto de recusar um legado! Stylptitch devia ser meio excêntrico.

– É a impressão que dá, não?

Anthony franziu o cenho e recomeçou a andar.

– Você já leu o troço? – perguntou subitamente.

– Que troço?

– O manuscrito.

– Claro que não. O que o faz pensar que eu iria querer ler um negócio desses?

Anthony sorriu.

– Estava só curioso. Um monte de problemas já foi causado em virtude de memórias. Revelações indiscretas, esse tipo de coisa. Pessoas fechadas como uma ostra a vida inteira parecem sentir prazer na ideia de criar alvoroço quando já estiverem confortavelmente enterradas. Devem gozar de uma alegria secreta. Jimmy, que espécie de homem era o conde Stylptitch? Você o conheceu pessoalmente, conversou com ele, e você é um bom juiz da crua natureza humana. Será que ele era um sujeito vingativo? O que você me diz?

– Difícil dizer – respondeu Jimmy, balançando a cabeça. – Na primeira noite ele estava visivelmente ébrio. No dia seguinte, o que vi foi um senhor elegante, muito educado, elogiando-me tanto que me deixou até sem graça.

– E ele não disse nada de interessante quando estava bêbado?

Jimmy franziu a testa, procurando recordar.

– Disse que sabia onde está o Koh-i-noor – respondeu, em tom de dúvida.

– Ora, todo mundo sabe isso – disse Anthony. – Eles guardam o diamante na torre, não? Atrás de um vidro espesso e grades de ferro, com um monte de homens uniformizados circulando por ali para ninguém meter a mão em nada.

– Isso mesmo.

– E Stylptitch falou mais alguma coisa desse tipo? Que ele sabia em que cidade ficava a Coleção Wallace, por exemplo?

Jimmy respondeu que não com a cabeça.

– Hum – fez Anthony.

Acendeu outro cigarro e recomeçou, mais uma vez, a andar de um lado para o outro da sala.

– Você deve ser um bárbaro que nunca lê jornal – disse em seguida.

– Não leio muito mesmo – admitiu McGrath com simplicidade. – De um modo geral, não há nada nos jornais que me interesse.

– Graças a Deus, sou mais civilizado. Os jornais têm feito diversas referências à Herzoslováquia ultimamente. Falam de uma possível restauração monárquica.

– Nicholas IV não teve filhos – observou Jimmy. – Mas não acredito que a dinastia Obolovitch vá se extinguir. Deve haver um monte de primos, de segundo e terceiro graus, afastados.

– Ou seja, não haveria nenhuma dificuldade em encontrar um rei.

– Nenhuma – disse Jimmy. – Não me espanta que eles estejam cansados das instituições republicanas. Um povo de raça pura e viril como esse deve achar para lá de enfadonho fabricar presidentes depois de se acostumar com reis. E, falando em reis, isso me lembra outra coisa que o velho Stylptitch deixou escapar aquela noite. Disse que conhecia a quadrilha que estava atrás dele. Era o pessoal do rei Victor.

– O quê? – exclamou Anthony, virando-se de repente.

Um sorriso malicioso abriu-se no rosto de McGrath.

– Ficou animado com a notícia, não, cavalheiro Joe? – perguntou.

– Não seja bobo, Jimmy. Você acabou de me dizer algo muito importante.

Anthony foi até a janela e ficou ali, olhando para fora.

– A propósito, quem é rei Victor? – indagou Jimmy. – Outro monarca balcânico?

– Não – respondeu Anthony lentamente. – Ele não é esse tipo de rei.

– O que ele é, então?

Depois de uma breve pausa, Anthony respondeu.

– Ele é um vigarista, Jimmy. O ladrão de joias mais famoso do mundo. Um sujeito fantástico, ousado, que não se deixa intimidar por nada. Rei Victor é o apelido pelo qual era conhecido em Paris. Paris é onde ficava o quartel-general de sua quadrilha. Conseguiram pegá-lo e detê-lo por sete anos, com base em acusações menores. Não tiveram como provar nada muito sério contra ele. Logo estará solto, se é que já não está.

– Você acha que o conde Stylptitch teve alguma coisa a ver com o fato de ele ter sido detido? Foi por isso que a quadrilha o perseguiu? Por vingança?

– Não sei – disse Anthony. – Não me parece provável. O rei Victor nunca roubou as joias da coroa da Herzoslováquia, até onde eu sei. Mas a coisa toda é um tanto quanto sugestiva, não acha? A morte de Stylptitch, as memórias, os boatos nos jornais... tudo muito vago, mas interessante. E estão dizendo por aí que encontraram petróleo na Herzoslováquia. Estou com o pressentimento, James, de que as pessoas começarão a se interessar por esse paisinho insignificante.

– Que tipo de pessoa?

– Financistas orientais em cargos públicos.

– Aonde você quer chegar com tudo isso?

– Estou tentando dificultar um trabalho fácil, só isso.

– Você não está me dizendo que haverá alguma dificuldade em entregar um simples manuscrito numa editora, não é?

– Não – respondeu Anthony com pesar. – Provavelmente não haverá dificuldade nenhuma quanto a isso. Mas vou lhe dizer uma coisa, James: sabe para onde pretendo ir com as minhas duzentas e cinquenta libras?

– Para a América do Sul?

– Não, meu caro. Para a Herzoslováquia. Acho que me juntarei à república. É bem provável que acabe me tornando presidente.

– Por que você não se anuncia como o principal descendente dos Obolovitch e se torna rei enquanto estiver por lá?

– Não, Jimmy. Os reis governam até o fim da vida. Os presidentes, apenas quatro anos, dependendo do caso. Seria muito mais agradável governar um reino como a Herzoslováquia por quatro anos.

– Parece-me que a média do tempo de governo dos reis é menor – interpolou Jimmy.

– Ficarei seriamente tentado a me apropriar de sua parte nas mil libras. Você não precisará dela. Voltará carregado de pepitas de ouro. Investirei sua parte em ações de petróleo na Herzoslováquia. Sabe, James, quanto mais penso a respeito, mais contente fico com essa sua ideia. Jamais teria pensado na Herzoslováquia se você não tivesse comentado. Passo um dia em Londres, para pegar o dinheiro, e de lá parto para a Herzoslováquia, com o expresso balcânico!

– Você não poderá ir embora tão rápido. Não comentei antes, mas tenho outra pequena incumbência para você.

Anthony afundou-se numa poltrona e encarou-o.

– Eu sabia desde o início que você estava escondendo alguma coisa. Lá vem bomba.

– Não é nada disso. É só algo que precisa ser feito para ajudar uma moça.

– De uma vez por todas, James, recuso-me a me envolver em seus casos de amor brutais.

– Não é um caso de amor. Eu nunca vi essa mulher. Vou lhe contar a história toda.

– Se eu tiver que ouvir mais uma de suas histórias longas e desconexas, precisarei de mais uma bebida.

O anfitrião aquiesceu ao pedido e deu início à narrativa.

— Foi quando eu estava em Uganda. Havia um gringo lá cuja vida eu tinha salvado...

— Se eu fosse você, Jimmy, escreveria um pequeno livro intitulado "Vidas que salvei". Já é a segunda história de salvação que eu ouço esta noite.

— Bom, dessa vez eu não fiz nada de mais. Só tirei o gringo do rio. Como todos os gringos, ele não sabia nadar.

— Espere um pouco. Essa história tem alguma coisa a ver com a outra, da Herzoslováquia?

— Não. Mas, por incrível que pareça, estou me lembrando agora, o homem era herzoslovaco. De qualquer maneira, nós sempre o chamamos de Pedro Holandês.

Anthony assentiu, demonstrando indiferença.

— Qualquer nome serve para um gringo – observou.
— Continue contando sobre a boa ação, James.

— Bem, o sujeito ficou muito agradecido. Grudou em mim, como um cão fiel. Cerca de seis meses depois, morreu de febre. Eu estava do seu lado. Nos últimos momentos, quando ele já estava quase batendo as botas, ele me chamou e sussurrou um segredo: uma mina de ouro, parece. Entregou-me um pacote embrulhado em lona que sempre havia carregado junto do corpo. Bom, na hora não dei muita importância. Só uma semana depois é que fui abrir o pacote. Fiquei curioso, confesso. Não achei que Pedro Holandês tivesse a capacidade de encontrar e reconhecer uma mina de ouro. Mas sorte é sorte...

— E só de pensar em ouro seu coração disparou, como sempre – interrompeu Anthony.

— Nunca fiquei tão indignado na vida. Mina de ouro! Talvez fosse mina de ouro para ele, aquele cachorro safado. Sabe o que era? Cartas de mulher. Isso mesmo: cartas de mulher, uma mulher inglesa. O patife vinha chantageando a moça e teve a petulância de me passar seu cabedal de artimanhas.

– Entendo sua raiva, James, mas você precisa lembrar que um gringo sempre será um gringo. Ele não fez por mal. Você salvou a vida do sujeito e recebeu como herança uma lucrativa fonte de renda. Seus elevados ideais britânicos não estavam ao alcance dele.

– E para que eu ia querer aquelas coisas? "Vou queimar tudo", foi o meu primeiro pensamento. Mas aí me ocorreu que a coitada da moça, sem saber que as cartas tinham sido queimadas, viveria sempre com medo que o gringo voltasse a procurá-la um dia.

– Você tem mais imaginação do que eu acreditava, Jimmy – observou Anthony, acendendo um cigarro. – Reconheço que o caso apresentava mais dificuldades do que parecia num primeiro momento. Por que não lhe enviar as cartas por correio?

– Como toda mulher, ela não colocou nem data nem endereço na maioria das cartas. Encontrei uma espécie de endereço numa. Apenas uma palavra: Chimneys.

Anthony interrompeu o gesto de assoprar o fósforo e deixou-o cair com um movimento súbito de pulso no instante em que o fogo queimava-lhe os dedos.

– Chimneys? – exclamou. – Extraordinário.

– Por quê? Você conhece o lugar?

– É uma das maiores mansões da Inglaterra, meu caro James. O local onde reis e rainhas vão passar o fim de semana e diplomatas se reúnem para tratar de assuntos diplomáticos.

– Eis um dos motivos pelos quais estou tão feliz por você ir para a Inglaterra no meu lugar. Você sabe todas essas coisas – disse Jimmy com simplicidade. – Um néscio como eu, que vem lá dos cafundós do Canadá, só faria besteira. Mas alguém como você, que estudou na Eton e na Harrow...

– Só numa delas – corrigiu Anthony com modéstia.

– ...será capaz de desempenhar bem a missão. Por que não enviei as cartas para a moça, você me perguntou. Bom, achei perigoso. Pelo que pude deduzir, ela tinha um marido ciumento. Imagine se ele abrisse uma carta por engano. O que não aconteceria com a pobre coitada? Outra possibilidade é que ela estivesse morta. As cartas dão a impressão de terem sido escritas há algum tempo. Concluí que a única solução seria alguém ir até a Inglaterra e entregar as cartas pessoalmente.

Anthony jogou fora o cigarro e, aproximando-se do amigo, deu-lhe um tapinha nas costas.

– Você é um verdadeiro cavaleiro errante, Jimmy – disse. – E os cafundós do Canadá devem sentir orgulho de você. Não farei o trabalho melhor do que você faria.

– Então você aceita?

– Claro!

McGrath levantou-se, dirigiu-se a uma gaveta, tirou um maço de cartas de dentro e jogou-as na mesa.

– Aqui estão. É melhor você dar uma olhada.

– Sério? Preferiria não ter que olhar.

– Bom, pelo que você disse a respeito desse lugar, Chimneys, ela pode ter só se hospedado lá. É melhor darmos uma olhada para ver se encontramos alguma pista relacionada à verdadeira residência da moça.

– Tem razão.

Eles examinaram atentamente as cartas, mas não encontraram o que esperavam. Anthony juntou-as de novo, pensativo.

– Coitadinha – comentou. – Ela estava apavorada.

Jimmy assentiu.

– Você acha que consegue encontrá-la? – perguntou ansioso.

– Não saio da Inglaterra até achar essa moça. Você está muito preocupado com essa desconhecida, não, James?

Jimmy deslizou o dedo sobre a assinatura.

– Belo nome – disse, para não responder. – *Virginia Revel*.

Capítulo 3

Ansiedade em alta

— Realmente, meu caro, realmente – disse lorde Caterham.

Já tinha utilizado as mesmas palavras três vezes, sempre na esperança de pôr um fim à conversa e poder escapar. Detestava ser forçado a permanecer em pé nos degraus do clube de credores privados a que pertencia, ouvindo a interminável eloquência do ilustre George Lomax.

Clement Edward Alistair Brent, o nono marquês de Caterham, era um sujeito baixo, malvestido, que desafiava a concepção popular de um marquês. Tinha olhos azul-claros, nariz fino, soturno, e um jeito meio distraído, porém cortês.

O principal infortúnio da vida de lorde Caterham era ter sucedido a seu irmão, o oitavo marquês, quatro anos antes, pois ele havia sido um homem de destaque, conhecido em toda a Inglaterra. Quando ministro das Relações Exteriores, tivera grande influência nas deliberações do império, e sua propriedade rural, Chimneys, era famosa pela hospitalidade. Sua esposa, uma das filhas do duque de Perth, o auxiliava, e assim se fazia e desfazia história nas reuniões informais de fins de semana em Chimneys, e não existia na Inglaterra, ou mesmo na Europa, alguém importante que não tivesse estado lá pelo menos uma vez.

Tudo corria bem. O novo marquês de Caterham tinha o máximo respeito e estima pela memória do irmão. Henry agira com grande habilidade nesse ponto. O que lorde Caterham objetava era a ideia de que Chimneys fosse um patrimônio nacional e não uma casa de campo particular. Não havia nada que aborrecesse mais lorde Caterham do que política. Só os políticos. Daí sua impaciência frente à infindável eloquência de George Lomax. Sujeito robusto, com leve tendência à obesidade, George Lomax tinha um rosto avermelhado, olhos protuberantes e uma noção exagerada da própria importância.

– Entendeu, Caterham? Não podemos, de jeito nenhum, permitir um escândalo dessa natureza, principalmente agora. A situação é bastante delicada.

– Sempre é – disse lorde Caterham com ironia.

– Meu caro, eu sei do que estou falando!

– Oh, realmente, realmente – disse lorde Caterham, voltando à linha de defesa anterior.

– Um pequeno deslize nesse negócio da Herzoslováquia e acabou-se. É fundamental que as concessões de petróleo sejam garantidas a uma empresa britânica. Compreende?

– Claro, claro.

– O príncipe Michael Obolovitch chega no fim de semana, e a coisa toda pode ser organizada em Chimneys, sob o pretexto de uma caçada.

– Eu estava pensando em viajar para o exterior esta semana – comentou lorde Caterham.

– De jeito nenhum, meu caro Caterham. Ninguém viaja para fora no início de outubro.

– Meu médico disse que não estou em boas condições físicas – disse lorde Caterham, cobiçando um táxi que passava por ali.

Não conseguia se livrar, contudo, pois Lomax tinha o desagradável hábito de segurar a pessoa com quem estivesse envolvido numa conversa séria – resultado, sem dúvida, de longa experiência. No caso presente, agarrava fortemente lorde Caterham pela lapela.

— Meu caro, é uma questão imperiosa. Num momento de crise nacional, como o que se avizinha com grande velocidade...

Lorde Caterham mexeu-se no lugar, impaciente. Sentiu, de repente, que preferia realizar quantas reuniões de fim de semana fossem necessárias a ouvir George Lomax citando suas próprias palavras. Sabia, por experiência, que Lomax era capaz de falar por vinte minutos seguidos, sem nenhuma pausa.

— Tudo bem – disse com pressa. – Eu topo. Você organizará tudo, não?

— Meu caro, não há nada a organizar. Chimneys, sem considerar suas associações históricas, está situada num lugar ideal. Estarei em Abbey, a menos de dez quilômetros de lá. Não seria conveniente, claro, que eu participasse da reunião.

— Claro – concordou lorde Caterham, sem entender por que e sem querer entender.

— Você não se opõe à participação de Bill Eversleigh, não é? Ele pode ser útil para transmitir recados.

— Maravilha – disse lorde Caterham, um pouco mais animado. – Bill é bom atirador, e Bundle gosta dele.

— A caçada, evidentemente, não é importante. É apenas o pretexto.

Lorde Caterham desanimou novamente.

— Combinado, então. O príncipe, sua comitiva, Bill Eversleigh, Herman Isaacstein...

— Quem?

— Herman Isaacstein. O representante do sindicato do qual lhe falei.

— A união dos sindicatos britânicos?

— Sim. Por quê?

— Nada, nada. Estava só pensando. Nomes curiosos essa gente tem.

— Deverá haver também uma ou duas pessoas de fora, só para despistar. Lady Eileen pode resolver isso. Gente jovem, sem noção de política, que não critica.

— Bundle também pode ajudar nisso.

— Estou pensando agora – disse Lomax. – Você se lembra do assunto de que acabei de falar?

— Você falou de tantas coisas...

— Não, não, estou me referindo àquele infeliz contratempo – baixou a voz –, as memórias – disse sussurrando –, as memórias do conde Stylptitch.

— Acho que você está errado quanto a isso – disse lorde Caterham contendo um bocejo. – As pessoas *adoram* um escândalo. Eu mesmo leio reminiscências e gosto bastante.

— A questão não é se as pessoas lerão as memórias ou não. É claro que todos lerão na hora. Mas a publicação dessas memórias na atual conjuntura poderia estragar tudo. Tudo. O povo da Herzoslováquia deseja restaurar a monarquia e está pronto para oferecer a coroa ao príncipe Michael, que tem o apoio e o estímulo do governo de Sua Majestade...

— E que está pronto para garantir concessões a Sr. Ikey Hermanstein and Co., em troca do empréstimo de um milhão para colocá-lo no trono...

— Caterham, Caterham – implorou Lomax num sussurro agoniado. – Um pouco de discrição, eu lhe peço. Acima de tudo, discrição.

— A questão – continuou lorde Caterham, com certo prazer, embora tivesse baixado a voz, atendendo ao pedido do outro – é que algumas reminiscências de Stylptitch podem estragar os planos. Tirania e má conduta da família Obolovitch de um modo geral, não? Inquirições feitas na Câmara. Por que substituir a atual forma de governo democrática e tolerante por um despotismo obsoleto? Política ditada por capitalistas sanguessugas. Abaixo o governo. Esse tipo de coisa, não é?

Lomax assentiu.

– E poderia haver coisa pior – murmurou. – Suponha, só a título de exemplo, que fosse feita alguma referência àquele infeliz desaparecimento, você sabe do que estou falando.

Lorde Caterham fitou-o.

– Não sei, não. Que desaparecimento?

– Você deve ter ouvido falar. Aconteceu quando eles estavam em Chimneys. Henry ficou profundamente abalado. O fato quase arruinou sua carreira.

– Estou interesadíssimo – disse lorde Caterham. – O que ou quem desapareceu?

Lomax curvou-se para a frente e colou os lábios no ouvido de lorde Caterham, que se afastou rapidamente

– Pelo amor de Deus, não assobie no meu ouvido.

– Você ouviu o que eu disse?

– Ouvi – respondeu lorde Caterham relutante. – Lembro-me de ficar sabendo algo a esse respeito na ocasião. Um caso muito curioso. Quem terá sido o responsável? Nunca reouveram o que desapareceu?

– Nunca. Claro que tivemos de tratar do assunto com a máxima discrição. Não podíamos deixar vazar nada sobre a perda. Mas Stylptitch estava lá na época, e ele sabia de alguma coisa. Não de tudo, mas de algo. Tivemos algumas desavenças aqui e ali sobre a questão da Turquia. Suponha que, por pura maldade, ele tenha decidido colocar a boca no trombone e registrado tudo em suas memórias para quem quisesse ler? Pense no escândalo, no alcance das consequências. Todo mundo se perguntaria: por que abafaram o caso?

– Claro – concordou lorde Caterham, com visível satisfação.

Lomax, que já esganiçava a voz, controlou-se.

– Preciso manter a calma – murmurou. – Preciso manter a calma. Mas eu lhe pergunto, meu caro: se ele não pretendia causar nenhum mal, por que enviou o manuscrito para Londres por uma via tão tortuosa?

– Realmente é estranho. Você tem certeza dos fatos?

– Absoluta. Tínhamos nossos agentes em Paris. As memórias foram enviadas secretamente algumas semanas antes de sua morte.

– Sim, nesse mato tem cachorro – disse lorde Caterham com a mesma satisfação exibida anteriormente.

– Descobrimos que elas foram mandadas para um sujeito chamado Jimmy ou James McGrath, um canadense que está atualmente na África.

– Um caso para lá de imperial, não? – comentou lorde Caterham jovialmente.

– James McGrath deve chegar no *Granarth Castle* amanhã, quinta-feira.

– E o que você pretende fazer?

– Entraremos imediatamente em contato com ele. Enfatizaremos as graves consequências que poderão advir e pediremos que ele adie a publicação das memórias por pelo menos um mês. De qualquer maneira, solicitaremos sua permissão para que as memórias sejam... criteriosamente editadas.

– Suponhamos que ele diga: "De jeito nenhum" ou "Por que vocês não vão para o inferno?". Alguma delicadeza do gênero.

– É o que receio – disse Lomax. – Por isso que me ocorreu que seria uma boa ideia convidá-lo para Chimneys também. Ele se sentirá lisonjeado por ser convidado para uma reunião em que o príncipe Michael estará presente, e lá será mais fácil manipulá-lo.

– Eu não farei isso – disse lorde Caterham. – Não me dou bem com canadenses, nunca me dei. Principalmente os que moram na África.

– Você verá que ele é um sujeito ótimo. Um diamante em estado bruto, sabe como é.

– Não, Lomax. Não me envolverei com isso. Peça para outra pessoa.

– Ocorreu-me – disse Lomax – que uma mulher poderia ser muito útil aqui. Saberia o suficiente, mas não demasiado. Uma mulher poderia resolver a coisa toda com tato e delicadeza, mostrar-lhe a situação tal como ela é, sem mexer com seus melindres. Não que eu aprove a presença das mulheres na política. St. Stephen está completamente arruinada hoje em dia. Mas uma mulher, à sua maneira, pode fazer maravilhas. Veja a mulher de Henry e o que ela fez por ele. Marcia foi magnífica, única. Uma perfeita anfitriã política.

– Você não está pensando em convidar Marcia para essa reunião, está? – perguntou lorde Caterham, empalidecendo um pouco à menção de sua temível cunhada.

– Não, não, você entendeu mal. Eu estava falando da influência feminina em geral. Estou pensando numa mulher jovem... bela, encantadora, inteligente.

– Não Bundle, certo? Bundle não serviria. Ela é uma socialista inflamada, por assim dizer, e morreria de rir com a proposta.

– Eu não estava pensando em lady Eileen. Sua filha, Caterham, é simplesmente encantadora, mas uma criança. Precisamos de alguém com *savoir faire*, equilíbrio, conhecimento de mundo... Ah, é claro, minha prima Virginia.

– A sra. Revel? – perguntou lorde Caterham, alegrando-se. Começou a sentir que talvez fosse se divertir na reunião. – Ótima ideia, Lomax. A mulher mais encantadora de Londres.

– Ela está bem a par dos assuntos da Herzoslováquia também. O marido dela trabalhou lá, na embaixada. E, como você disse, é uma mulher de grande fascínio.

– Uma criatura adorável – murmurou lorde Caterham.

– Então está fechado.

O sr. Lomax diminuiu a força com que segurava a lapela de lorde Caterham, e este último aproveitou imediatamente a oportunidade.

– Tchau, Lomax. Você organiza tudo, não?

Entrou num táxi. Lorde Caterham detestava o ilustre George Lomax tanto quanto é possível um homem íntegro detestar outro. Detestava seu rosto balofo avermelhado, a respiração pesada, os olhos azuis esbugalhados. Pensou no fim de semana seguinte e soltou um suspiro. Uma chatice total. Pensou, então, em Virginia Revel e alegrou-se um pouco.

– Uma criatura adorável – repetiu baixinho. – Uma criatura realmente adorável.

Capítulo 4

Uma criatura realmente adorável

George Lomax voltou diretamente a Whitehall. Ao entrar no suntuoso ambiente no qual realizava os negócios do Estado, ouviu um ruído de pés se arrastando.

O sr. Bill Eversleigh ocupava-se em arquivar cartas, mas uma grande poltrona perto da janela ainda mantinha o calor do contato com um corpo humano.

Um jovem muito simpático, Bill Eversleigh. Cerca de 25 anos, alto e meio desajeitado nos movimentos, rosto feio, mas agradável, esplêndidos dentes brancos e olhos castanhos honestos.

– Richardson já mandou o relatório?
– Não, senhor. Peço para mandar?
– Não precisa. Alguém telefonou?
– A srta. Oscar está cuidando disso. O sr. Isaacstein quer saber se o senhor pode almoçar com ele amanhã, no Savoy.
– Peça para a srta. Oscar verificar na minha agenda. Se eu não tiver nenhum compromisso, ela pode ligar e marcar.
– Perfeito, senhor.
– A propósito, Eversleigh, poderia dar um telefonema para mim agora? Procure no catálogo. Sra. Revel, Pont Street, 487.
– Sim, senhor.

Bill pegou o catálogo telefônico, passou rapidamente a vista por uma coluna de "sra.", fechou o catálogo e foi para o telefone. Com a mão já no gancho, parou, como que movido por uma súbita lembrança.

– Oh, acabei de me lembrar, senhor. A linha está com defeito. A da sra. Revel, digo. Tentei ligar para ela agora há pouco.

George Lomax franziu a testa.

– Que droga – exclamou, tamborilando na mesa, sem saber o que fazer.

– Se for alguma coisa importante, senhor, talvez eu possa ir lá agora, de táxi. A esta hora da manhã, com certeza ela estará em casa.

George Lomax hesitou, pensando no assunto. Bill esperava, ansioso, pronto para sair, caso a resposta fosse favorável.

– Talvez seja a melhor solução – disse Lomax por fim. – Muito bem. Pegue um táxi e pergunte à sra. Revel se ela estará em casa às quatro da tarde, pois preciso muito falar com ela sobre um assunto importante.

– Certo, senhor.

Bill pegou o chapéu e saiu.

Dez minutos depois, um táxi o deixava na Pont Street 487. Tocou a campainha e bateu na porta com a aldrava. A porta foi aberta por um criado sério, a quem Bill cumprimentou com a intimidade de quem se conhece há muito tempo.

– Bom dia, Chilvers, a sra. Revel está em casa?

– Creio, senhor, que ela esteja de saída.

– É você, Bill? – ouviu-se uma voz do alto da escada. – Bem que eu reconheci a batida forte na porta. Suba.

Bill ergueu o olhar para o rosto que lhe sorria, e que o reduzia sempre – e não só ele – a um estado de balbuciante incoerência. Subiu os degraus, dois a dois, e apertou nas suas as mãos estendidas de Virginia Revel.

– Olá, Virginia!

– Olá, Bill!

O encanto é uma coisa muito curiosa. Centenas de mulheres jovens, algumas mais bonitas do que Virginia Revel, poderiam ter dito "Olá, Bill" exatamente com a mesma entonação, sem produzir nenhum efeito. Mas aquelas duas palavras simples, pronunciadas por Virginia, exerciam sobre Bill uma influência inebriante.

Virginia Revel tinha acabado de fazer 27 anos. Era alta, esbelta – esbelteza que merecia um poema, diga-se de passagem, de tão harmoniosa –, cabelo cor de bronze, com um brilho esverdeado. Queixo pequeno, nariz perfeito, olhos azuis oblíquos, que cintilavam como uma centáurea por entre as pálpebras semicerradas, e uma boca deliciosa e indescritível, curvada levemente num dos cantos, revelando o que costumam chamar de "a marca de Vênus". O rosto era profundamente expressivo, e ela possuía uma espécie de vitalidade radiante que distraía qualquer um. Seria praticamente impossível ignorar Virginia Revel.

Conduziu Bill a uma pequena sala de estar, toda em tonalidade malva, verde e amarela, como açafrão num prado.

– Bill, querido – disse Virginia –, o Ministério das Relações Exteriores não está sentindo a sua falta? Achei que eles não conseguissem fazer nada sem você.

– Venho lhe trazer um recado de Codders.

Dessa maneira irreverente Bill costumava referir-se ao chefe.

– Falando nisso, caso ele pergunte, lembre-se que seu telefone não estava funcionando hoje de manhã.

– Mas estava.

– Eu sei. Só que eu disse para ele que não.

– Por quê? Explique-me essa estratégia diplomática.

Bill lançou-lhe um olhar de reprovação.

– Para poder vê-la.

— Ah, Bill, meu querido, como sou boba. Você é um doce mesmo!

— Chilvers disse que você ia sair.

— Sim. Vou à Sloane Street. Há uma loja lá onde eles vendem uma cinta nova maravilhosa.

— Cinta?

— Sim, Bill. Cinta. C-I-N-T-A. Cinta. Para apertar os quadris. Usa-se embaixo da roupa.

— Assim eu fico sem graça, Virginia. Você não deveria descrever suas roupas íntimas para um jovem com quem não tem intimidade. Não é muito delicado.

— Mas Bill, meu querido, não há nada de indelicado nos quadris. Todo mundo tem quadril, embora nós, pobres mulheres, nos esforcemos para fingir que não temos. Essa cinta é feita de borracha vermelha e chega quase até os joelhos. É quase impossível andar com ela.

— Que horror! – disse Bill. – E por que você usa isso?

— Oh, porque nos dá uma sensação muito nobre de estar sofrendo pela própria silhueta. Mas chega de falar da minha cinta. Qual o recado de George?

— Ele quer saber se você estará em casa às quatro da tarde.

— Infelizmente não. Estarei em Ranelagh. Por que esse encontro tão formal? Você acha que ele pretende me pedir em casamento?

— Não me admiraria.

— Porque, se for isso, pode dizer para ele que prefiro homens movidos por impulso.

— Como eu?

— Com você não é impulso, Bill. É hábito.

— Virginia, você nunca...

— Não, não e não, Bill. Chega desse papo logo de manhã. Tente pensar em mim como uma criatura maternal, que está se aproximando da meia-idade e que quer o seu bem.

– Virginia, eu amo você.

– Eu sei, Bill, eu sei. E eu amo ser amada. Não é maldade da minha parte? Eu adoraria que todo homem legal do mundo estivesse apaixonado por mim.

– Acho que a maioria está – disse Bill, com tristeza.

– Espero que George não esteja. Aliás, ele não poderia estar. Casou-se com sua profissão. O que mais ele disse?

– Só que era muito importante.

– Bill, estou começando a ficar intrigada. George não considera muita coisa importante. Acho melhor cancelar Ranelagh. Afinal, posso ir a Ranelagh qualquer outro dia. Diga a George que o espero às quatro.

Bill consultou o relógio.

– Acho que não vale a pena eu voltar antes do almoço. Vamos sair para comer alguma coisa?

– Eu já ia mesmo sair para almoçar.

– Não importa. Tire o dia. Cancele tudo.

– Seria ótimo – disse Virginia, sorrindo para ele.

– Virginia, você é maravilhosa. Diga-me uma coisa: você gosta um pouco de mim, não gosta? Mais do que de outros.

– Bill, eu adoro você. Se eu tivesse que me casar com alguém, se fosse obrigada, ou seja, se estivesse escrito num livro e um mandarim perverso me dissesse: "Case-se com alguém ou você morrerá torturada", eu o escolheria sem pestanejar. De verdade. Diria: "Quero o meu querido Bill".

– Então.

– Sim, mas eu não preciso me casar com ninguém. Adoro ser a viúva malvada.

– Você poderia continuar fazendo tudo o que faz agora, sair etc. Você mal perceberia minha presença em casa.

– Bill, você não entende. Sou do tipo de pessoa que se casa por paixão. Isso quando casa.

Bill soltou um grunhido rouco.

– Um dia desses acabo dando um tiro em mim mesmo – murmurou, em tom melancólico.

– Você não fará isso, meu querido Bill. Você levará uma bela moça para jantar. Como fez anteontem à noite.

O sr. Eversleigh ficou momentaneamente confuso.

– Se você estiver se referindo a Dorothy Kirkpatrick, a protagonista de *Fechos e desfechos*, eu... Droga! Ela é uma boa moça. Não há mal nenhum nisso.

– Bill querido, é claro que não há. Gosto que você se divirta. Só não venha fingir que está morrendo de amor por mim.

O sr. Eversleigh recobrou a dignidade.

– Você não entende, Virginia – disse, com severidade. – Os homens...

– São polígamos! Eu sei disso. Às vezes desconfio que sou poliândrica. Se você me ama de verdade, Bill, leve-me logo para almoçar.

Capítulo 5

Primeira noite em Londres

Os melhores planos têm sempre um ponto fraco. George Lomax cometera um único erro. Havia uma falha em seu planejamento. Essa falha era Bill.

Bill Eversleigh era um rapaz de boa índole. Bom jogador de críquete e razoável no golfe, possuía modos educados e bom humor, mas seu cargo no Ministério das Relações Exteriores não se devia à sua inteligência. Bill tinha contatos. Para o trabalho que realizava, bastava. Era como um cãozinho fiel de George. Não fazia nada que exigisse muito raciocínio ou responsabilidade. Sua função era estar sempre ao lado de George, entrevistar pessoas pouco importantes que George não queria ver, realizar tarefas administrativas na rua e ser útil naquilo que fosse necessário. Tudo isso Bill executava fielmente. Quando George se ausentava, Bill instalava-se confortavelmente na melhor poltrona e lia as notícias esportivas, cumprindo com a tradição consagrada.

Acostumado a mandar Bill revolver coisas na rua, George o enviara ao escritório da Union Castle para descobrir quando o *Granarth Castle* chegaria. Como a maioria dos jovens ingleses bem-educados, Bill tinha uma voz agradável, apesar de quase inaudível. Qualquer professor de dicção consideraria errada sua pronúncia da palavra "Granarth". Podia ser tudo, menos "Granarth". O funcionário entendeu "Carnfrae".

O *Carnfrae Castle* deveria chegar na quinta-feira seguinte. Foi o que ele disse. Bill agradeceu e saiu. George Lomax aceitou a informação e, de acordo com ela, traçou seus planos. Não sabia nada sobre os navios da Union Castle, e admitiu como certo que James McGrath chegaria na quinta-feira.

Por isso, no momento em que segurava lorde Caterham pela lapela nos degraus do clube de credores na quarta-feira de manhã, teria ficado extremamente surpreso de saber que o *Granarth Castle* aportara na tarde precedente. Às duas horas de terça, Anthony Cade, viajando sob o nome de Jimmy McGrath, desembarcou em Waterloo, pegou um táxi e, após um momento de hesitação, pediu ao motorista que rumasse para o Hotel Blitz.

– A pessoa tem direito a um pouco de conforto – disse Anthony para si mesmo, olhando com interesse pelas janelas do táxi.

Fazia exatamente catorze anos desde que estivera em Londres pela última vez.

Chegou ao hotel, reservou um quarto e depois saiu para um passeio ao longo do rio Tâmisa. Como era agradável estar de volta a Londres! Evidentemente, estava tudo mudado. Havia um pequeno restaurante ali, logo depois da ponte Blackfriars, onde ele jantara diversas vezes em companhia de outros rapazes sérios. Era socialista na época e usava uma gravata vermelha. Ah, os tempos da juventude!

Atravessava a rua voltando para o hotel quando um sujeito lhe deu um encontrão que quase o derrubou. Os dois se recuperaram, e o homem murmurou um pedido de desculpa, examinando atentamente o rosto de Anthony. Era um homem baixo, corpulento, tipo operário, e parecia estrangeiro.

Anthony chegou ao Blitz perguntando-se o que teria motivado aquele olhar tão curioso. Não devia ser nada. A cor do seu rosto, mais bronzeado, talvez destoasse da palidez dos londrinos e tivesse chamado a atenção do indivíduo. Subiu para o quarto e, movido por um súbito impulso, aproximou-se do espelho e examinou a própria fisionomia. Dos amigos de antigamente, somente uns poucos escolhidos, será que algum o reconheceria agora se o encontrasse cara a cara? Sacudiu a cabeça lentamente.

Tinha ido embora de Londres com apenas dezoito anos. Na ocasião, era um belo rapaz, rechonchudinho, com uma expressão enganadoramente angelical no rosto. Seria pouco provável que aquele menino fosse reconhecido no homem esguio, moreno e enigmático de agora.

O telefone tocou na cabeceira da cama, e Anthony foi atendê-lo.

– Alô?

Respondeu-lhe a voz do recepcionista:

– Sr. James McGrath?

– É ele.

– Um senhor aqui embaixo gostaria de vê-lo.

Anthony espantou-se.

– Gostaria de *me* ver?

– Sim. Um senhor estrangeiro.

– Qual o nome dele?

Depois de uma breve pausa, o recepcionista disse:

– Mandarei um menino subir com o cartão dele.

Anthony colocou o fone no gancho e esperou. Em poucos minutos, bateram na porta. Era o menino, que trazia o cartão numa bandeja.

Anthony pegou o cartão e viu o seguinte nome gravado:

Barão Lolopretjzyl

Agora compreendia a pausa do recepcionista.

Examinou o cartão por um tempo e tomou uma decisão.

– Pode pedir para ele subir.

– Pois não, senhor.

Pouco tempo depois, o barão Lolopretjzyl entrou no quarto. Era um sujeito grandalhão, com uma enorme barba preta em formato de leque e imensa testa calva.

Bateu os calcanhares com ruído e curvou-se.

– Sr. McGrath – disse.

Anthony imitou seus movimentos da melhor maneira possível.

– Barão – disse, puxando uma cadeira para ele. – Por favor, queira sentar-se. Creio que ainda não havia tido o prazer de conhecê-lo.

– Realmente – concordou o barão, tomando assento. – Para minha tristeza – acrescentou, polidamente.

– Digo o mesmo – disse Anthony, no mesmo tom.

– Mas de negócios quero tratar – disse o barão. – Em Londres, o Partido Legalista da Herzoslováquia represento.

– Tenho certeza de que o seu partido está muito bem representado – murmurou Anthony.

O barão curvou-se em agradecimento.

– Muito gentil o senhor é – disse com firmeza. – Sr. McGrath, não vou do senhor nada esconder. É momento de restaurar a monarquia, em suspenso desde o martírio de Sua Majestade Nicholas IV, bendito seja.

– Amém – murmurou Anthony. – Quer dizer, sim, sim.

– No trono, vai ficar Sua Alteza, o príncipe Michael, que o apoio do governo britânico tem.

– Esplêndido – disse Anthony. – Muita bondade sua me contar tudo isso.

– Estava tudo organizado. Até que o senhor chegou, para causar uma confusão.

O barão encarou-o.

– Meu caro barão – protestou Anthony.

– Sim, sim. Sei do que estou falando. O senhor tem as memórias do falecido conde Stylptitch.

Olhava para Anthony de modo acusador.

– E se eu tiver? O que as memórias do conde Stylptitch têm a ver com o príncipe Michael?

– Vão causar escândalos.

– A maioria das memórias causa.

– De muitos segredos ele tinha conhecimento. Se revelasse um quarto deles, em guerra a Europa poderia terminar.

– Ora – disse Anthony –, não pode ser algo tão grave assim.

– Uma opinião desfavorável dos Obolovitch vai se espalhar no exterior. Assim o espírito inglês é: democrático.

– Acredito – disse Anthony – que os Obolovitch tenham sido um pouco arbitrários de vez em quando. Está no sangue. Mas o povo da Inglaterra já espera esse tipo de coisa dos Bálcãs. Não sei por quê, mas é assim.

– O senhor não compreende – disse o barão. – Não compreende mesmo. E meus lábios estão selados – suspirou.

– O que o senhor teme especificamente? – indagou Anthony.

– Enquanto não ler as memórias, não sei – explicou o barão, com simplicidade. – Mas com certeza alguma coisa há. Esses grandes diplomatas são sempre indiscretos. Os planos serão estragados, como se diz.

– Veja bem – disse Anthony, com amabilidade –, tenho certeza de que o senhor está tendo uma visão muito pessimista do assunto. Conheço bem os editores: sentam-se sobre os manuscritos e ficam chocando-os, como ovos. Até as memórias serem publicadas, levará pelo menos um ano.

– Ou muito enganador, ou muito ingênuo o senhor é. Está tudo organizado para as memórias no jornal de domingo serem publicadas.

– Oh! – exclamou Anthony, surpreso. – Mas o senhor pode negar tudo – disse, para animar o barão.

O barão não se animou.

– Não, não, o senhor não sabe o que fala. Agora, de negócios quero tratar. Mil libras vai receber o senhor, não? Viu como estou bem informado?

– Meus parabéns ao departamento de inteligência legalista.

– Então eu ofereço mil e quinhentos.

Anthony fitou-o, assombrado, e depois balançou a cabeça.

– Sinto muito, mas nada feito – disse com certa tristeza.

– Bem. Ao senhor ofereço dois mil libras.

– O senhor está me tentando, barão, de verdade. Mas continuo recusando.

– Diga seu preço, então.

– Acho que o senhor não entendeu a situação. Acredito piamente que o senhor esteja do lado dos anjos, e que essas memórias possam prejudicar sua causa. Não obstante, aceitei a missão e preciso ir até o fim. Entendeu? Não posso permitir que o outro lado me compre. Isso não se faz.

O barão ouviu com muita atenção. Ao final do discurso de Anthony, assentiu diversas vezes com a cabeça.

– Entendo. É seu honra de cavalheiro inglês.

– Bem, não é exatamente assim que colocamos a questão – disse Anthony. – Mas ouso afirmar, apesar da diferença de vocabulário, que estamos dizendo a mesma coisa.

O barão levantou-se.

– Pela honra inglesa tenho muito respeito – declarou. – Precisamos tentar de outro jeito. Desejo um bom dia ao senhor.

Bateu os calcanhares, curvou-se e saiu marchando ereto.

– O que será que ele queria com essa conversa toda? – perguntou-se Anthony. – Terá sido uma ameaça? Não que eu tenha medo do velho Lollipop. A propósito, eis um bom nome para ele. Vou chamá-lo de barão Lollipop.

Anthony andou de um lado para o outro no quarto, sem saber direito o que fazer. A data estipulada para a entrega do manuscrito era dali a uma semana, mais ou menos. Depois do dia 12 de outubro, então. Anthony não pretendia entregar o manuscrito até o último momento. Verdade seja dita, agora ele queria muito ler aquelas memórias. Havia tentado no navio, durante a viagem, mas ficou de cama, com febre, e não teve disposição nenhuma para decifrar a caligrafia ilegível do documento, pois não havia nenhuma página datilografada. Agora, mais do que nunca, estava decidido a verificar o motivo de todo aquele alvoroço.

Havia também a outra missão.

Movido por um impulso, pegou o catálogo telefônico e procurou o nome Revel. Havia seis Revel na lista: Edward Henry Revel, cirurgião, na Harley Street; James Revel & Co., seleiros; Lennox Revel, em Abbotbury Mansions, Hampstead; srta. Mary Revel, com um endereço em Ealing; sra. Timothy Revel, na Pont Street, 487; e sra. Willis Revel, na Cadogan Square, 42. Eliminando os seleiros e a srta. Mary Revel, sobravam-lhe quatro nomes para investigar; e não existia razão para supor que a moça em questão morasse mesmo em Londres. Fechou o catálogo, balançando de leve a cabeça.

– Por enquanto, vou deixar essa parte ao acaso – disse. – Geralmente acontece alguma coisa.

A sorte dos Anthony Cade deste mundo talvez seja proporcional à sua crença na sorte. Menos de meia hora depois, Anthony encontrou o que procurava, folheando as páginas de um tabloide qualquer. Tratava-se da notícia da representação de um quadro vivo, organizado pela duquesa de Perth. Embaixo da figura central, uma moça em trajes orientais, lia-se a legenda:

> *A ilustre sra. Timothy Revel como Cleópatra. Antes do casamento, a sra. Revel era Virginia Cawthron, filha do lorde Edgbaston.*

Anthony ficou olhando a fotografia por algum tempo, franzindo lentamente os lábios como se fosse assobiar. Em seguida, arrancou a página inteira, dobrou-a e guardou-a no bolso. Subiu novamente para o quarto, destrancou a maleta e pegou o maço de cartas. Retirou do bolso a página dobrada e introduziu-a sob o barbante que prendia as cartas.

Nesse momento, ouviu um súbito barulho e virou-se bruscamente. Viu um homem parado no batente da porta, o tipo de homem que Anthony imaginava que só existia nos corais de ópera-bufa. Indivíduo de aspecto sinistro, cabeça grande e chata e boca arreganhada num sorriso macabro.

– Que diabos você está fazendo aqui? – perguntou Anthony. – E quem o deixou subir?

— Eu vou aonde eu quero — disse o desconhecido. Tinha uma voz gutural e sotaque estrangeiro, embora seu inglês fosse relativamente bom.

"Outro gringo", pensou Anthony.

— Melhor você sair, está ouvindo? — disse, em voz alta.

Os olhos do homem estavam fixos no pacote de cartas que Anthony segurava.

— Só vou sair quando você me entregar o que eu vim buscar.

— E do que se trata, posso saber?

O homem deu um passo adiante.

— As memórias do conde Stylptitch — sibilou.

— Impossível levá-lo a sério — disse Anthony. — Você é o perfeito vilão de uma peça. Gostei muito do figurino. Quem o mandou aqui? O barão Lollipop?

— O barão...? — o homem falou aquele nome impronunciável, cheio de consoantes no final.

— Ah, então é assim que se pronuncia? Uma mistura de gargarejo com latido de cachorro. Não creio que eu consiga. Minha garganta não se presta a isso. Terei que continuar a chamá-lo de Lollipop. Foi ele que o mandou?

O homem respondeu que não com tanta veemência que chegou a cuspir, de maneira bastante realista. Tirou do bolso uma folha de papel e jogou-a em cima da mesa.

— Veja — disse. — Veja e trema, maldito inglês.

Anthony olhou com algum interesse, sem obedecer à segunda parte da ordem. No papel, havia o desenho tosco de uma mão em vermelho.

— Parece uma mão — observou. — Mas, se você disser que é uma pintura cubista retratando um pôr do sol no polo norte, eu acredito.

— É a marca dos Camaradas da Mão Vermelha. Eu sou um deles.

– Não diga! – exclamou Anthony, observando-o com grande curiosidade. – Todos os outros são como você? Não sei o que a Sociedade Eugênica teria a dizer quanto a isso.

O homem rosnou furioso.

– Cachorro – disse ele. – Pior do que cachorro. Escravo assalariado de uma monarquia decadente. Entregue-me as memórias e sairá ileso. Eis a clemência da Confraria.

– É muita bondade deles – disse Anthony. – Mas creio que tanto eles como você estão laborando em engano. Minhas instruções são para entregar o manuscrito não para a sua amável sociedade, mas para uma determinada editora.

– Hahaha! – riu-se o outro. – Você acha que vão lhe permitir chegar vivo à editora? Chega de baboseira. Entregue-me os papéis, ou eu atiro.

Sacou um revólver do bolso e brandiu-o no ar.

Mas nesse ponto ele subestimou Anthony Cade. Não estava acostumado com homens capazes de agir tão rápido, ou pelo menos mais rápido do que imaginava. Anthony não esperou para ficar na mira do revólver. Assim que o outro sacou a arma do bolso, ele se jogou sobre seu corpo, fazendo a arma voar de sua mão. Com a força do golpe, o sujeito acabou girando e ficando de costas para Anthony.

A oportunidade era boa demais para ser perdida. Com um pontapé certeiro e vigoroso, Anthony arremessou o homem no corredor, fazendo-o tropeçar e cair no chão.

Anthony saiu atrás dele, mas o valente Camarada da Mão Vermelha já havia aprendido a lição. Levantou-se rapidamente e fugiu, correndo. Anthony não o perseguiu. Voltou para o quarto.

– Chega de Camaradas da Mão Vermelha – observou. – Aparência pitoresca, mas facilmente derrotados com um pouquinho de atitude. Como é que esse cara conseguiu entrar aqui? Uma coisa é certa: esta missão não será tão simples quanto eu pensava. Já entrei em conflito com o Partido Legalista e o Partido Revolucionário. Só faltam os Nacionalistas e os Liberais Independentes. Está decidido: hoje à noite vou começar a ler o manuscrito.

Consultando o relógio, Anthony verificou que eram quase nove horas da noite e resolveu jantar ali mesmo. Não esperava mais visitas-surpresa, mas chegou à conclusão de que devia tomar cuidado. Não queria que lhe roubassem a maleta enquanto ele estivesse no restaurante. Tocou a campainha, pediu o cardápio, escolheu alguns pratos e pediu uma garrafa de Chambertin. O garçom anotou o pedido e retirou-se.

Enquanto esperava a refeição chegar, pegou o manuscrito e colocou-o em cima da mesa, junto com as cartas.

Bateram na porta. Era o garçom, que entrou com uma pequena mesa e os acessórios da refeição. Anthony tinha se dirigido para perto da lareira. Ali, de costas para o quarto, estava bem em frente ao espelho e, olhando de maneira distraída, notou uma coisa curiosa.

Os olhos do garçom não desgrudavam do pacote que continha o manuscrito. Olhando de soslaio para as costas imóveis de Anthony, o garçom moveu-se suavemente ao redor da mesa. Suas mãos tremiam, e ele passava a língua pelos lábios secos. Anthony observou-o com mais atenção. Era um sujeito alto, obsequioso como todos os garçons, com o rosto bem barbeado e expressivo. Devia ser italiano, pensou Anthony, não francês.

No momento decisivo, Anthony virou-se bruscamente. O garçom assustou-se um pouco, mas fingiu estar ocupado com o saleiro.

– Qual o seu nome? – perguntou Anthony inesperadamente.

– Giuseppe, monsieur.

– Italiano, não é?

– Sim, monsieur.

Anthony falou com ele em italiano, e o homem respondia-lhe com fluência. Por fim, Anthony o dispensou com um movimento de cabeça e, enquanto comia a excelente refeição que Giuseppe lhe trouxera, pensava rapidamente.

Teria se enganado? Será que o interesse de Giuseppe pelo embrulho não era apenas curiosidade? Poderia ser, mas a avidez do italiano depunha contra essa hipótese. De qualquer maneira, era intrigante.

– Não pode ser que todo mundo esteja atrás desse manuscrito! – murmurou. – Devo estar imaginando coisas.

Terminado o jantar, Anthony dedicou-se à leitura atenta das cobiçadas memórias. Em virtude da péssima caligrafia do falecido conde, avançava lentamente, sem conseguir parar de bocejar. No final do quarto capítulo, desistiu.

Até onde leu, achou as memórias insuportavelmente monótonas, sem nenhuma indicação de escândalo.

Juntou as cartas e o invólucro do manuscrito que estavam em cima da mesa e trancou tudo na maleta. Em seguida, trancou a porta e, só por precaução, encostou uma cadeira ali. Sobre a cadeira, colocou uma garrafa de água que estava no banheiro.

Observando todos esses preparativos com certo orgulho, tirou a roupa e foi para a cama. Deu mais uma olhada nas memórias do conde, mas, sentindo as pálpebras pesadas, enfiou o manuscrito sob o travesseiro, apagou a luz e adormeceu quase que imediatamente.

Cerca de quatro horas depois, acordou sobressaltado. O que o despertou, ele não sabia. Talvez algum som, ou apenas a consciência de perigo, que, nos homens mais aventureiros, era extremamente desenvolvida.

Por um momento, permaneceu totalmente imóvel, tentando focar suas impressões. Ouviu, então, um ruído furtivo e percebeu uma escuridão mais densa entre ele e a janela, formando uma sombra no chão, perto da maleta.

Com um impulso súbito, Anthony pulou da cama e acendeu a luz. Um vulto, ajoelhado junto à maleta, saltou de onde estava.

Era o garçom, Giuseppe. Na mão direita, brilhava uma faca longa e fina. Lançou-se diretamente sobre Anthony, que, a essa altura, tinha plena consciência do perigo que corria. Estava sem arma, e Giuseppe, evidentemente, sabia muito bem usar a sua.

Anthony saltou para o lado, e Giuseppe errou o alvo. No instante seguinte, os dois homens estavam rolando no chão, agarrados um ao outro. Anthony concentrava-se exclusivamente em segurar com a máxima força a mão direita de Giuseppe, de modo que ele não pudesse fazer uso da faca. Curvava lentamente a mão para trás. Ao mesmo tempo, sentia a outra mão do italiano apertando-lhe a garganta, sufocando-o, tentando estrangulá-lo. Ainda assim, em desespero, conseguiu abaixar completamente a mão direita do homem.

A faca caiu no chão com um tinido. No mesmo momento, o italiano desvencilhou-se de Anthony com um movimento rápido. Anthony também se levantou, mas cometeu o erro de correr para a porta, a fim de evitar a saída do outro. Viu, demasiado tarde, que a cadeira e a garrafa estavam exatamente como ele as tinha colocado.

Giuseppe entrara pela janela, e por ela saiu. No breve instante de trégua que Anthony lhe dera ao se dirigir para a porta, o homem saltou para a varanda, pulou para a varanda contígua e desapareceu pela janela vizinha.

Anthony sabia muito bem que não adiantava ir atrás dele. Sua fuga já devia estar planejada. Para que se meter em mais problemas?

Anthony foi até a cama e enfiou a mão sob o travesseiro, de onde retirou as memórias. Ainda bem que as guardara ali e não na maleta. Foi até a maleta, para pegar as cartas.

Maldição.

As cartas não estavam mais lá.

Capítulo 6

A nobre arte da chantagem

Eram exatamente cinco para as quatro quando Virginia Revel, pontual em virtude da curiosidade, voltou para casa, na Pont Street. Abriu a porta com a chave e entrou, sendo imediatamente abordada por Chilvers.

— Perdão, madame, mas... uma pessoa deseja vê-la.

No momento, Virginia não reparou na sutil fraseologia com que Chilvers encobriu o que queria dizer.

— O sr. Lomax? Onde ele está? Na sala de visitas?

— Oh, não, senhora. Não é o sr. Lomax — disse Chilvers ligeiramente contrariado. — Uma pessoa. Relutei em deixá-lo entrar, mas ele disse que era muito importante. Algo relacionado com o falecido capitão, pelo que eu entendi. Julgando, portanto, que a senhora talvez quisesse conversar com ele, mandei-o entrar. Ele está no escritório.

Virginia ficou parada, pensando. Já era viúva há alguns anos, e o fato de raramente falar do marido indicava para alguns que por trás da postura indiferente ainda ardia uma ferida. Para outros significava justamente o contrário: que Virginia jamais se importara com Tim Revel, e que considerava insincero demonstrar uma dor que não sentia.

— Deveria ter comentado, madame — continuou Chilvers —, que o homem parece ser estrangeiro.

Virginia ficou mais interessada. Seu marido trabalhara no serviço diplomático, e eles estiveram juntos na Herzoslováquia um pouco antes do inacreditável assassinato do rei e da rainha. O homem devia ser herzoslovaco, provavelmente algum antigo empregado passando dificuldade.

– Fez muito bem, Chilvers – disse Virginia assentindo com a cabeça. – Onde você disse que ele está? No escritório?

Virginia atravessou o hall com seu passo leve e alegre e abriu a porta da saleta que dava para a sala de jantar.

O visitante estava sentado numa poltrona perto da lareira. Levantou-se à sua entrada e ficou olhando para ela. Virginia tinha uma excelente memória para fisionomias, e soube na hora que jamais havia visto aquele homem. Ele era alto, moreno e aparentemente ágil. Sem dúvida, um estrangeiro, mas não parecia eslavo. Devia ser italiano ou talvez espanhol.

– Gostaria de falar comigo? – perguntou Virginia. – Eu sou a sra. Revel.

O homem não respondeu logo. Fitou-a por um tempo, como se estivesse avaliando-a. Havia em seus modos uma insolência velada que ela percebeu rapidamente.

– Poderia, por favor, me informar o motivo de sua visita? – pediu ela, com certa impaciência.

– É a sra. Revel? Sra. Timothy Revel?

– Sim. Acabei de lhe dizer isso.

– É verdade. Que bom que a senhora aceitou conversar comigo, sra. Revel. Caso contrário, conforme eu disse a seu mordomo, teria sido obrigado a tratar do assunto com o seu marido.

Virginia olhou para ele espantada, mas conseguiu segurar a resposta que lhe veio aos lábios. Limitou-se a comentar, secamente:

– O senhor teria encontrado alguma dificuldade em fazer isso.

– Acho que não. Sou muito persistente. Mas vou direto ao que interessa. Talvez a senhora reconheça isto.

Brandiu algo. Virginia olhava sem muito interesse.

– Pode me dizer o que é isto, madame?

– Parece uma carta – retorquiu Virginia, que, a essa altura, estava convencida de estar lidando com um homem mentalmente desequilibrado.

– E talvez a senhora tenha observado a quem é endereçada – disse o homem, mostrando-lhe o papel.

– Sei ler – informou Virginia, com delicadeza. – Está endereçada ao capitão O'Neill, Rue de Quenelles, número 15, Paris.

O homem parecia procurar algo no rosto dela que não conseguiu encontrar.

– Poderia ler, por favor?

Virginia pegou o envelope, tirou o papel lá de dentro e deu uma olhada. Na mesma hora, retesou-se e devolveu a carta para o homem.

– É uma carta particular. Certamente, não foi destinada aos meus olhos.

O homem riu com sarcasmo.

– Parabéns, sra. Revel, pela admirável representação. A senhora desempenha seu papel com perfeição. Mas creio que não poderá negar a assinatura.

– A assinatura?

Virginia ficou pasma ao virar a carta. A assinatura, escrita numa caligrafia caprichada, era de Virginia Revel. Engolindo a exclamação de espanto que lhe veio à garganta, voltou ao começa da carta e leu tudo. Permaneceu um tempo imersa em pensamentos. A natureza da carta evidenciava seu propósito.

– Então, madame – disse o homem –, é o seu nome, não?

– Oh, sim, é o meu nome – respondeu Virginia.

"Mas não a minha letra", poderia ter acrescentado. Em vez disso, abriu um belo sorriso.

– Que tal se nos sentássemos para discutir o assunto? – propôs com doçura.

O homem ficou intrigado. Não esperava esse comportamento. Seu instinto dizia-lhe que ela não estava com medo dele.

– Antes de mais nada, gostaria de saber como o senhor me encontrou.

– Isso foi fácil.

Tirou do bolso uma página arrancada de um tabloide e entregou a ela. Anthony Cade a teria reconhecido.

Virginia devolveu-lhe o papel, de cenho franzido.

– Entendi – disse. – Realmente foi fácil.

– Evidentemente a senhora compreende, sra. Revel, que esta não é a única carta. Existem outras.

– Meu Deus! – exclamou Virginia. – Parece que fui terrivelmente indiscreta.

Novamente, ela percebeu que seu tom despreocupado intrigava o homem. A essa altura, já se divertia.

– De qualquer maneira – disse, sorrindo para ele –, é muita gentileza da sua parte me procurar para devolver as cartas.

Houve uma pausa enquanto ele limpava a garganta, pigarreando.

– Sou um homem pobre, sra. Revel – disse, por fim, em tom bastante significativo.

– Justamente por isso o senhor entrará no reino dos céus. Pelo menos foi o que sempre ouvi.

– Não posso permitir que a senhora fique com essas cartas a troco de nada.

– Creio que o senhor esteja equivocado. Essas cartas pertencem à pessoa que as escreveu.

– Talvez essa seja a lei, madame. Mas neste país há um ditado: "Achado não é roubado". E, de qualquer maneira, a senhora está disposta a invocar o auxílio da lei?

— A lei é severa para os chantagistas — lembrou Virginia.

— Ora, sra. Revel, não sou tão idiota. Eu li as cartas. Cartas de uma mulher para seu amante. Todas deixam transparecer o pavor de que o marido descubra. A senhora quer que eu as entregue para o seu marido?

— O senhor ignorou uma possibilidade. Essas cartas foram escritas há alguns anos. Suponha que nesse meio-tempo eu tenha me tornado viúva.

Ela sacudiu a cabeça, confiante.

— Nesse caso, a senhora não teria nada a temer e não estaria aqui sentada, negociando comigo.

Virginia sorriu.

— Qual é o seu preço? — ela perguntou de maneira profissional.

— Por mil libras, entrego todo o pacote para a senhora. Estou pedindo muito pouco, mas não gosto deste tipo de negócio, compreende?

— Não pago mil libras nem sonhando — retrucou Virginia, categórica.

— Madame, nunca pechincho. Mil libras, e as cartas são suas.

Virginia refletiu um instante.

— O senhor precisa me dar um tempo para pensar. Não será fácil conseguir essa quantia.

— Algumas libras de garantia. Cinquenta, digamos. E eu entro em contato novamente.

Virginia olhou o relógio. Eram quatro e cinco, e ela julgou ter ouvido a campainha.

— Tudo bem — disse com pressa. — Volte amanhã, só que mais tarde. Lá pelas seis horas.

Foi até uma escrivaninha encostada na parede, destrancou a gaveta e tirou de lá um maço de notas amarrotadas.

– Tem cerca de quarenta libras aqui. Tome.

Ele agarrou o dinheiro com ansiedade.

– E agora, por favor, retire-se – disse Virginia.

O homem saiu o escritório, obediente. Pela porta aberta, Virginia avistou George Lomax no hall, sendo conduzido para cima por Chilvers. Assim que a porta da frente se fechou, ela o chamou.

– Entre aqui, George. Chilvers, poderia nos trazer um chá?

Virginia abriu as janelas de par em par, e George Lomax, ao entrar na sala, encontrou-a de pé, com os cabelos esvoaçantes e olhar agitado.

– Já vou fechá-las, George. Mas é que o lugar precisava ser arejado. Você cruzou com o chantagista no hall?

– Com o quê?

– Chantagista, George. C-H-A-N-T-A-G-I-S-T-A. Chantagista. Aquele que faz chantagem.

– Virginia, minha querida, você não pode estar falando sério.

– O pior é que estou, George.

– Mas com quem ele veio fazer chantagem?

– Comigo, George.

– Mas Virginia, minha querida, o que você andou fazendo?

– Para variar, não andei fazendo nada. O bondoso cavalheiro me confundiu com outra pessoa.

– Avisou a polícia?

– Não. E você provavelmente acha que eu deveria ter avisado.

– Bem – disse George, ponderando a questão. – Não, não, talvez não. Talvez você tenha feito certo. Você poderia acabar envolvendo seu nome num caso comprometedor. Talvez tivesse que prestar depoimento...

— Até que eu gostaria – disse Virginia. – Adoraria ser intimada. Gostaria de ver se os juízes realmente fazem as pilhérias execráveis de que tanto se fala. Seria interessante. Estive na Vine Street outro dia, por conta de um broche de diamantes que eu tinha perdido, e lá eu encontrei o inspetor mais adorável, o homem mais agradável que já conheci.

George, como de costume, ignorou tudo o que era irrelevante ao assunto.

— Mas o que você fez com aquele patife?

— Bem, George, acho que acabei deixando-o fazer o que queria.

— O quê?

— Chantagem comigo.

O horror no rosto de George era tão pungente que Virginia mordeu os lábios.

— Será que entendi direito? Você está me dizendo que não desfez o equívoco em que ele estava se baseando?

Virginia Revel respondeu que não com a cabeça, olhando George de soslaio.

— Por Deus, Virginia! Você só pode estar louca.

— Imaginei que você fosse dizer isso.

— Mas por quê? Em nome de Deus, por quê?

— Por vários motivos. Para começar, ele estava fazendo o negócio tão bem feito... a chantagem, quero dizer. Detesto interromper um artista quando ele está se superando em sua arte. E depois, eu nunca tinha sido chantageada...

— Era o que eu esperava.

— E queria ver como era.

— Não consigo entendê-la, Virginia.

— Eu sabia que você não entenderia.

— Espero que você não tenha dado nenhum dinheiro.

— Dei. Mas foi pouco — disse Virginia, acuada.

– Quanto?

– Quarenta libras.

– Virginia!

– Meu caro George, é o que eu gasto com um vestido. E comprar uma nova experiência é tão excitante quanto comprar um vestido novo. Aliás, é mais.

George Lomax limitou-se a balançar a cabeça. Nesse momento, Chilvers apareceu com o chá, poupando-o da necessidade de expressar sua opinião. Virginia tocou novamente no assunto, enquanto seus dedos ágeis manipulavam o pesado bule de prata.

– Tive mais um motivo, George. Um motivo melhor, mais inteligente. Nós, mulheres, geralmente somos vistas como cobras, mas essa tarde pratiquei uma boa ação com outra mulher. Esse homem dificilmente procurará outra Virginia Revel. Ele acha que encontrou a presa certa. Coitada. A mulher devia estar na pior quando escreveu aquela carta. Com ela, o sr. Chantagista teria feito o trabalho mais fácil da sua vida. Agora, sem saber, ele está numa posição complicada. Partindo da vantagem de ter tido uma vida irrepreensível, brincarei com ele até destruí-lo, como dizem nos livros. Isso é que é perspicácia, George.

George estava irredutível.

– Não gosto da ideia – disse. – Não gosto nem um pouco dessa ideia.

– Bom, não importa, meu caro George. Você não veio aqui para falar de chantagistas. Falando nisso, por que você veio aqui? Resposta certa: "Para ver *você*!" Acento em "você" e beijo delicado em minha mão, a não ser que você tenha comido muffins com muita manteiga. Nesse caso, tudo deve ser feito somente com os olhos.

– Eu realmente vim para ver você – disse George, sério. – E fico feliz de que esteja sozinha.

– "Oh, George, tudo é tão repentino", diz ela, engolindo uma groselha negra.

– Queria lhe pedir um favor. Sempre a considerei, Virginia, uma mulher fascinante.

– Oh, George!

– E também uma mulher inteligente!

– É mesmo? Como ele me conhece bem.

– Virginia, minha querida, amanhã chegará a Londres um jovem que eu gostaria que você conhecesse.

– Tudo bem, George, mas você comanda. Que isso fique bem claro.

– Tenho certeza de que você poderia, se quisesse, exercer seu enorme fascínio.

Virginia ergueu a cabeça um pouco de lado.

– Meu caro George, não exerço "fascínio" como profissão. O que acontece normalmente é que eu gosto das pessoas, e elas gostam de mim. Mas não acredito que pudesse, a sangue-frio, fascinar um desconhecido incauto. Esse tipo de coisa não se faz, George. De verdade. Existem sereias profissionais que trabalhariam muito melhor do que eu.

– Isso está fora de cogitação, Virginia. A propósito, esse jovem é um canadense chamado McGrath.

– "Um canadense de ascendência escocesa", diz ela, deduzindo com brilhantismo.

– Provavelmente não esteja habituado com as altas camadas da sociedade inglesa. Gostaria que ele apreciasse o charme e a distinção de uma verdadeira dama inglesa.

– Ou seja, eu.

– Exatamente.

– Por quê?

– Como?

– Eu perguntei por quê. Você não lança a verdadeira dama inglesa sobre todo canadense perdido que desembarca em nossa terra. Qual o plano, George? Como se diz vulgarmente, o que é que *você* ganha com isso?

– Não vejo por que lhe contar, Virginia.

– Eu não poderia sair à noite e exercer meu fascínio sem saber de todos os detalhes.

– Você tem uma forma bastante peculiar de considerar as coisas, Virginia. Qualquer pessoa pensaria...

– Não pensaria? Vamos, George, solte mais alguma informação.

– Virginia, minha querida, a situação está relativamente tensa num determinado país da Europa central. É importante, por razões secundárias, que esse senhor... que McGrath seja induzido a considerar a restauração da monarquia na Herzoslováquia como um imperativo à paz da Europa.

– A parte sobre a paz da Europa é bobagem – disse Virginia, calmamente –, mas sou sempre a favor da monarquia, principalmente no caso de um povo pitoresco como o da Herzoslováquia. Quer dizer que você está apoiando um rei na Herzoslováquia? Quem é ele?

George relutou em responder, mas não via como se livrar da pergunta. A conversa não estava saindo conforme planejado. George previra uma Virginia dócil, disposta a colaborar, recebendo suas instruções sem discutir e sem fazer perguntas indiscretas. Não era o caso. Virginia parecia determinada a saber tudo, e George, sempre desconfiado da discrição feminina, estava determinado a evitar isso a todo custo. Havia cometido um erro. Virginia não era a mulher adequada ao papel. Na verdade, poderia até causar sérios problemas. Seu relato sobre a conversa com o chantagista o preocupara bastante. Criatura extremamente irresponsável, sem a mínima noção de seriedade.

— O príncipe Michael Obolovitch — replicou George, já que Virginia obviamente esperava uma resposta à sua pergunta. — Mas, por favor, que isso não saia daqui.

— Não seja ingênuo, George. Os jornais já estão fazendo as mais diversas alusões ao caso, com artigos exaltando a dinastia Obolovitch e falando do rei assassinado, Nicholas IV, como se fosse uma mistura de santo e herói, e não um homenzinho estúpido embevecido por uma atriz de terceira classe.

George estremeceu. Estava mais convencido do que nunca de que havia cometido um erro ao procurar a ajuda de Virginia. Precisava afastá-la imediatamente.

— Tem razão, Virginia, minha querida — disse apressadamente, levantando-se para despedir-se dela. — Eu não deveria ter lhe pedido nada. Mas estamos ansiosos para que os domínios encarem da mesma forma que nós essa crise na Herzoslováquia, e acredito que McGrath tenha influência nos meios jornalísticos. Como monarquista ardente, e com o conhecimento que você tem do país, achei que seria uma boa ideia promover um encontro entre vocês dois.

— Então essa é a explicação?

— Sim, mas me atrevo a dizer que você não teria se interessaria por ele.

Virginia fitou-o por um instante e depois riu.

— George, você é um péssimo mentiroso.

— Virginia!

— Péssimo! Se eu tivesse a sua experiência, teria arranjado uma explicação melhor. Plausível, pelo menos. Mas deixa estar. Vou acabar descobrindo tudo, meu caro George. Fique certo disso. "O mistério do sr. McGrath". Não me admiraria nada se conseguisse obter alguma informação este fim de semana em Chimneys.

— Em Chimneys? Você vai a Chimneys?

George não conseguiu ocultar sua perturbação. Tentara falar com lorde Caterham a tempo para que o convite não fosse feito.

– Bundle ligou hoje de manhã e me convidou.

– Será uma reunião bastante monótona – disse George, numa última tentativa. – Você não vai gostar.

– Meu caro George, por que você não me conta a verdade e confia em mim? Ainda dá tempo.

George pegara sua mão, mas logo a soltou.

– Eu contei a verdade – disse friamente sem enrubescer.

– Assim está melhor – disse Virginia, em tom de aprovação. – Mas ainda não está bom o suficiente. Anime-se, George. Estarei em Chimneys sim, exercendo meu imenso fascínio, como você diz. De repente, a vida ganhou cor. Primeiro, um chantagista. Depois, George em dificuldades diplomáticas. Será que ele contará tudo à bela mulher que implora por sua confiança de maneira tão patética? Não, ele não revelará nada até o último capítulo. Adeus, George. Um último olhar de afeição antes de ir? Não? Oh, meu caro George, não fique tão zangado!

Virginia correu para o telefone assim que George saiu pela porta da frente, num passo grave.

Obteve o número desejado e pediu para falar com lady Eileen Brent.

– É você, Bundle? Só para confirmar que vou a Chimneys amanhã. O quê? Me entediar? Claro que não. Pois saiba, Bundle, que eu não perderia esse encontro por nada neste mundo!

Capítulo 7

O sr. McGrath recusa um convite

As cartas não estavam mais lá!

Tendo plena consciência desse fato, não havia nada a fazer senão aceitá-lo. Anthony sabia perfeitamente que não podia perseguir Giuseppe pelos corredores do Hotel Blitz. Só iria chamar atenção, sem atingir seu objetivo.

Anthony chegou à conclusão de que Giuseppe havia confundido o pacote das cartas com o das memórias, por conta do invólucro. Era possível, portanto, que, ao descobrir o engano, fizesse nova tentativa de apoderar-se das memórias. Anthony pretendia estar bem preparado para isso.

Outro plano que lhe ocorreu foi colocar um anúncio discreto, solicitando a devolução das cartas. Supondo que Giuseppe fosse um emissário dos Camaradas da Mão Vermelha ou, o que era mais provável, um empregado do Partido Legalista, as cartas não teriam nenhum valor para seu líder, e Giuseppe dificilmente perderia a oportunidade de obter uma pequena quantia em dinheiro em troca das cartas.

Depois de tanto pensar, Anthony voltou para a cama e dormiu profundamente até a manhã seguinte. Não julgou que Giuseppe fosse querer um segundo encontro naquela noite.

Anthony levantou-se com seu plano de ataque traçado. Tomou um bom café da manhã, deu uma lida nos jornais, cheios de notícias a respeito das novas descobertas de petróleo na Herzoslováquia, e solicitou uma conversa com o gerente. Como sempre conseguia o que queria por meio da determinação, obteve o que desejava.

O gerente, um francês muito educado, recebeu-o em seu escritório particular.

– O senhor desejava falar comigo, sr. ... McGrath?

– Sim. Cheguei ao hotel ontem à tarde, e o jantar me foi servido no quarto por um garçom chamado Giuseppe.

Fez uma pausa.

– Sim, creio que temos um garçom com esse nome – assentiu o gerente, com indiferença.

– Fiquei um pouco desconfiado com seu comportamento, mas não dei muita importância na hora. Mais tarde, durante a noite, fui despertado pelo som de alguém se movendo sorrateiramente pelo quarto. Acendi a luz e flagrei esse mesmo Giuseppe roubando minha maleta de couro.

A indiferença do gerente desapareceu por completo nesse momento.

– Mas não ouvi nada a respeito disso – exclamou. – Por que não fui informado antes?

– O homem e eu tivemos uma pequena luta. A propósito, ele estava armado com uma faca. No final, ele acabou fugindo pela janela.

– E o que o senhor fez, sr. McGrath?

– Fui conferir o conteúdo da minha maleta.

– Faltava alguma coisa?

– Nada importante – respondeu Anthony lentamente.

O gerente recostou-se dando um suspiro.

– Que bom – disse. – Mas permita-me dizer-lhe, sr. McGrath, que não compreendo direito sua atitude no caso. O senhor não tentou chamar alguém do hotel? Não perseguiu o ladrão?

Anthony encolheu os ombros.

– Como eu lhe disse, ele não levou nada de valor. Sei que, a rigor, trata-se de um caso de polícia...

Fez uma pausa, e o gerente murmurou sem nenhum entusiasmo:

– De polícia... claro...

– De qualquer forma, eu tinha certeza de que o homem conseguiria escapar, e, como nada tinha sido levado, para que incomodar a polícia?

O gerente sorriu.

– Vejo que o senhor compreende, sr. McGrath, que não tenho nenhum interesse em chamar a polícia. A meu ver, é sempre um desastre. Se os jornais ficam sabendo de um acontecimento desses em relação a um hotel importante como este, fazem logo um estardalhaço, mesmo que o assunto seja insignificante.

– Exatamente – concordou Anthony. – Eu lhe falei que nada de valor foi roubado, o que é verdade, em certo sentido. Nada de valor para o ladrão, mas ele levou algo que tem um grande valor para mim.

– O quê?

– Cartas.

Uma discrição extrema, como somente um francês conseguiria expressar, estampou-se no rosto do gerente.

– Compreendo perfeitamente – murmurou. – De fato, não é um caso para a polícia.

– Estamos de acordo quanto a isso. Mas o senhor há de compreender que faço absoluta questão de reaver essas cartas. No lugar de onde eu venho, as pessoas estão acostumadas a fazer as coisas sozinhas. O que lhe peço, portanto, é que o senhor me dê o máximo de informações possível sobre esse garçom, Giuseppe.

– Não vejo nenhum problema nisso – disse o gerente depois de um tempo. – É claro que não tenho como lhe dar as informações agora, mas se o senhor quiser voltar em meia hora, terei tudo pronto.

– Muito obrigado. Perfeito.

Em meia hora, Anthony voltou ao escritório. O gerente havia cumprido com sua palavra. Anotados numa folha de papel estavam todos os fatos relevantes conhecidos sobre Giuseppe Manelli.

– Ele veio nos procurar há uns três meses. Garçom habilidoso e experiente. Satisfez todas as expectativas. Está na Inglaterra há cerca de cinco anos.

Juntos, os dois examinaram uma lista de hotéis e restaurantes onde o italiano havia trabalhado. Um fato chamou atenção de Anthony. Em dois hotéis da lista houvera sérios roubos durante o tempo em que Giuseppe trabalhara lá, embora nenhuma suspeita tivesse recaído sobre ele. De qualquer maneira, o fato era significativo.

Seria Giuseppe apenas um ladrão de hotéis? A busca na maleta de Anthony teria sido apenas parte de suas táticas profissionais? Talvez estivesse com o maço de cartas na mão no momento em que Anthony acendeu a luz, e, para manter as mãos livres, enfiou o pacote automaticamente no bolso. Nesse caso, tratava-se apenas de um furto simples e comum.

Por outro lado, era preciso levar em consideração a empolgação do homem na noite anterior ao ver os papéis em cima da mesa. Não havia nenhum objeto de valor ou dinheiro visível para atiçar-lhe a cobiça.

Não, Anthony estava convencido de que Giuseppe agira em nome de uma organização maior. Com as informações fornecidas pelo gerente, talvez fosse possível saber algo a respeito da vida privada de Giuseppe e finalmente encontrá-lo. Anthony pegou a folha de papel e levantou-se.

– Muito obrigado mesmo. A resposta deve ser óbvia, mas não custa perguntar: Giuseppe não está mais no hotel, está?

O gerente sorriu.

– Sua cama não foi desfeita, e ele deixou todas as suas coisas. Deve ter fugido logo após atacar o senhor. Não imagino que ele vá voltar.

– É. Bem, muito obrigado por tudo. Vou continuar aqui.

– Espero que o senhor consiga o que deseja, mas confesso que tenho minhas dúvidas.

– Sempre espero pelo melhor.

Um dos primeiros passos de Anthony foi interrogar outros garçons que trabalhavam com Giuseppe, mas não conseguiu muita coisa. Redigiu um anúncio, conforme planejado, e enviou-o a cinco dos jornais mais lidos. Já estava pronto para ir ao restaurante onde Giuseppe trabalhara anteriormente, quando o telefone tocou. Anthony atendeu.

– Alô?

– Estou falando com o sr. McGrath? – perguntou uma voz inexpressiva.

– Sim. Quem é?

– Aqui é da Balderson & Hodgkins. Um minuto, por favor. O sr. Balderson vai falar.

"Nossos estimados editores", pensou Anthony. "Devem estar preocupados também. À toa. Ainda falta uma semana."

– Alô? Sr. McGrath? – perguntou uma voz energética.

– É ele.

– Aqui quem fala é o sr. Balderson, da Balderson & Hodgkins. E aquele manuscrito, sr. McGrath?

– O que é que tem?

– Muita coisa. Pelo que eu soube, o senhor acabou de chegar da África. Assim sendo, não tem como entender a situação. Haverá confusão em relação a esse manuscrito, sr. McGrath, uma grande confusão. Às vezes chego a lamentar que tenhamos nos comprometido a editá-lo.

– É mesmo?

– Sim. No momento, estou ansioso para tê-lo comigo o mais rápido possível, para que possa fazer algumas cópias. Assim, se o original for destruído, não haverá problema.

– Meu Deus! – exclamou Anthony.

– Pois é. Imagino que o senhor esteja surpreso, sr. McGrath. Mas, como lhe disse, o senhor não tem como entender a situação. Estão fazendo de tudo para impedir que esse manuscrito chegue até nossa editora. Digo-lhe abertamente que, se o senhor tentar trazê-lo pessoalmente, a probabilidade de que consiga é quase nula.

– Duvido – disse Anthony. – Quando quero chegar a algum lugar, geralmente chego.

– O senhor está enfrentando um pessoal muito perigoso. Eu mesmo não acreditaria, um mês atrás. Olhe, sr. McGrath, já tentaram nos subornar, nos ameaçaram, quiseram nos enganar. Não sabemos mais o que fazer. Minha sugestão é que o senhor não tente trazer o manuscrito aqui. Um dos nossos funcionários o procurará no hotel e se encarregará de trazê-lo.

– E se a quadrilha for atrás dele? – perguntou Anthony.

– Nesse caso, a responsabilidade será nossa, não sua. O senhor teria entregado o manuscrito a um representante nosso e teria um recibo. O cheque de... mil libras que temos instruções de lhe entregar só estará disponível na próxima quarta-feira, conforme os termos de nosso acordo com os testamenteiros do falecido...

autor, o senhor sabe a quem me refiro. Mas, se o senhor preferir, posso mandar pelo mensageiro um cheque meu nesse valor.

Anthony refletiu um pouco. Pretendia guardar as memórias até o último momento, porque estava ansioso para descobrir a causa de todo aquele imbróglio. Mas precisou se render aos argumentos do editor.

– Tudo bem – disse com um leve suspiro. – Como o senhor quiser. Pode mandar seu funcionário. Se não for incômodo, mande também o cheque. Gostaria de ter logo esse dinheiro, porque talvez viaje para fora da Inglaterra antes da próxima quarta.

– Certamente, sr. McGrath. Nosso representante o procurará amanhã de manhã cedo. Por precaução, não mandaremos ninguém diretamente aqui da editora. O sr. Holmes mora no sul de Londres. Ele passará aí antes de vir para cá e lhe dará um recibo quando pegar o pacote. Sugiro que o senhor guarde um pacote falso no cofre da gerência. Seus inimigos ficarão sabendo, e isso evitará que invadam seu quarto durante a noite.

– Perfeito. Farei como o senhor sugere.

Anthony desligou pensativo.

Prosseguiu, então, com o plano interrompido de obter informações sobre o desaparecido Giuseppe. Não conseguiu. Giuseppe trabalhara no restaurante em questão, mas aparentemente ninguém sabia nada sobre sua vida privada.

– Mas eu vou encontrá-lo, meu caro – murmurou Anthony. – Ainda vou encontrá-lo. É só uma questão de tempo.

Sua segunda noite em Londres foi totalmente tranquila.

Às nove horas da manhã seguinte, trouxeram o cartão do sr. Holmes, da Balderson & Hodgkins, e logo o sr. Holmes apareceu. Era um homem baixo, louro, de gestos comedidos. Anthony entregou-lhe o manuscrito e recebeu em troca um cheque de mil libras. O sr. Holmes guardou o pacote numa pequena sacola marrom que carregava, desejou bom dia a Anthony e foi embora. A coisa toda pareceu bastante sem graça.

– Mas talvez ele seja assassinado no caminho – murmurou Anthony, olhando, distraído, pela janela. – Será?

Colocou o cheque num envelope junto com um pequeno bilhete e fechou-o cuidadosamente. Jimmy, que tinha caixa na ocasião do encontro com Anthony em Bulawayo, adiantara-lhe uma substancial quantia em dinheiro, praticamente intacta até então.

– Um trabalho está feito, mas o outro não – disse Anthony baixinho. – Por enquanto, estou fracassando. Mas nunca perca as esperanças. Acho que vou dar uma passada no número 487 da Pont Street para dar uma olhada. Devidamente disfarçado, claro.

Anthony guardou seus pertences, desceu, pagou a conta e pediu que colocassem sua bagagem num táxi. Recompensando adequadamente aqueles que se postavam em seu caminho, embora a maioria nada tivesse feito para lhe proporcionar mais conforto, estava a ponto de sair quando um rapaz correu atrás dele com uma carta.

– Acabou de chegar para senhor.

Com um suspiro, Anthony tirou mais um xelim do bolso. O táxi seguiu adiante com um terrível ruído de engrenagem. Anthony abriu a carta.

Era um documento bastante curioso. Anthony teve que ler quatro vezes para entender do que se tratava. Falando em inglês claro (a carta não era em inglês claro, mas em inglês emaranhado, peculiar às missivas redigidas por funcionários do governo), o documento dizia que o sr. McGrath estava chegando à Inglaterra naquele dia, quinta-feira, vindo do sul da África. O texto referia-se indiretamente às memórias do conde Stylptitch e pedia que o sr. McGrath não tomasse nenhuma providência quanto a isso até que tivesse uma conversa confidencial com o sr. George Lomax e outras partes interessadas, cuja importância era vagamente sugerida. Havia também um convite, por parte de lorde Caterham, para que ele fosse a Chimneys no dia seguinte, sexta-feira.

Um comunicado misterioso e para lá de obscuro. Anthony adorou.

– A boa e velha Inglaterra – murmurou, satisfeito. – Com dois dias de atraso, como sempre. É uma pena. Não posso ir a Chimneys com uma identidade falsa. Mas deve haver alguma hospedaria por perto. O sr. Anthony Cade poderia ficar, sem que ninguém soubesse.

Curvou-se para a frente e deu novas instruções ao motorista, que bufou, mal-humorado.

O táxi parou em frente a uma das estalagens mais sombrias de Londres. A corrida, no entanto, foi paga de acordo com o ponto de partida.

Tendo reservado um quarto em nome de Anthony Cade, Anthony encaminhou-se para uma sala de leitura, tirou do bolso uma folha de papel timbrado do Hotel Blitz e escreveu rapidamente.

Explicava que tinha chegado na última terça-feira, que entregara o manuscrito à Balderson & Hodgkins e que lamentava recusar o amável convite de lorde Caterham, mas estava de partida da Inglaterra. Assinou: "Atenciosamente, James McGrath".

– E agora – disse Anthony, enquanto colava o selo no envelope –, mãos à obra. James McGrath sai de cena e entra Anthony Cade.

Capítulo 8

Um homem morto

Naquela mesma tarde de quinta-feira, Virginia Revel foi jogar tênis em Ranelagh. Durante todo o caminho de volta à Pont Street, recostada em sua luxuosa limusine, ensaiava sua parte na próxima conversa com um sorriso nos lábios. Claro que havia a possibilidade de o chantagista não aparecer, mas ela tinha certeza de que isso não aconteceria. Aparentara ser uma presa fácil. Bem, desta vez não seria tão fácil como o sujeito imaginava!

Quando o carro parou em frente à casa, ela virou-se para falar com o motorista antes de subir a escada.

– Como vai sua esposa, Walton? Esqueci de perguntar.

– Creio que melhor, madame. O médico disse que iria vê-la mais ou menos às seis e meia. A senhora precisará do carro de novo?

Virginia pensou um instante.

– Vou passar o fim de semana fora. Sairei de Paddington às seis e quarenta, mas não preciso mais de você. Eu pego um táxi. Prefiro que você vá ao médico. Se ele achar que fará bem à sua esposa sair neste fim de semana, leve-a para algum lugar, Walton. As despesas ficam por minha conta.

Abreviando os agradecimentos do homem com um movimento impaciente de cabeça, Virginia subiu correndo a escada, enfiou a mão na bolsa à procura da chave, lembrou-se de que não a trouxera e tocou a campainha.

Não abriram logo a porta, e, enquanto Virginia esperava do lado de fora, um rapaz subiu os degraus da escada.

Estava malvestido e tinha na mão uma pilha de folhetos. Fez menção de entregar um a Virginia, com uma inscrição claramente visível: "Por que servi à minha pátria?". Na mão esquerda, o jovem segurava uma caixa de esmolas.

– Não posso comprar dois desses poemas pavorosos no mesmo dia – argumentou Virginia. – Comprei um hoje de manhã. Comprei mesmo, palavra de honra.

O jovem jogou a cabeça para trás e riu. Virginia riu junto. Avaliando-o negligentemente, achou-o um tipo bem mais agradável do que a maioria dos desempregados de Londres. Gostou de seu rosto bronzeado e da firme esbeltez. Chegou a ponto de desejar arranjar-lhe um emprego.

Mas nesse momento a porta se abriu, e Virginia esqueceu-se imediatamente do problema do desempregado, porque, para seu grande espanto, quem veio recebê-la foi a criada Elise.

– Onde está Chilvers? – perguntou Virginia, entrando em casa.

– Ué, saiu, madame, com os outros.

– Que outros? Para onde?

– Ué, para Datchet, madame. Para o chalé, conforme dizia seu telegrama.

– Meu telegrama? – exclamou Virginia completamente desorientada.

– A senhora não mandou um telegrama? Chegou há uma hora.

– Não mandei telegrama nenhum. O que dizia?

– Acho que ainda está em cima da mesa, *là-bas*.

Elise retirou-se, pegou o telegrama e o trouxe, triunfante, para a patroa.

– *Voilà*, madame!

O telegrama era endereçado a Chilvers e dizia o seguinte:

Favor levar empregados ao chalé agora e preparar reunião de fim de semana. Pegar trem das 17h49.

Não havia nada de extraordinário. Era o tipo de mensagem que ela mesma enviava quando decidia, de uma hora para a outra, reunir os amigos em seu bangalô à beira do rio. Levava sempre todos os empregados, deixando somente uma senhora mais velha como vigia. Chilvers não teria visto nada de errado no telegrama e, como bom criado, obedecera fielmente às suas ordens.

– Eu fiquei – explicou Elise –, porque sabia que a senhora precisaria de mim para arrumar as malas.

– Foi um trote – exclamou Virginia furiosa, jogando o telegrama no chão. – Você sabe muito bem, Elise, que estou indo para Chimneys. Falei hoje de manhã.

– Pensei que a madame tivesse mudado de ideia. Às vezes isso acontece, não é, madame?

Virginia admitiu a verdade da acusação com um meio sorriso. Procurava uma razão para a brincadeira idiota. Elise apresentou uma hipótese.

– *Mon Dieu!* – exclamou apertando as mãos. – E se tiver sido coisa dos malfeitores, dos ladrões? Mandam um telegrama falso para que os *domestiques* saiam de casa e depois vêm roubar.

– Pode ser – disse Virginia, em tom de dúvida.

– Sim, sim, madame, é isso, com certeza. Todos os dias vemos esse tipo de coisa nos jornais. Melhor madame ligar logo para a polícia. Agora. Antes que eles venham e cortem nossa garganta.

– Não exagere, Elise. Eles não virão cortar nossa garganta às seis horas da tarde.

– Madame, eu lhe imploro, deixe-me sair para chamar logo um policial.

– Para quê? Não seja boba, Elise. Suba e arrume minhas coisas para Chimneys, se ainda não arrumou. O novo vestido de gala de Cailleaux, o branco de *crêpe marocain* e... sim, o preto de veludo. Veludo preto é tão político, não acha?

– A madame fica linda com o de cetim *eau de nil* – sugeriu Elise, reassumindo a postura profissional.

– Não, não levarei esse. Rápido, Elise, seja boazinha. Temos muito pouco tempo. Mandarei um telegrama para Chilvers em Datchet e, quando sairmos, pedirei ao policial que estiver fazendo ronda para ficar de olho. Não faça essa cara de novo, Elise. Se você fica tão assustada mesmo sem ter acontecido nada, imagine se um homem saltar de um canto escuro com uma faca apontada para você!

Elise deixou escapar uma exclamação e saiu correndo escada acima, lançando olhares nervosos por sobre os ombros.

Virginia fez uma careta para a criada que se afastava e foi até o pequeno escritório onde estava o telefone. A sugestão de Elise, de chamar a polícia, parecia-lhe boa, e era o que pretendia fazer sem mais delongas.

Abriu a porta do escritório e dirigiu-se ao telefone. Parou com a mão no gancho. Havia um homem sentado na poltrona grande, numa posição estranha, meio retraído. Em virtude das circunstâncias, esquecera-se totalmente do visitante aguardado. Pelo visto, ele tinha pegado no sono enquanto a esperava.

Virginia foi até a poltrona, com um sorriso travesso no rosto. De repente, o sorriso se desfez.

O homem não estava dormindo. *Estava morto.*

Ela soube na hora, instintivamente, antes mesmo que seus olhos se deparassem com o pequeno revólver brilhante jogado no chão, o minúsculo orifício rodeado por uma mancha escura um pouco acima do coração e a aterradora visão do queixo caído.

Ficou imóvel, as mãos espalmadas nas laterais do corpo. No silêncio, ouviu Elise descendo a escada correndo.

– Madame! Madame!

– O que foi?

Encaminhou-se rapidamente para a porta. Seu instinto lhe dizia para esconder de Elise o que havia acontecido, pelo menos por enquanto. A moça ficaria histérica, e agora ela precisava de muita calma e tranquilidade para pensar no que fazer.

– Madame, não seria melhor passar a corrente na porta? Esses malfeitores podem chegar a qualquer momento.

– Sim, faça o que quiser.

Ouviu o ruído da corrente e depois Elise subindo a escada novamente. Respirou aliviada.

Olhou para o homem na cadeira e em seguida para o telefone. Era evidente que devia chamar a polícia.

Mas não fez nada. Estava paralisada pelo horror e aturdida por pensamentos conflitantes. O telegrama falso! Será que tinha alguma coisa a ver com isso? E se Elise não tivesse ficado? Teria entrado com a própria chave – isto é, se estivesse com ela – e ficaria a sós com um homem assassinado dentro de casa, um homem que a chantageara anteriormente, com seu consentimento. É claro que tinha uma explicação para isso, mas sua consciência não estava tranquila. Lembrou-se de como George julgara a situação. As outras pessoas pensariam o mesmo? E aquelas cartas, agora... Evidentemente não foram escritas por ela, mas como provar que não?

– Preciso pensar – disse Virginia. – Preciso pensar.

Quem tinha deixado o homem entrar? Elise certamente não. Ela teria logo comentado. Quanto mais refletia, mais misterioso lhe parecia o caso. Só havia mesmo uma coisa a fazer: chamar a polícia.

Estendeu a mão para o telefone e de repente pensou em George. Um homem comum, equilibrado, que enxergasse as coisas em suas devidas proporções e lhe indicasse o melhor caminho a seguir. Era disso que precisava.

Mas sacudiu a cabeça. George não. A primeira coisa em que ele pensaria seria em sua própria posição. Detestaria se envolver nesse tipo de assunto. George não servia.

Seu rosto, então, adquiriu uma aparência tranquila. Bill, claro! Sem perder mais tempo, ligou para ele.

Foi informada de que ele tinha saído para Chimneys uma hora antes.

– Droga! – exclamou Virginia, batendo com o fone no gancho. Era horrível ficar trancada em casa com um cadáver e não ter com quem falar.

Nesse momento, a campainha tocou.

Virginia levou um susto. Pouco tempo depois, tocaram de novo. Elise estava lá em cima, fazendo as malas, e não ouviria.

Virginia foi até o hall, tirou a corrente e destrancou todos os ferrolhos que Elise fechara. Em seguida, com um suspiro profundo, abriu a porta. Na escada, encontrou o rapaz desempregado.

– Entre – disse ela. – Acho que tenho um trabalho para o senhor.

Conduziu-o à sala de jantar, puxou uma cadeira para ele e sentou-se à sua frente, fitando-o.

– Desculpe-me – disse –, mas o senhor vem de...

– De Eton e Oxford – respondeu o rapaz. – Era o que a senhora queria me perguntar, não?

– Algo assim – admitiu Virginia.

– Acabei decaindo devido à minha incapacidade de permanecer num emprego fixo. Espero que não seja um emprego fixo o que a senhora esteja me oferecendo.

Ela sorriu.

– Não. Não tem nada de fixo.

– Ótimo – disse o rapaz, em tom de satisfação.

Virginia reparou em seu rosto bronzeado e seu corpo longo e esguio, que lhe causaram boa impressão.

– Olhe, estou numa encrenca – explicou. – A maioria dos meus amigos está, bem, em posição de destaque. Todos têm algo a perder.

– Eu não tenho nada a perder. Pode continuar. O que está acontecendo?

– Há um homem morto na sala ao lado – informou Virginia. – Ele foi assassinado, e eu não sei o que fazer.

Pronunciou essas palavras com a simplicidade de uma criança. O rapaz subiu bastante em seu conceito pela forma como recebeu sua declaração. Talvez estivesse acostumado a ouvir coisas desse tipo todos os dias.

– Excelente – disse ele com certo entusiasmo. – Sempre quis trabalhar como detetive amador. Vamos lá ver o corpo, ou a senhora prefere me contar os fatos primeiro?

– Acho melhor lhe contar os fatos primeiro. – Fez uma pequena pausa. Como resumir a história? Falou, de maneira calma e concisa: – Esse homem veio à minha casa ontem pela primeira vez e pediu para falar comigo. Ele tinha algumas cartas. Cartas de amor, assinadas com meu nome...

– Mas que não foram escritas pela senhora – emendou o rapaz.

Virginia olhou para ele, perplexa.

– Como é que o senhor sabia?

– Ora, deduzi. Mas continue.

– Ele queria me chantagear e... Bem, não sei se o senhor vai entender, mas... eu deixei.

Olhou-o, súplice, e ele assentiu com a cabeça, de modo tranquilizador.

– É claro que eu entendo. A senhora queria sentir como era ser chantageada.

– Uau! Como o senhor é inteligente! Foi exatamente isso.

– Eu sou inteligente mesmo – disse o rapaz, com modéstia. – Mas, veja bem, pouquíssimas pessoas entenderiam esse ponto de vista. A maioria não tem imaginação.

– Pois é. Eu disse a esse homem para voltar hoje, às seis horas. Cheguei de Ranelagh e, por causa de um telegrama falso, nenhum empregado estava em casa, exceto minha criada particular. Fui até o escritório e encontrei o homem baleado.

– Quem o deixou entrar?

– Não sei. Se tivesse sido minha criada, ela teria comentado.

– Ela sabe o que aconteceu?

– Eu não lhe disse nada.

O rapaz fez que compreendia e levantou-se.

– Vamos ver o corpo – disse bruscamente. – Mas lhe digo uma coisa: de um modo geral, é sempre melhor falar a verdade. Uma mentira leva a outra, e ficar mentindo o tempo todo é muito monótono.

– O senhor me aconselha, então, a ligar para a polícia?

– Talvez sim. Mas vamos dar uma olhada no sujeito primeiro.

Virginia foi na frente. Na soleira da porta, parou e voltou-se para o rapaz.

– A propósito – disse –, o senhor ainda não me disse seu nome.

– Meu nome? Meu nome é Anthony Cade.

Capítulo 9

Anthony livra-se de um corpo

Anthony seguiu Virginia para fora da sala, sorrindo por dentro. Os acontecimentos haviam tomado um rumo inesperado. Mas, ao curvar-se sobre o corpo que se encontrava na poltrona, ficou sério novamente.

– Ele ainda está quente – disse. – Foi morto há menos de meia hora.

– Um pouco antes de eu chegar?

– Exatamente.

Aprumou-se, franzindo o cenho. Em seguida, fez uma pergunta cujo sentido Virginia não compreendeu de imediato.

– Sua criada não esteve nesta sala, esteve?

– Não.

– Ela sabe que a senhora esteve aqui?

– Ora, sim. Fui até porta falar com ela.

– Depois de ter encontrado o corpo?

– Sim.

– E a senhora não disse nada?

– Teria sido melhor se eu tivesse dito? Achei que ela fosse ficar histérica. Ela é francesa e se abala facilmente. Eu queria refletir sobre o que deveria fazer.

Anthony assentiu com a cabeça, mas não disse nada.

– Pelo visto, o senhor acha que foi um erro.

– Foi um tanto infeliz, sra. Revel. Se a senhora e a criada tivessem descoberto o corpo juntas logo após o seu regresso, as coisas seriam bem mais simples. O homem teria sido baleado indiscutivelmente *antes* de a senhora chegar.

– Ao passo que agora podem dizer que ele foi baleado *depois*... Compreendo...

Anthony observou-a assimilando a ideia e confirmou a primeira impressão que tivera a seu respeito, quando conversaram na porta. Além de beleza, ela tinha coragem e inteligência.

Virginia estava tão absorta no enigma apresentado que nem se perguntou como o desconhecido sabia seu nome.

– E como é que Elise não ouviu o tiro? – murmurou ela.

Anthony apontou para a janela aberta, no momento em que se ouviu o estalo de um cano de escape de um carro que passava.

– Aí é que está. Londres não é um lugar onde se consiga ouvir um tiro de revólver.

Virginia voltou-se para o corpo na poltrona, sentindo um calafrio percorrer-lhe a espinha.

– Parece italiano – observou.

– Ele é italiano – afirmou Anthony. – Diria que trabalhava como garçom. Só fazia chantagens nas horas vagas. Seu nome possivelmente é Giuseppe.

– Meu Deus! – exclamou Virginia. – Sherlock Holmes?

– Não – disse Anthony, lamentando. – Acredito que seja uma simples fraude. Já lhe conto tudo a respeito. A senhora me disse que esse homem lhe mostrou algumas cartas e lhe pediu dinheiro em troca. A senhora deu?

– Sim.

– Quanto?

– Quarenta libras.

– Fez mal – disse Anthony, mas sem manifestar grandes surpresas. – Vamos dar uma olhada no telegrama.

Virginia pegou-o em cima da mesa e entregou a ele. Reparou que seu rosto ficou sério.

– O que houve?

Anthony mostrou o telegrama, apontando para o endereço do remetente.

– Barnes – disse. – E a senhora esteve em Ranelagh esta tarde. O que impediria que a senhora mesma o tivesse enviado?

Virginia estava fascinada com as palavras dele. Era como se uma rede se fechasse cada vez mais em torno dela. Ele a obrigava a ver tudo aquilo que ela sentia, remotamente, por dentro.

Anthony tirou um lenço do bolso e enrolou-o na mão. Em seguida, apanhou o revólver.

– Nós, criminosos, precisamos ter muito cuidado – explicou. – Impressões digitais, sabe?

De repente, ela viu que Anthony enrijeceu.

– Sra. Revel – disse ele, com a voz alterada –, a senhora conhece este revólver?

– Não – respondeu Virginia, admirada.

– Tem certeza?

– Absoluta.

– A senhora tem algum revólver?

– Não.

– Já teve?

– Não, nunca.

– Tem certeza?

– Absoluta.

Ele fitou-a por um tempo, e Virginia encarou-o de volta, completamente surpresa pelo seu tom de voz.

Até que, com um suspiro, ele relaxou.

– Estranho – disse. – Como explica isto?

Exibiu o revólver. Era um objeto pequeno, delicado, quase um brinquedo, capaz, porém, de realizar um trabalho mortal. Gravado na arma lia-se o nome "Virginia".

– Oh, é impossível! – exclamou Virginia.

Seu assombro era tão genuíno que Anthony não teve como não acreditar.

– Sente-se – disse ele calmamente. – Há mais coisa aí. Para começar, quais são as hipóteses? Há apenas duas hipóteses possíveis. Existe, é claro, a verdadeira Virginia, a mulher das cartas. Ela pode ter ido atrás do cara, atirado nele, largado o revólver, roubado as cartas e fugido. É bem possível, não?

– Imagino que sim – disse Virginia com relutância.

– A outra hipótese é bem mais interessante. A pessoa que desejava matar Giuseppe também queria incriminá-la. Aliás, talvez esse fosse o objetivo principal. O sujeito poderia ter atraído o italiano para onde quisesse, mas não poupou esforços em trazê-lo para *cá*, e, quem quer que seja, ele sabe tudo a seu respeito. Sabe do chalé em Datchet, de seus hábitos domésticos e que a senhora esteve em Ranelagh esta tarde. Parece uma pergunta absurda, mas a senhora tem inimigos, sra. Revel?

– Claro que não. Pelo menos, não desse tipo.

– A questão é a seguinte: o que faremos agora? Existem duas possibilidades. A: ligar para a polícia, contar a história toda e confiar em sua posição inexpugnável no mundo e em sua vida até então irrepreensível. B: eu tentar me livrar do corpo. Confesso que tendo à alternativa B. Sempre desejei ver se conseguiria, com a astúcia necessária, ocultar um crime, mas tenho aversão a derramamento de sangue. No todo, creio que A seja a opção mais segura. Nesse caso, precisaremos realizar uma espécie de expurgo. Ligar para a polícia, sim, mas suprimir o revólver e as cartas da chantagem... isto é, se elas ainda estiverem com ele.

Anthony revistou rapidamente os bolsos do homem morto.

– Não sobrou nada – anunciou. – Ele foi totalmente depenado. Ainda haverá muita confusão por causa dessas cartas. Opa, o que é isso? Um buraco no forro! Alguma coisa estava presa aqui, foi puxada com violência e ficou um pedaço de papel.

Enquanto falava, Anthony pegou o papel e foi até a luz. Virginia aproximou-se.

– Pena que não tenhamos o resto – murmurou. – "Chimneys, quinta-feira, 23h45". Parece um compromisso.

– Chimneys? – exclamou Virginia. – Que coisa extraordinária!

– Por que extraordinário? Requintado demais para um sujeito vulgar como ele?

– Eu vou para Chimneys esta noite. Quer dizer, ia.

Anthony virou-se para ela.

– Como? Diga de novo.

– Eu ia para Chimneys esta noite – repetiu Virginia.

Anthony olhou-a, espantado.

– Estou começando a entender. Posso estar enganado, mas é uma ideia. Suponha que alguém quisesse muito impedir que a senhora fosse para Chimneys.

– Meu primo George Lomax queria – informou Virginia sorrindo. – Mas não tenho como suspeitar dele num caso de assassinato.

Anthony não sorriu. Estava imerso em pensamentos.

– Se a senhora chamar a polícia, pode dar adeus ao plano de ir para Chimneys hoje, ou até mesmo amanhã. E eu gostaria que a senhora fosse para Chimneys. Acho que desconcertaria nossos amigos desconhecidos. Sra. Revel, a senhora confia em mim?

– Então será o plano B?

– Sim, será o plano B. A primeira coisa a fazer é conseguir que essa sua criada saia de casa. A senhora pode arranjar isso?

– Facilmente.

Virginia foi até o hall e gritou para cima.
– Elise. Elise.
– Madame?

Anthony ouviu um rápido colóquio e, em seguida, a porta da frente ser aberta e fechada. Virginia voltou à sala.

– Ela saiu. Mandei-a comprar uma fragrância especial. Falei que a loja fica aberta até as oito. É claro que não fica. Ela deverá seguir no próximo trem, depois de mim, sem voltar aqui.

– Ótimo – disse Anthony. – Vamos tratar agora de nos livrar do corpo. É um método bastante conhecido, mas preciso saber primeiro se existe algum baú ou mala grande nesta casa.

– Claro. Vá ao porão e escolha à vontade.

Havia diversos modelos. Anthony escolheu uma mala sólida, grande o suficiente.

– Cuidarei desta parte – disse ele com bastante tato. – A senhora sobe e se arruma.

Virginia obedeceu. Tirou o uniforme de tênis, vestiu um costume de viagem marrom-claro, colocou um gracioso chapéu laranja e desceu. Encontrou Anthony esperando no hall, ao lado de uma enorme mala firmemente fechada.

– Gostaria de lhe contar a história da minha vida – disse ele –, mas a noite será agitada. O que a senhora tem que fazer é o seguinte: chame um táxi, mande colocar a bagagem no porta-malas, incluindo esta mala. Vá até Paddington. Quando chegar lá, mande guardar a mala no depósito de bagagens, que fica do lado esquerdo. Estarei na plataforma. Quando passar por mim, deixe cair o bilhete da bagagem. Abaixo e finjo devolvê-lo, mas, na verdade, ficarei com ele. Siga para Chimneys e deixe o resto comigo.

— É muita bondade sua – disse Virginia. – Que coisa terrível da minha parte encarregar um estranho de se livrar de um cadáver!

— Eu gosto disso – falou Anthony com indiferença. – Se um amigo meu, Jimmy McGrath, estivesse aqui, ele lhe diria que esse tipo de coisa é a minha cara.

Virginia o observava.

— Que nome você disse? Jimmy McGrath?

Anthony olhou para ela.

— Sim. Por quê? Já ouviu falar dele?

— Sim... e bem recentemente. – Parou, irresoluta. Depois continuou: – Sr. Cade, precisamos conversar. O senhor não pode ir a Chimneys?

— A senhora me verá em breve, sra. Revel. Fique tranquila. Agora, sai o conspirador A, furtivamente, pela porta de trás. E o conspirador B, em esplendor de glória, sai pela porta da frente para pegar um táxi.

O plano transcorreu sem grandes dificuldades. Anthony, depois de pegar um segundo táxi, chegou à plataforma a tempo e pegou o bilhete que Virginia deixara cair. Em seguida, foi atrás do Morris Cowley de segunda mão (já bem rodado) que adquirira mais cedo, para o caso de precisar de um carro.

Voltando a Paddington nesse carro, entregou o bilhete da bagagem a um carregador, que retirou a mala do depósito e colocou-a de modo seguro no porta-malas. Anthony partiu.

Seu destino não era Londres. Atravessou Notting Hill, Shepherd's Bush, desceu a estrada de Goldhawk, passou por Brentford e Hounslow, até chegar a uma longa extensão de rodovia entre Hounslow e Staines. Era uma estrada de grande circulação, com veículos passando o tempo todo. Havia pouca probabilidade de identificar marcas de pneus ou pegadas. Anthony parou o carro, desceu e a primeira coisa que fez foi esconder o número da placa com lama. Em seguida, esperou até o momento em que não ouviu som de carro vindo de nenhuma das direções, abriu a mala, retirou o corpo de Giuseppe e estendeu-o cuidadosamente na beira da estrada, na parte interna da curva, de modo que os faróis dos carros não incidissem sobre ele.

Depois, entrou novamente do carro e partiu. O trabalho todo durou exatamente um minuto e meio. Pegou um desvio à direita, voltando a Londres por Burnham Beeches. Aí, parou mais uma vez o carro, escolheu uma faia gigante e subiu na árvore. Era uma verdadeira façanha, até mesmo para Anthony. Num dos ramos mais altos, prendeu um pequeno pacote embrulhado em papel marrom, escondendo-o num pequeno nicho perto do tronco.

– Uma forma bastante inteligente de se livrar de uma arma – disse Anthony para si mesmo, orgulhoso. – Todo mundo procura no chão e esvazia lagoas. Mas poucas pessoas da Inglaterra subiriam numa árvore.

Em seguida, voltou a Londres e dirigiu-se à estação de Paddington, onde deixou a mala, desta vez no outro depósito, do lado do desembarque. Pensou em comida. Ah, como seria bom comer um bom bife com batata frita! Mas sacudiu a cabeça com tristeza, consultando o relógio. Abasteceu o Morris e pegou novamente a estrada. Para o norte agora.

Um pouco depois das onze e meia, estacionou o carro na rua que margeava o parque de Chimneys. Saiu do carro, escalou o muro com facilidade e dirigiu-se para a casa. O caminho era mais longo do que ele imaginava, e ele começou a correr. Uma grande construção cinzenta surgiu na escuridão: o venerável edifício de Chimneys. Ao longe, um relógio bateu quinze para a meia-noite.

23h45, o horário mencionado no pedaço de papel. Anthony encontrava-se no terraço, observando a casa. Tudo escuro e silencioso.

– Esses políticos vão para a cama cedo – murmurou.

E de repente um som chegou a seus ouvidos, o som de um tiro. Anthony virou-se rapidamente. Tinha certeza de que o som viera de dentro da casa. Esperou um minuto, mas tudo permanecia em silêncio mortal. Anthony foi, então, até uma das longas janelas de batente de onde julgou ter partido o som que o assustara. Tentou o trinco. Estava trancado. Tentou outras janelas, escutando com atenção. Mas o silêncio era absoluto.

No final, Anthony chegou à conclusão de que devia ter sido imaginação sua, ou talvez o tiro tivesse sido disparado por um caçador embrenhado na floresta. Voltou por onde tinha vindo, atravessando o parque, insatisfeito e intranquilo.

Virou-se para olhar a casa, e, nesse momento, acendeu-se uma luz numa das janelas do primeiro andar. No instante seguinte, ela se apagou, e o lugar todo imergiu na escuridão outra vez.

Capítulo 10

Chimneys

O inspetor Badgworthy, em seu escritório. Hora: 8h30. Homem alto, corpulento, metódico no andar e com tendência a respiração pesada nos momentos de tensão profissional. De serviço, o policial Constable Johnson, novato na força policial, de aparência imatura e implume como um franguinho.

O telefone em cima da mesa tocou alto, e o inspetor atendeu-o com sua habitual e portentosa gravidade.

– Sim. Posto policial de Market Basin, inspetor Badgworthy falando. O que houve?

Ligeira alteração nos modos do inspetor. Assim como ele é superior a Johnson, há outros acima dele.

– Sim, milorde. Perdão, milorde, não ouvi direito o que o senhor disse.

Pausa longa, durante a qual o inspetor ouve, e uma variedade de expressões passa-lhe pelo rosto normalmente impassível. Por fim, põe o fone no gancho, após um breve "agora mesmo, milorde".

Volta-se para Johnson, visivelmente inflamado de importância.

– De Sua Excelência... em Chimneys... assassinato.

– Assassinato – repetiu Johnson, convenientemente impressionado.

– Sim, assassinato – disse o inspetor, com grande satisfação.

– Ora, nunca houve um assassinato aqui. Não que eu saiba. Exceto aquela vez em que Tom Pearse atirou na namorada.

— E aquilo, de certa forma, não foi assassinato, mas bebedeira — disse o inspetor de modo depreciativo.

— Ele não foi enforcado — concordou Johnson melancolicamente. — Mas agora é assassinato mesmo, não é, senhor?

— Sim, Johnson. Um dos convidados de Sua Excelência, um estrangeiro. Foi encontrado morto. Baleado. Janela aberta e pegadas do lado de fora.

— Pena que tenha sido um estrangeiro — disse Johnson, com certo pesar.

Tornava o assassinato menos real. Estrangeiros estavam sempre sujeitos a serem baleados, dizia Johnson.

— Sua Excelência está bastante chocado — continuou o inspetor. — Pegaremos o dr. Cartwright e o levaremos conosco. Espero que ninguém tenha mexido nas pegadas.

Badgworthy estava no sétimo céu. Um assassinato! Em Chimneys! O inspetor Badgworthy encarregado do caso. A polícia tem uma pista. Prisão sensacional. Promoção e glória para o inspetor supracitado.

— Isso se a Scotland Yard não se meter — disse o inspetor Badgworthy para si mesmo.

Essa ideia abateu-o por um momento. Parecia extremamente provável que acontecesse naquelas circunstâncias.

Pararam para pegar o dr. Cartwright, e o médico, que era relativamente jovem em comparação, demonstrou bastante interesse. Sua atitude foi quase igual à de Johnson.

— Valha-me Deus! — exclamou. — Não tínhamos um assassinato aqui desde a época de Tom Pearse.

Os três entraram no pequeno carro do médico e partiram para Chimneys. Ao passarem pela hospedaria local, a Jolly Cricketers, o médico reparou num homem em pé junto ao batente da porta.

– É de fora – observou. – Boa pinta. Há quanto tempo será que está aqui? E o que ele estará fazendo hospedado na Cricketers? Ainda não o tinha visto. Deve ter chegado ontem à noite.

– Ele não veio de trem – afirmou Johnson.

O irmão de Johnson trabalhava na estação, e por isso estava sempre a par de todas as partidas e chegadas.

– Quem chegou ontem com destino a Chimneys? – perguntou o inspetor.

– Lady Eileen chegou às 15h40, acompanhada por dois homens, um americano e um jovem militar. Nenhum deles trazia criado. Sua Excelência chegou com um estrangeiro (provavelmente o que foi assassinado) e o criado dele, por volta das 17h40. O sr. Eversleigh veio no mesmo trem. A sra. Revel chegou às 19h25, e nesse mesmo trem chegou outro homem de aparência estrangeira, careca e de nariz adunco. A criada da sra. Revel chegou no trem das 20h56.

Johnson parou, sem fôlego.

– E ninguém foi para a Cricketers?

Johnson sacudiu a cabeça.

– Ele deve ter vindo de carro, então – disse o inspetor. – Johnson, tome nota para abrir inquérito na Cricketers no seu caminho de volta. Queremos saber tudo sobre qualquer pessoa de fora. Esse homem estava muito bronzeado. É muito provável que seja estrangeiro também.

O inspetor moveu a cabeça com grande sagacidade, como que indicando que tipo de homem alerta ele era. Jamais seria pego cochilando.

O carro passou pelos portões do parque de Chimneys. Descrições desse local histórico podem ser encontradas em qualquer guia turístico. Chimneys aparece também no volume 3 de *Mansões históricas da Inglaterra*. Às quintas-feiras, chegam ônibus de Middlingham trazendo pessoas para visitar as dependências da mansão, que são abertas ao público. Em vista de todas essas facilidades, seria supérfluo descrever Chimneys.

Eles foram recebidos à porta por um mordomo de cabeça branca, cuja conduta era perfeita.

"Não estamos habituados a ter assassinatos entre essas paredes", parecia dizer. "Mas estamos enfrentando dias difíceis. Vamos encarar a desgraça com toda a calma e fingir, até o fim, que nada de anormal ocorreu."

– Sua Excelência está esperando – disse o mordomo. – Por aqui, por favor.

Conduziu-os a uma sala pequena e aconchegante, que era o refúgio de lorde Caterham.

– A polícia, milorde, e o dr. Cartwright – anunciou.

Lorde Caterham andava de um lado para o outro, em visível estado de agitação.

– Ah, inspetor! Até que enfim o senhor apareceu. Muito obrigado por ter vindo. Como vai, Cartwright? Este negócio é o diabo. O diabo.

Passando as mãos pelos cabelos de maneira frenética até deixá-los eriçados em pequenos tufos, lorde Caterham parecia, menos do que normalmente, não fazer parte do reino.

– Onde está o corpo? – perguntou o médico, em tom incisivo e profissional.

Lorde Caterham virou-se para ele como se estivesse aliviado de poder responder a uma pergunta direta.

– Na Sala do Conselho. Exatamente como foi encontrado. Não deixei que tocassem nele. Julguei que fosse a coisa certa a fazer.

– Muito bem, milorde – disse o inspetor em tom de aprovação, tirando um caderninho e um lápis do bolso. – E quem descobriu o corpo? O senhor?

– Por Deus, não! – exclamou lorde Caterham. – O senhor acha que eu acordo a essa hora da matina? Não. Uma criada o encontrou. Parece que gritou bastante. Eu próprio não ouvi. Contaram-me depois, e, claro, desci para ver, e lá estava ele.

– O senhor reconheceu o corpo como sendo o de um de seus convidados?

– Sim, inspetor.

– Nome?

Esta pergunta, perfeitamente simples, pareceu perturbar lorde Caterham. Ele abriu a boca uma ou duas vezes, sem falar nada. Por fim, perguntou hesitante:

– O senhor quer dizer... qual era o nome dele?

– Sim, milorde.

– Bem – disse lorde Caterham, olhando lentamente ao redor da sala, como se buscasse inspiração. – O nome dele era... eu diria que era... sim, com certeza... era o conde Stanislaus.

Lorde Caterham se comportava de um jeito tão esquisito que o inspetor parou de fazer anotações e resolveu encará-lo. Mas nesse momento eles foram interrompidos, o que salvou o constrangido lorde.

A porta se abriu e uma moça entrou na sala. Era alta, esbelta e morena, com um rosto pueril e atraente e gestos decididos. Tratava-se de lady Eileen Brent, mais conhecida como Bundle, a filha mais velha de lorde Caterham. Fez um cumprimento com a cabeça aos presentes e foi direto falar com o pai.

– Peguei-o – anunciou.

Por um instante, o inspetor esteve a ponto de sair correndo, achando que a moça tivesse capturado o assassino em flagrante, mas logo percebeu que ela estava falando de outra coisa.

Lorde Caterham soltou um suspiro de alívio.

– Bom trabalho. O que ele disse?

– Está vindo imediatamente para cá. Disse que "precisamos usar da máxima discrição".

– É bem o tipo de coisa idiota que George Lomax diria – disse lorde Caterham, com um grunhido. – De qualquer maneira, quando ele chegar, lavo minhas mãos desse caso.

Pareceu alegrar-se diante da perspectiva.

– Então o nome da vítima era conde Stanislaus? – perguntou o médico.

Pai e filha cruzaram um rápido olhar, e então o primeiro respondeu com certa dignidade:

– Sim. Acabei de dizer isso.

– Perguntei de novo porque o senhor não parecia ter certeza antes – explicou Cartwright.

Seus olhos deixaram transparecer um breve lampejo, e lorde Caterham fitou o médico com ar de censura.

– Vou levá-lo à Sala do Conselho – disse de modo mais ríspido.

Seguiram-no, o inspetor na retaguarda e observando tudo ao redor enquanto caminhavam, como se esperasse encontrar uma pista em alguma moldura ou atrás de uma porta.

Lorde Caterham tirou uma chave do bolso, destrancou a porta e abriu-a. Entraram todos numa grande sala, revestida em carvalho, com três janelas de batente que davam para o terraço. Havia uma longa mesa de jantar, diversas arcas de carvalho e belas cadeiras antigas. Nas paredes, retratos de Caterham falecidos e outros.

Perto da parede esquerda, entre a porta e a janela, um homem jazia de costas, com os braços estendidos.

O dr. Cartwright agachou-se junto ao corpo. O inspetor foi até as janelas e examinou-as, uma por uma. A do meio estava fechada, mas sem trinco. Nos degraus de fora havia pegadas na direção da janela, e outras na direção contrária.

– Muito claro – disse o inspetor, com um movimento afirmativo de cabeça. – Mas deveria haver pegadas na parte de dentro também. Elas seriam bem visíveis neste chão encerado.

– Acho que posso explicar isso – interpôs-se Bundle. – A criada tinha encerado metade do assoalho hoje de manhã, antes de descobrir o corpo. Como estava escuro quando chegou, ela foi direto para as janelas, abriu as cortinas e começou a limpar o chão. Naturalmente, não viu o corpo, que está escondido deste lado da sala por causa da mesa. Não o viu até chegar bem perto dele.

O inspetor assentiu.

– Bem – disse lorde Caterham, ansioso para sair dali –, deixo-o aqui, inspetor. O senhor saberá onde me encontrar se precisar de mim. Mas o sr. George Lomax deve estar chegando em breve de Wyvern Abbey e poderá lhe contar muito mais do que eu. Na verdade, é o negócio dele. Não sei explicar, mas ele saberá quando estiver aqui.

Lorde Caterham bateu em retirada sem esperar resposta.

– Maldade de Lomax – queixou-se. – Meter-me numa encrenca dessas. O que houve, Tredwell?

O mordomo de cabelo branco rodeava-o com deferência.

– Tomei a liberdade, milorde, de antecipar o horário do café da manhã. Está tudo pronto na sala de jantar.

– Não consigo me imaginar comendo num momento desses – disse lorde Caterham, acabrunhado, encaminhando-se naquela direção. – Não mesmo.

Bundle passou o braço pelo braço dele, e eles entraram juntos na sala de jantar. No aparador havia um conjunto de travessas de prata, que eram mantidas quentes de forma engenhosa.

– Omelete – disse lorde Caterham, erguendo uma tampa de cada vez. – Ovos com bacon, rins, caça, peixe, presunto, faisão. Não gosto de nada disso, Tredwell. Peça para fazer um ovo *poché* para mim, sim?

– Claro, milorde.

Tredwell retirou-se. Lorde Caterham, distraído, serviu-se de uma boa quantidade de rins e bacon, encheu uma xícara de café e sentou-se à longa mesa. Bundle já se entretinha com um prato de ovos e bacon.

– Estou morrendo de fome – disse ela com a boca cheia. – Deve ser a emoção.

– Está tudo bem para você – objetou o pai. – Vocês, jovens, gostam de emoção. Mas eu me encontro num estado de saúde muito delicado. Evite qualquer tipo de aborrecimento, foi o que sir Abner Willis me disse. Evite qualquer tipo de aborrecimento. É muito fácil o sujeito dizer isso sentado confortavelmente em seu consultório na Harley Street. Como posso evitar aborrecimentos, quando esse idiota do Lomax larga uma coisa dessas em cima de mim? Eu deveria ter sido firme na ocasião. Deveria ter negado, sem discutir.

Sacudiu a cabeça com tristeza, levantou-se e foi pegar presunto.

– Codders realmente se superou dessa vez – observou Bundle alegremente. – Falou ao telefone de maneira quase incoerente. Daqui a pouco estará aqui, insistindo em discrição e silêncio.

– Com orgulho – acrescentou o pai. – São extremamente egoístas esses homens públicos. Fazem suas infelizes secretárias se levantarem nas horas mais impróprias para lhes ditar coisas sem sentido. Se aprovassem uma lei que os obrigasse a ficar na cama até as onze, que benefício traria para a nação! Eu não me importaria muito se eles não falassem tanta besteira. Lomax está sempre se referindo à minha "posição". Como seu eu tivesse uma posição. Quem vai querer ser um nobre hoje em dia?

– Ninguém – respondeu Bundle. – As pessoas preferem ter uma taberna próspera.

Tredwell reapareceu silenciosamente trazendo dois ovos *pochés* numa pequena travessa de prata, que pôs sobre a mesa, na frente de lorde Caterham.

– O que é isso, Tredwell? – perguntou o lorde, olhando para o prato com expressão de nojo.

– Ovos *pochés*, milorde.

– Eu odeio ovos *pochés* – disse lorde Caterham irritado. – São muito insípidos. Não gosto nem de olhar. Pode levar, Tredwell.

– Tudo bem, milorde.

Tredwell e os ovos *pochés* retiraram-se tão silenciosamente quanto haviam chegado.

– Graças a Deus ninguém se levanta cedo nesta casa – observou lorde Caterham. – Teremos que contar as novidades quando eles se levantarem.

Suspirou.

– Quem será o assassino? – falou Bundle. – E por quê?

– Graças a Deus, não temos nada com isso – disse lorde Caterham. – Compete à polícia descobrir. Não que Badgworthy vá descobrir alguma coisa. De um modo geral, eu preferia que tivesse sido aquele intrometido.

– Aquele intrometido?

– Da união dos sindicatos britânicos.

– Por que o sr. Isaacstein o assassinaria se veio aqui justamente para encontrá-lo?

– Questão de finanças – disse lorde Caterham de maneira vaga. – Falando nisso, eu não me surpreenderia se Isaacstein fosse um madrugador. Ele pode surgir a qualquer momento. É um hábito de quem trabalha na cidade. Por mais rico que seja, o cara sempre pega o trem das 9h17.

O som de um carro em alta velocidade fez-se ouvir através da janela aberta.

– Codders – exclamou Bundle.

Pai e filha debruçaram-se à janela e acenaram para o ocupante do carro quando este se aproximou da entrada.

– Aqui, meu caro, aqui – gritou lorde Caterham, engolindo apressadamente o presunto que tinha na boca.

Como George não pretendia escalar a parede e entrar pela janela, desapareceu pela porta da frente e reapareceu trazido por Tredwell, que se retirou imediatamente.

– Coma alguma coisa – disse lorde Caterham apertando-lhe a mão. – Que tal um rinzinho?

George rejeitou o rim com impaciência.

– É uma terrível calamidade. Terrível. Terrível.

– É mesmo. Quer um pouco de peixe? Hadoque.

– Não, não. Precisamos abafar o caso. A todo custo.

Conforme profetizado por Bundle, George começou com aquele papo.

– Entendo seus sentimentos – disse lorde Caterham, solidário. – Experimente ovos com bacon ou um pouco de peixe.

– Uma contingência totalmente imprevista... calamidade nacional... risco de perda de concessões...

– Deixe o tempo correr – disse lorde Caterham. – E coma alguma coisa. Você precisa é de comida, para se fortalecer. Ovos *pochés*? Havia alguns ovos *pochés* aqui alguns minutos atrás.

– Não quero comer nada – disse George. – Já tomei café da manhã. E mesmo que não tivesse tomado, não ia querer. Precisamos pensar no que fazer. Você já contou para alguém?

— Bem, Bundle e eu sabemos. E a polícia local. E Cartwright. E todos os empregados da casa, claro.

George rosnou.

— Tranquilize-se, meu caro – disse lorde Caterham, com delicadeza. – (Desejaria que você comesse um pouco.) Você parece não compreender que é impossível abafar o caso com um cadáver dentro de casa. O corpo precisa ser enterrado e todas essas coisas. Infelizmente é assim.

George acalmou-se de repente.

— Tem razão, Caterham. Você disse que chamou a polícia local? Não será suficiente. Precisamos de Battle.

— Battle? – perguntou lorde Caterham intrigado.

— O superintendente Battle, da Scotland Yard. Um exemplo de discrição. Ele trabalhou conosco naquele lamentável caso dos fundos do partido.

— Que caso? – perguntou lorde Caterham interessado.

George já ia responder, mas conteve-se, pela presença de Bundle, que estava sentada à janela. Levantou-se.

— Não podemos perder tempo. Preciso mandar alguns telegramas.

— Se você os redigir, Bundle pode mandá-los pelo telefone.

George pegou uma caneta e começou a escrever com incrível rapidez. Entregou o primeiro a Bundle, que o leu bastante interessada.

— Meu Deus! Que nome é esse? – exclamou. – Barão o quê?

— Barão Lolopretjzyl.

Bundle piscou o olho.

— Entendo. Mas vai levar um tempo para passar para os correios.

George continuou a escrever. Entregou um segundo papel a Bundle e dirigiu-se ao dono da casa.

— A melhor coisa que você tem a fazer, Caterham...

— Sim — disse lorde Caterham, apreensivo.

— ...é deixar tudo em minhas mãos.

— Claro — disse lorde Caterham, com jovialidade. — Exatamente o que eu estava pensando. Você encontrará a polícia e o dr. Cartwright na Sala do Conselho. Com... o corpo. Meu caro Lomax, Chimneys está ao seu dispor, sem reservas. Faça o que quiser.

— Obrigado — disse George. — Se eu quiser consultá--lo...

Mas lorde Caterham já estava se retirando pela porta mais afastada. Bundle observou a cena com um sorriso.

— Vou mandar os telegramas agora mesmo — disse. — Sabe chegar à Sala do Conselho?

— Sim. Obrigado, lady Eileen.

E George saiu correndo.

Capítulo 11

Chega o superintendente Battle

Lorde Caterham estava tão receoso de ser procurado por George que passou a manhã toda do lado de fora, passeando pela propriedade. Só a fome foi capaz de trazê-lo de volta. A essa altura, também, o pior já teria passado.

Entrou furtivamente em casa por uma porta lateral. Dali, foi direto para seu escritório particular. Vangloriava-se de não ter sido visto, mas estava enganado. O vigilante Tredwell não deixava escapar nada. Apresentou-se à porta.

– Desculpe-me, milorde...

– O que houve, Tredwell?

– O sr. Lomax, milorde, está na biblioteca, ansioso para vê-lo assim que o senhor chegar.

Com esse delicado método Tredwell dava a entender que lorde Caterham ainda não havia regressado, a não ser que ele quisesse.

Lorde Caterham suspirou e levantou-se.

– Vou ter que chegar mais cedo ou mais tarde, não? Você disse na biblioteca?

– Sim, milorde.

Suspirando novamente, lorde Caterham atravessou as imensas distâncias de seu lar ancestral e chegou à porta da biblioteca, que estava trancada. Quando mexeu na maçaneta, a porta foi destrancada por dentro e entreaberta, revelando o rosto de George Lomax, que espiava desconfiado.

Sua expressão mudou quando ele viu quem era.

– Ah, Caterham, entre. Estávamos nos perguntando onde você se encontrava.

Murmurando algo vago sobre deveres em relação à propriedade e consertos para os locatários, lorde Caterham afastou-se para o lado, desculpando-se. Havia mais dois homens na sala. Um era o coronel Melrose, comandante da polícia, e o outro, um senhor de meia-idade, de ombros largos e um semblante tão singularmente inexpressivo que chamava atenção.

– O superintendente Battle chegou há meia hora – explicou George. – Deu uma volta com o inspetor Badgworthy e conversou com o dr. Cartwright. Agora ele deseja informações nossas.

Sentaram-se todos, depois de lorde Caterham ter cumprimentado Melrose e ter sido apresentado ao superintendente Battle.

– Nem preciso lhe dizer, Battle – começou George –, que este é um caso no qual precisamos usar da máxima discrição.

O superintendente assentiu de modo pouco formal, o que agradou a lorde Caterham.

– Não se preocupe, sr. Lomax. Mas que não se esconda nada de nós. Segundo as informações que eu tenho, o cavalheiro morto chamava-se Stanislaus. Pelo menos, esse era o nome pelo qual os criados o conheciam. Era seu nome verdadeiro?

– Não.

– Qual era seu nome verdadeiro?

– Príncipe Michael, da Herzoslováquia.

Os olhos de Battle abriram-se um pouco. Fora isso, sua fisionomia não se alterou em nada.

– E, se me permite perguntar, qual era a finalidade de sua visita aqui? Diversão apenas?

— Havia um outro objetivo, Battle. Isso tudo no mais estrito sigilo, claro.

— Sim, sim, sr. Lomax.

— Coronel Melrose?

— Claro.

— Bem, o príncipe Michael estava aqui para encontrar-se com o sr. Herman Isaacstein. Os dois iam negociar um empréstimo, com base em determinadas condições.

— Que condições?

— Não sei muito bem os detalhes. Aliás, eles ainda não haviam chegado a um consenso. Mas, na eventualidade de subir ao trono, o príncipe Michael comprometia-se a garantir certas concessões de petróleo às empresas de interesse do sr. Isaacstein. O governo britânico apoiava o príncipe Michael, em vista de sua evidente simpatia pela Grã-Bretanha.

— Bem – disse o superintendente Battle –, não preciso de mais detalhes quanto a isso. O príncipe Michael queria o dinheiro, o sr. Isaacstein queria o petróleo e o governo britânico bancaria o protetor. Só uma pergunta: havia mais alguém atrás dessas concessões?

— Acho que um grupo de financistas americanos chegou a fazer uma proposta à Sua Alteza.

— E a proposta foi recusada, não?

George recusou-se a responder.

— A simpatia do príncipe Michael estava totalmente do lado britânico – repetiu.

O superintendente Battle não insistiu nesse ponto.

— Lorde Caterham, segundo as informações que tenho, o que aconteceu ontem foi o seguinte: o senhor se encontrou com o príncipe Michael na cidade e veio com ele para cá. O príncipe trouxe junto seu criado, um herzoslovaco chamado Boris Anchoukoff, mas seu cavalariço, o capitão Andrassy, ficou na cidade.

O príncipe, assim que chegou, declarou que estava exausto e retirou-se para os aposentos que lhe haviam sido preparados. Jantou lá e não teve contato com as outras pessoas presentes na casa. Certo?

– Sim.

– Hoje de manhã, uma empregada encontrou o corpo, aproximadamente às 7h45. O dr. Cartwright examinou o cadáver e concluiu que a morte foi provocada por um tiro de revólver. Nenhum revólver foi encontrado, e ninguém na casa parece ter ouvido o disparo. Por outro lado, o relógio de pulso do morto quebrou-se na queda, vindo a indicar que o crime foi cometido exatamente às quinze para a meia-noite. A que horas vocês se retiraram para dormir ontem à noite?

– Cedo. Por algum motivo, a festa não "engrenava", se é que o senhor me entende. Subimos para o quarto mais ou menos às dez e meia.

– Obrigado. Agora, lorde Caterham, gostaria que o senhor me fizesse uma descrição de todas as pessoas presentes na casa.

– Desculpe-me, mas eu achava que o sujeito que cometeu o crime tivesse vindo de fora.

O superintendente Battle sorriu.

– Atrevo-me a dizer que sim. Que ele veio de fora, sim. Mas, de qualquer maneira, preciso saber quem se encontrava na casa. Pergunta de rotina, sabe como é.

– Bem, o príncipe Michael e seu criado, e o sr. Isaacstein. O senhor já sabe tudo sobre eles. Depois estava o sr. Eversleigh...

– Que trabalha no meu departamento – interrompeu George, de modo condescendente.

– E que sabia o verdadeiro motivo da presença do príncipe Michael aqui.

– Eu diria que não – retrucou George, em tom grave. – Sem dúvida, percebeu que havia algo no ar, mas não julguei necessário confidenciar-lhe tudo.

– Compreendo. Poderia continuar, lorde Caterham?

– Deixe-me ver... O sr. Hiram Fish.

– Quem é Hiram Fish?

– O sr. Fish é um americano. Trouxe uma carta de apresentação do sr. Lucius Gott. Já ouviu falar dele?

O superintendente Battle sorriu. Quem não tinha ouvido falar do multimilionário Lucius C. Gott?

– Ele estava ansioso para ver as minhas primeiras edições. A coleção do sr. Gott, evidentemente, é incomparável, mas eu também tenho os meus tesouros. Esse sr. Fish é um entusiasta. O sr. Lomax havia sugerido que eu convidasse mais uma ou duas pessoas para o fim de semana, para que a coisa ficasse mais natural. Aproveitei a oportunidade para chamar o sr. Fish. Isso quanto aos homens. Quanto às mulheres, havia somente a sra. Revel, e acho que ela trouxe uma criada também. Minha filha e, é claro, as crianças, as babás, governantas e todas as empregadas.

Lorde Caterham parou para tomar fôlego.

– Obrigado – disse o detetive. – Mera questão de rotina, mas necessária.

– Não existe dúvida quanto ao fato de o assassino ter entrado pela janela, certo? – perguntou George, de modo ponderado.

Battle fez uma breve pausa antes de responder.

– Havia pegadas indo para a janela e outras vindo da janela – disse lentamente. – Um carro estacionou perto do parque ontem à noite, às 23h40. À meia-noite, um rapaz chegou à Jolly Cricketers de carro e reservou um quarto. Deixou as botas do lado de fora para serem limpas, porque elas estavam molhadas e enlameadas, como se ele tivesse caminhado sobre a grama alta do parque.

George curvou-se para a frente, interessado.

– E as botas não podiam ser comparadas com as pegadas?

– Já foram.

– E?

– Correspondem exatamente.

– Isso explica tudo – exclamou George. – Já temos o assassino. Esse rapaz... A propósito, qual o nome dele?

– Na hospedaria ele deu o nome de Anthony Cade.

– Esse Anthony Cade precisa ser procurado e detido imediatamente.

– Não há necessidade de procurá-lo – disse o superintendente Battle.

– Por quê?

– Porque ele ainda está aqui.

– O quê?

– Curioso, não?

O coronel Melrose encarou-o.

– O que é que você está pensando, Battle? Fale logo.

– Só estou dizendo que é curioso. Um rapaz que deveria fugir, mas que não foge. Permanece onde está, facilitando a identificação das pegadas.

– E o que você acha disso?

– Não sei o que pensar. E esse é um estado de espírito muito perturbador.

– Você imagina... – começou o coronel Melrose, mas foi interrompido por uma batida discreta na porta.

George levantou-se e foi abrir. Tredwell, sofrendo interiormente por ter que bater à porta dessa maneira, permaneceu na soleira e dirigiu-se ao seu patrão.

– Desculpe-me, milorde, mas um homem gostaria de lhe falar com urgência a respeito de um assunto importante, ligado, pelo que entendi, à tragédia desta manhã.

– Qual o nome dele? – perguntou Battle, subitamente.

– O nome dele é Anthony Cade, mas ele disse que não significaria nada para ninguém.

Parecia significar muita coisa para os quatro homens presentes, que se empertigaram em diferentes níveis de espanto.

Lorde Caterham começou a rir.

– Estou começando a me divertir. Mande-o, entrar, Tredwell. Agora.

Capítulo 12

Anthony conta sua história

— O sr. Anthony Cade — anunciou Tredwell.
— Entra o estranho suspeito da hospedaria — disse Anthony.

Caminhou em direção a lorde Caterham, com um instinto raro em estrangeiros. Ao mesmo tempo, identificou mentalmente os outros três homens presentes: 1. Scotland Yard. 2. Dignitário local, provavelmente comandante da polícia. 3. Sujeito perturbado, à beira da apoplexia, possivelmente ligado ao governo.

— Peço desculpas — continuou Anthony, ainda se dirigindo a lorde Caterham. — Pela minha intromissão, digo. Mas ouvi boatos na Jolly Dog, sei lá como se chama a estalagem, de que houve um assassinato aqui. Julguei que pudesse lançar alguma luz sobre o caso e decidi vir.

Durante um tempo, ninguém falou. O superintendente Battle, por se tratar de um homem de vasta experiência e saber que era melhor deixar todo mundo falar primeiro, se pudessem ser compelidos a tal. O coronel Melrose, por ser habitualmente taciturno. George, por estar acostumado a que lhe trouxessem notícias sobre o assunto em pauta. Lorde Caterham, por não ter a mínima ideia do que dizer. O silêncio dos outros três, contudo, e o fato de que Anthony tivesse se dirigido diretamente a ele obrigaram lorde Caterham a falar.

— Sim... Perfeitamente — disse ele, nervoso. — O senhor... não quer se sentar?

— Obrigado — disse Anthony.

George limpou a garganta, pigarreando.

– Pois bem. Quando o senhor diz que pode lançar luz sobre o caso, o que isso significa?

– Significa que eu invadi a propriedade de lorde Caterham (espero que ele me perdoe por isso) ontem à noite, por volta das 23h45, e ouvi o disparo. Ou seja, posso precisar a hora do crime para vocês.

Anthony olhou em volta para os outros três, pousando o olhar por mais tempo no superintendente Battle, cuja fisionomia impassível lhe agradava.

– Mas acho que isso não é novidade para vocês – acrescentou.

– Como assim, sr. Cade? – perguntou Battle.

– Ora. Hoje de manhã, quando me levantei, calcei sapatos. Mais tarde, quando quis usar botas, não pude. Um jovem comandante da polícia as havia confiscado. Liguei os pontos e vim correndo para cá, limpar minha ficha, se for possível.

– Muito sensato da sua parte – disse Battle de modo evasivo.

Os olhos de Anthony brilharam de prazer.

– Aprecio sua reticência, inspetor. É inspetor, certo?

Lorde Caterham interpôs-se. Começava a gostar do rapaz.

– Superintendente Battle, da Scotland Yard. Este é o coronel Melrose, nosso comandante da polícia. E este é o sr. Lomax.

Anthony olhou para George com interesse.

– Sr. George Lomax?

– Sim.

– Acho que tive o prazer de receber uma carta do senhor ontem mesmo – disse Anthony.

George fitou-o.

– Acho que não – disse friamente.

Desejou que a srta. Oscar estivesse ali naquele momento. Ela escrevia todas as suas correspondências e sempre se lembrava do assunto e do destinatário. Um homem importante como George não tinha tempo para se ater a esses detalhes insignificantes.

– É impressão minha – instigou George – ou o senhor ia nos explicar o que estava fazendo aqui ontem à noite, às 23h45? – Acrescentou, secamente: – Diga o que quiser, dificilmente acreditaremos.

– Sim, sr. Cade, o que o senhor estava fazendo? – interpelou lorde Caterham, curioso.

– Bem – disse Anthony –, a história é longa.

Tirou uma cigarreira do bolso.

– Posso?

Lorde Caterham respondeu que sim, e Anthony acendeu um cigarro, preparando-se para o suplício.

Sabia, melhor do que ninguém, do perigo em que se metia. No curto espaço de 24 horas, havia se envolvido em dois crimes isolados. Suas ações relacionadas ao primeiro crime não levariam a uma investigação de outro caso. Após livrar-se de um corpo (escapando, incólume, da mira da justiça), eis que ele chega à cena do segundo crime no exato momento em que ele estava sendo cometido. Para um jovem procurando problema, ele havia se excedido.

"A América do Sul", pensou Anthony, "simplesmente vai para o espaço com tudo isto!"

Já havia decidido o que fazer. Diria a verdade, com uma ligeira alteração e uma grave supressão.

– A história começa – disse Anthony – há cerca de três semanas, em Bulawayo. O sr. Lomax, claro, sabe onde fica... base estrangeira do império... "O que sabemos da Inglaterra que só os ingleses sabem", esse tipo de coisa. Eu estava conversando com um amigo meu, um sujeito chamado James McGrath...

Pronunciou o nome lentamente, de olho em George. George remexeu-se na cadeira, constrangido, contendo uma interjeição na garganta.

– Combinamos que eu viria à Inglaterra realizar um pequeno trabalho para o sr. McGrath, já que ele não podia vir pessoalmente. Como a passagem estava reservada em seu nome, viajei como James McGrath. Não sei que tipo de delito cometi. O superintendente poderá me dizer e talvez me prender por alguns meses, se for necessário.

– Continue com a história, por favor – pediu Battle, mas com certo orgulho nos olhos.

– Ao chegar a Londres, fui para o Hotel Blitz, ainda me apresentando como James McGrath. Minha incumbência em Londres era entregar determinado manuscrito a uma editora, mas logo fui procurado por representantes de dois partidos políticos de um país estrangeiro. Os métodos utilizados por um deles foram estritamente constitucionais, ao contrário dos do outro. Lidei com cada um de acordo com a situação. Mas meus problemas não terminaram aí. Naquela noite, meu quarto foi invadido por um dos garçons do hotel, que tentou me roubar.

– Acho que a polícia não foi avisada, não é? – perguntou o superintendente Battle.

– O senhor tem razão. A polícia não foi avisada. A questão é que nada foi roubado. Mas relatei a ocorrência ao gerente do hotel, e ele poderá confirmar minha história. Dirá que o garçom em questão fugiu às pressas no meio da noite. No dia seguinte, os editores me ligaram, sugerindo que um de seus representantes viesse pegar o manuscrito comigo. Concordei, e tudo aconteceu conforme esperado. Como eu não soube mais nada a respeito, imagino que o manuscrito tenha chegado são e salvo a seu destino. Ontem, ainda como James McGrath, recebi uma carta do sr. Lomax...

Anthony fez uma pausa. Começava a se divertir. George parecia incomodado.

– Lembro – murmurou George. – É muita correspondência. Com o nome diferente, eu não tinha como saber. E eu posso dizer – George elevou a voz, ganhando força pela autoridade moral – que considero essa... essa... farsa de se fazer passar por outro homem bastante imprópria. Não tenho dúvidas de que o senhor incorreu em grave penalidade legal.

– Nessa carta – continuou Anthony sem se alterar –, o sr. Lomax fazia várias sugestões quanto ao manuscrito que estava comigo. Além disso, ele me convidava, em nome de lorde Caterham, para passar o fim de semana aqui.

– É um prazer recebê-lo, meu caro – disse o fidalgo. – Antes tarde do que nunca, não?

George encarou-o, de cenho franzido.

O superintendente Battle lançou um olhar inexpressivo a Anthony.

– E essa é a explicação de sua presença aqui ontem à noite? – perguntou.

– Claro que não – respondeu Anthony animado. – Quando sou convidado para me hospedar numa casa de campo, não costumo escalar muros a altas horas da noite, andar pelo parque e tentar abrir janelas. Estaciono o carro na frente da casa, toco a campainha e limpo os pés no capacho. Continuarei. Respondi ao sr. Lomax, explicando que o manuscrito não estava mais comigo e que, por isso, tinha de recusar o amável convite de lorde Caterham. Mas depois, lembrei-me de algo que até então tinha me escapado da memória. – Pausa. Chegara o momento crítico da revelação com a ligeira alteração. – Devo dizer-lhes que, durante minha luta com o garçom Giuseppe, acabei arrancando dele um pequeno pedaço de papel com algumas palavras escritas. Na hora, essas palavras não significaram nada para mim, mas ficaram na minha memória. À menção do nome "Chimneys", lembrei do papel. Fui conferir, e era exatamente como eu pensava. Eis aqui o papel, senhores. Podem ver. Está escrito: *"Chimneys, quinta-feira, 23h45"*.

Battle examinou o papel com atenção.

– É claro – prosseguiu Anthony – que a palavra Chimneys podia não ter nada a ver com esta casa. Por outro lado, talvez tivesse. E, sem dúvida, esse Giuseppe era um salafrário. Decidi vir até aqui de carro ontem à noite, para ver se tudo estava em ordem. Hospedei-me na estalagem. A ideia era falar com lorde Caterham hoje de manhã para alertá-lo de possíveis tramas durante o fim de semana.

– Perfeitamente – disse lorde Caterham encorajando-o. – Perfeitamente.

– Cheguei tarde aqui. Não calculei direito o tempo. Por isso, estacionei o carro, escalei o muro e atravessei o parque correndo. Quando cheguei ao terraço, a casa estava totalmente escura e silenciosa. Já estava voltando quando ouvi um tiro. Julguei que o disparo tivesse vindo de dentro da casa, e por isso corri de volta, atravessei o terraço e tentei abrir as janelas. Mas elas estavam trancadas, e não se ouvia mais nenhum som. Esperei um pouco, mas o silêncio era sepulcral. Em vista disso, cheguei à conclusão de que havia me enganado e que devia ter escutado o tiro de algum caçador perdido na floresta. Uma conclusão muito natural naquelas circunstâncias.

– Muito natural – disse o superintendente Battle, sempre inexpressivo.

– Fui para a estalagem, me hospedei lá, como lhes disse, e ouvi as notícias hoje de manhã. Evidentemente, imaginei que suspeitariam de mim, em virtude das circunstâncias. Por isso decidi vir aqui contar minha história, na esperança de evitar as algemas.

Pausa. O coronel Melrose olhou de soslaio para o superintendente Battle.

– A história parece muito clara – comentou.

– Sim – disse Battle. – Acho que hoje de manhã ninguém precisará de algemas.

– Alguma pergunta, Battle?

– Sim. Há uma coisa que eu gostaria de saber. Que manuscrito era esse?

Olhou para George, que respondeu, com certa má vontade:

– As memórias do finado conde Stylptitch.

– Não precisa dizer mais nada – falou Battle. – Já entendi tudo.

Virou-se para Anthony.

– O senhor sabe quem foi assassinado, sr. Cade?

– Na Jolly Dog disseram que foi um tal de conde Stanislaus.

– Diga-lhe – falou Battle, dirigindo-se laconicamente a George Lomax.

– O cavalheiro que estava hospedado aqui incógnito como conde Stanislaus era Sua Alteza, o príncipe Michael, da Herzoslováquia.

Anthony assobiou.

– Deve ser uma situação bastante inoportuna.

O superintendente Battle, que avaliava Anthony de perto, soltou uma ligeira exclamação de contentamento, levantando-se de repente.

– Gostaria de lhe fazer uma ou duas perguntas, sr. Cade – anunciou. – Vou levá-lo à Sala do Conselho, se me for permitido.

– Certamente, certamente – disse lorde Caterham. – Leve-o para onde quiser.

Anthony e o detetive saíram juntos.

O corpo já tinha sido removido da cena do crime. Havia uma mancha escura no chão, no lugar onde o morto estivera, mas, fora isso, nada indicava que ocorrera uma tragédia ali. O sol entrava pelas três janelas, inundando a sala de luz e fazendo sobressair o tom suave do velho madeiramento. Anthony olhou em volta, com admiração.

– Muito bonito – comentou. – Não há nada que se compare com antiga Inglaterra, não é?

– Pareceu-lhe, a princípio, que o tiro foi disparado nesta sala? – perguntou o superintendente, sem responder ao elogio de Anthony.

– Deixe-me ver.

Anthony abriu a janela e saiu ao terraço, olhando para a casa.

– Sim, foi nesta sala mesmo – afirmou. – Ela foi expandida e ocupa todo este lado. Se o tiro tivesse sido disparado em qualquer outro lugar, o som teria vindo da *esquerda*, mas o ouvi atrás de mim, ou, no máximo, da direita. Foi por isso que achei que tivesse sido um caçador. A sala está na extremidade dessa ala, como vê.

Afastou-se e perguntou, subitamente, como se uma ideia tivesse acabado de lhe ocorrer:

– Mas por que pergunta? O senhor sabe que o tiro foi disparado aqui, não sabe?

– Ah! – fez o superintendente. – Nunca sabemos tanto quanto gostaríamos de saber. Mas sim, ele foi baleado aqui mesmo. O senhor falou a respeito de ter tentado abrir as janelas, não?

– Sim. Elas estavam trancadas por dentro.
– Quantas o senhor tentou abrir?
– As três.
– Tem certeza?
– Normalmente tenho certeza do que digo. Por que pergunta?
– Engraçado – disse o superintendente.
– O que é engraçado?
– Quando o crime foi descoberto hoje de manhã, a janela do meio estava aberta. Isto é, não estava trancada.
– Uau! – exclamou Anthony, sentando-se no parapeito da janela e pegando a cigarreira. – Que bomba! Isso muda muita coisa. Deixa-nos duas alternativas: ou ele foi assassinado por alguém que se encontrava na casa, e esse alguém destrancou a janela depois que eu fui embora, para dar impressão de que o serviço foi feito por uma pessoa de fora (no caso, eu, como principal suspeito), ou, para dizer de maneira simples e direta, eu estou mentindo. Atrevo-me a dizer que o senhor está mais inclinado para a segunda hipótese, mas, palavra de honra, o senhor está enganado.

– Ninguém sairá desta casa até eu descobrir quem foi – disse o superintendente Battle, sério.

Anthony olhou para ele, interessado.

– Há quanto tempo o senhor tem a ideia de que pode ter sido um serviço interno?

Battle sorriu.

– Sempre suspeitei disso. A pista deixada pelo senhor era... escancarada demais, por assim dizer. Quando suas botas confirmaram as pegadas, comecei a ter minhas dúvidas.

– Congratulo a Scotland Yard – disse Anthony, alegremente.

Mas nesse momento, em que Battle aparentemente admitia a completa ausência de cumplicidade de Anthony no crime, Anthony sentiu, mais do que nunca, a necessidade de ficar alerta. O superintendente Battle era um policial muito astuto. Não podia cometer nenhum deslize com ele por perto.

– Foi ali que aconteceu, não? – perguntou Anthony, indicando com a cabeça a mancha escura no assoalho.

– Sim.

– Com o que atiraram nele? Um revólver?

– Sim, mas só saberemos qual depois que retirarem a bala, na autópsia.

– Quer dizer que o revólver não foi encontrado?

– Não.

– Nenhuma pista?

– Bem, temos isto.

O superintendente Battle, à maneira de um ilusionista, exibiu meia folha de papel, observando Anthony atentamente.

Anthony reconheceu o desenho, sem nenhum sinal de alarme.

– A-há! Os Camaradas da Mão Vermelha de novo. Se eles pretendem espalhar essas coisas por aí, seria melhor que mandassem litografar. Deve ser chato fazer um por um. Onde esse papel foi encontrado?

– Debaixo do corpo. O senhor já tinha visto?

Anthony narrou, com detalhes, o breve encontro que tivera com aquela associação tão altruísta.

– Dá a impressão de que os Camaradas o mataram.

– O senhor acha provável?

– Bem, estaria de acordo com a propaganda deles. Mas sempre achei que quem fala muito de sangue jamais o viu correr. Eu não diria que os Camaradas têm coragem para tanto. Além disso, são indivíduos muito pitorescos. Não consigo imaginar um deles disfarçado de hóspede pacato de uma casa de campo. Mesmo assim, nunca se sabe.

– É verdade, sr. Cade. Nunca se sabe.

De repente, Anthony parecia estar se divertindo.

– Agora compreendo. Janela aberta, pegadas, um estranho suspeito na hospedaria da região. Mas posso lhe garantir, meu caro superintendente, que, quem quer que eu seja, o agente local da Mão Vermelha é que eu não sou.

O superintendente Battle sorriu, jogando sua última cartada:

– O senhor tem alguma objeção em ver o corpo? – perguntou subitamente.

– Nenhuma – replicou Anthony.

Battle tirou uma chave do bolso e, precedendo Anthony, atravessou o corredor, parou em frente a uma porta e a destrancou. Era uma das pequenas salas de estar. O corpo jazia sobre uma mesa, coberto com um lençol.

O superintendente Battle esperou que Anthony se aproximasse e puxou o lençol de repente.

Um vivo clarão iluminou seus olhos frente à interjeição que Anthony não conseguiu conter e ao sobressalto dele.

– Então, o senhor *o* reconhece, sr. Cade? – perguntou, esforçando-se para atenuar o tom de triunfo na voz.

– Sim, já o tinha visto – respondeu Anthony, recuperando-se da surpresa. – Mas não como o príncipe Michael Obolovitch. Ele disse que trabalhava na Balderson & Hodgkins e se chamava Holmes.

Capítulo 13

O visitante americano

O superintendente Battle recolocou o lençol com o ar ligeiramente desalentado de alguém cujo maior trunfo tivesse falhado. Anthony estava com as mãos nos bolsos, perdido em pensamentos.

– Então era isso o que o velho Lollipop queria dizer com "outros meios" – murmurou.

– Como é?

– Nada, superintendente. Estava só pensando alto. Eu... quer, dizer, o meu amigo Jimmy McGrath foi enganado em troca de mil libras.

– Mil libras é um bom dinheiro – disse Battle.

– Não é tanto pelas mil libras – disse Anthony –, embora eu concorde que mil libras é uma boa quantia. O que me dá raiva é o jeito como a coisa aconteceu. Entreguei o manuscrito como um cordeirinho. Isso dói, superintendente. Dói muito.

O detetive não disse nada.

– Bem – continuou Anthony. – Não adianta se arrepender. E pode ser que nem tudo esteja perdido. Só preciso conseguir as reminiscências do velho conde Stylptitch até quarta-feira e tudo ficará bem.

– O senhor se incomoda de voltar à Sala do Conselho, sr. Cade? Queria lhe mostrar uma coisa.

De volta à Sala do Conselho, o detetive foi direto até a janela do meio.

– Estive pensando, sr. Cade. Esta janela específica é muito dura. Duríssima. Talvez o senhor tenha se enganado ao pensar que ela estivesse trancada. Ela poderia estar apenas emperrada. Tenho certeza... sim, tenho quase certeza de que o senhor se enganou.

Anthony encarou-o.

– E se eu disser que tenho certeza de que não me enganei?

– O senhor não acha que poderia ter se enganado? – perguntou Battle, olhando-o fixamente.

– Bem, só para o senhor não ficar chateado, sim, superintendente.

Battle sorriu, satisfeito.

– O senhor entende rápido as coisas. E não fará nenhuma objeção em afirmar isso, como quem não quer nada, no momento certo?

– Nenhuma objeção. Eu...

Anthony fez uma pausa quando Battle agarrou seu braço. O superintendente estava inclinado para a frente, escutando.

Com um gesto, ordenou silêncio para Anthony e caminhou na ponta dos pés até a porta, abrindo-a de repente.

No limiar estava um homem alto, de cabelo preto bem repartido no meio, olhos azuis inocentes e fisionomia plácida.

– Perdão, cavalheiros – disse numa voz lenta, com um forte sotaque transatlântico. – Mas é permitido inspecionar a cena do crime? Suponho que vocês sejam da Scotland Yard.

– Não tenho essa honra – disse Anthony. – Mas este é o superintendente Battle, da Scotland Yard.

– É mesmo? – disse o americano, aparentando grande interesse. – Muito prazer em conhecê-lo, senhor. Meu nome é Hiram P. Fish, de Nova York.

– O que o senhor deseja ver, sr. Fish? – perguntou o detetive.

O americano entrou na sala e olhou com muito interesse para a mancha escura no chão.

– Estou interessado no crime, sr. Battle. É um dos meus hobbies. Escrevi uma monografia para um dos nossos periódicos semanais sobre o tema "A degeneração e o criminoso".

Enquanto falava, observava o ambiente, reparando em tudo. Olhou mais tempo para a janela.

– O corpo foi removido – disse o superintendente Battle, afirmando um fato evidente.

– Claro – disse o sr. Fish, olhando para as paredes recobertas de madeira. – Estou vendo quadros incríveis nesta sala. Um Holbein, dois Van Dicks e, se não me engano, um Velásquez. Gosto muito de pintura e de edições originais. Foi para ver suas edições originais que lorde Caterham me convidou tão gentilmente para vir aqui.

Suspirou.

– Imagino que agora não seja mais possível. Parece-me, por questão de tato, que os convidados devem voltar imediatamente para a cidade, não?

– Receio que não, senhor – disse o superintendente Battle. – Ninguém tem permissão de sair da casa até terminar o inquérito.

– É mesmo? E quando é o inquérito?

– Talvez amanhã, talvez só na segunda-feira. Precisamos providenciar a autópsia e conversar com o médico-legista.

– Entendi – disse o sr. Fish. – Nestas circunstâncias, será uma reunião melancólica.

Battle foi até a porta.

– Melhor sairmos daqui – disse. – Estamos mantendo esta sala trancada ainda.

Esperou que os outros dois saíssem e trancou a porta, guardando a chave.

– O senhor deve estar procurando impressões digitais, não? – perguntou o sr. Fish.

– Talvez – respondeu o superintendente, de maneira lacônica.

– Eu diria também que, numa noite como a de ontem, um intruso deve ter deixado pegadas na madeira do assoalho.

– Nenhuma do lado de dentro, várias do lado de fora.

– Minhas – explicou Anthony, despreocupado.

Os olhos inocentes do sr. Fish voltaram-se para ele.

– Rapaz – disse –, o senhor me surpreende.

Chegaram a um amplo hall, com paredes revestidas de carvalho, como na Sala do Conselho, e uma enorme galeria. Duas outras pessoas apareceram do outro lado.

– Ah! – exclamou o sr. Fish. – Nosso afável anfitrião.

Era uma descrição tão ridícula de lorde Caterham que Anthony teve que virar a cabeça para esconder o riso.

– E, com ele – continuou o americano –, uma moça cujo nome não consegui entender direito ontem à noite. Mas ela é inteligente. Muito inteligente.

Com lorde Caterham estava Virginia Revel.

Anthony já previra esse encontro. Não sabia como agir. Deixaria com Virginia. Embora tivesse plena confiança em sua presença de espírito, não tinha a mínima ideia quanto à atitude que ela tomaria. Suas dúvidas não duraram muito tempo.

– Oh, o sr. Cade! – disse Virginia, estendendo-lhe as duas mãos. – Então, afinal achou que podia vir?

– Minha cara sra. Revel, não imaginava que o sr. Cade fosse seu amigo – disse lorde Caterham.

– Um amigo antigo – disse Virginia, sorrindo para Anthony com um brilho travesso no olhar. – Encontrei-o por acaso em Londres ontem, e ele me disse que viria para cá.

Anthony aproveitou a deixa.

– Expliquei à sra. Revel – disse ele – que havia sido obrigado a recusar seu amável convite em vista de ele ter sido feito a outro homem. E eu não poderia, sob falsa identidade, impingir-lhe um desconhecido.

– Muito bem, meu caro – disse lorde Caterham –, tudo isso já passou. Mandarei buscar sua bagagem na Cricketers.

– É muita gentileza sua, lorde Caterham, mas...

– Besteira. É claro que o senhor deve vir para Chimneys. Aquele lugar é horrível, a Cricketers. Para ficar hospedado, digo.

Anthony reparou na mudança do ambiente à sua volta. O que Virginia fizera foi suficiente. Ele já não era o desconhecido estranho. A postura dela era tão segura e inexpugnável que qualquer pessoa por quem se responsabilizasse seria naturalmente aceita. Anthony lembrou-se do revólver na árvore de Burnham Beeches e sorriu por dentro.

– Vou mandar buscar suas coisas – disse lorde Caterham para Anthony. – Nestas circunstâncias, imagino que não haverá caçada. Uma pena. Mas não dá. E não sei o que fazer com Isaacstein. Uma situação bastante delicada.

O nobre suspirou desalentado.

– Combinado, então – disse Virginia. – Pode começar a ser útil desde já, sr. Cade, levando-me para dar uma volta no lago. É um lugar muito tranquilo, longe de crimes e todas essas coisas. Não é uma desgraça para o pobre lorde Caterham que um assassinato tenha sido cometido em sua casa? Mas é a culpa é de George. Foi ele que organizou a reunião;

– Ah! – fez lorde Caterham. – Eu nunca deveria ter dado ouvidos a ele!

Assumiu um ar de homem forte traído por uma única fraqueza.

– Impossível não dar ouvidos a George – disse Virginia. – Ele nos segura de tal maneira que não dá para escapar. Estou pensando em patentear uma lapela removível.

– Seria ótimo – disse o anfitrião rindo. – Fico feliz que o senhor tenha vindo, Cade. Preciso de apoio.

– Aprecio muito sua bondade, lorde Caterham – disse Anthony. – Ainda mais eu sendo uma pessoa suspeita. Mas minha presença aqui facilitará a tarefa de Battle.

– Em que sentido, senhor? – perguntou o superintendente.

– Não será difícil ficar de olho em mim – explicou Anthony, amavelmente.

Pela ligeira tremulação das pálpebras do superintendente, Anthony percebeu que havia atingido o alvo.

Capítulo 14

Política e finanças, sobretudo

Exceto por aquela tremulação involuntária nas pálpebras, a impassividade do superintendente Battle era inigualável. Se havia ficado surpreso com o fato de Virginia conhecer Anthony, não o demonstrara. Ele e lorde Caterham permaneceram juntos, observando os dois saírem pela porta que dava para o jardim. O sr. Fish também observava.

– Rapaz simpático – disse lorde Caterham.

– A sra. Revel deve ter ficado feliz de reencontrar um velho amigo – murmurou o americano. – Será que eles se conhecem há muito tempo?

– Parece que sim – respondeu lorde Caterham. – Mas nunca a ouvi mencionar o nome dele. Ah, falando nisso, Battle, o sr. Lomax está querendo conversar com o senhor. Está na sala azul.

– Ótimo, lorde Caterham. Estou indo agora mesmo.

Battle encontrou o caminho para a sala azul sem nenhuma dificuldade. Já conhecia a geografia da casa.

– Ah, finalmente, Battle – disse Lomax.

Andava de um lado para o outro, impaciente. Havia outra pessoa na sala, um sujeito alto, sentado numa poltrona perto da lareira. Trajava-se com correta vestimenta inglesa de caçada, mas que, por algum motivo, não ficava bem no conjunto. Tinha um rosto rechonchudo e amarelado e olhos negros, impenetráveis como os de uma cobra. Seu nariz fazia uma curva acentuada, e as linhas quadrangulares do queixo enorme expressavam força.

– Entre, Battle – disse Lomax, irritado. – E feche a porta. Este é o sr. Herman Isaacstein.

Battle inclinou a cabeça, em sinal de respeito.

Sabia tudo sobre o sr. Herman Isaacstein, e, embora o grande financista permanecesse em silêncio enquanto Lomax andava de um lado para o outro, falando, ele sabia perfeitamente quem era a verdadeira autoridade ali.

– Podemos falar com mais liberdade agora – disse Lomax. – Na frente de lorde Caterham e do coronel Melrose tive o cuidado de não falar muito. Compreende, Battle? Certas coisas não devem vazar.

– Ah, mas o pior é que elas sempre vazam – disse Battle.

Por um segundo, o superintendente flagrou um indício fugaz de sorriso no rosto rechonchudo e amarelado do sr. Isaacstein.

– Então? O que é que você acha desse moço, esse Anthony Cade? – perguntou George. – Ainda acha que ele é inocente?

Battle encolheu os ombros, com discrição.

– Ele conta uma história plausível. Parte dela podemos verificar. Aparentemente, explica sua presença aqui ontem à noite. Vou telegrafar à África do Sul, é claro, para obter informações quanto a seus antecedentes.

– Então o senhor o considera isento de qualquer cumplicidade.

Battle ergueu a mão, grande e quadrada.

– Espere aí, senhor. Eu não disse isso.

– Qual a sua ideia sobre o crime, superintendente Battle? – perguntou Isaacstein, falando pela primeira vez.

Sua voz era profunda e sonora, com um certo tom persuasivo. Havia lhe ajudado muito nas reuniões de conselho, quando era mais jovem.

– É cedo demais para ter ideias, sr. Isaacstein. Ainda não passei da primeira pergunta.

– Qual pergunta?

– Ah, sempre a mesma. O motivo. Quem se beneficia com a morte do príncipe Michael? Primeiro precisamos responder a essa pergunta.

– O Partido Revolucionário da Herzoslováquia... – começou George.

O superintendente Battle desprezou sua opinião com um pouco menos de respeito do que de costume.

– Não foram os Camaradas da Mão Vermelha, se é isso o que o senhor está achando.

– Mas o papel... com a mão vermelha desenhada?

– Foi colocado lá para levar a essa conclusão óbvia.

– Realmente, Battle – disse George com a dignidade abalada –, não vejo como pode ter tanta certeza disso.

– Ora, Lomax, sabemos tudo a respeito dos Camaradas da Mão Vermelha. Acompanhamos seus movimentos desde que o príncipe Michael desembarcou na Inglaterra. Esse tipo de coisa é o serviço básico do departamento. Eles nunca conseguiriam se aproximar do príncipe. Mantínhamos um raio de segurança de mais ou menos um quilômetro e meio.

– Concordo com o superintendente Battle – disse Isaacstein. – Precisamos procurar em outro lugar.

– Como o senhor vê – disse Battle, encorajado pelo apoio –, sabemos alguma coisa sobre o caso. Se não sabemos quem se beneficia com a morte dele, pelo menos sabemos quem perde com ela.

– Como assim? – perguntou Isaacstein.

Seus olhos negros encararam o detetive. Mais do que nunca, Herman Isaacstein parecia uma cobra à espreita.

— O senhor e o sr. Lomax, sem falar no Partido Legalista da Herzoslováquia. Com o perdão da expressão, vocês se meteram numa boa enrascada.

— Francamente, Battle — interpôs-se George profundamente chocado.

— Continue, Battle — disse Isaacstein. — "Uma boa enrascada" descreve muito bem a situação. O senhor é um homem inteligente.

— Vocês precisam de um rei. Perderam o seu... assim! — disse, estalando os largos dedos. — Precisam encontrar outro às pressas, e isso não é um trabalho fácil. Não quero saber os detalhes do esquema. Bastam-me as linhas gerais. Mas imagino que seja um negócio bastante grande, não?

Isaacstein abaixou lentamente a cabeça.

— Sim, é um negócio bastante grande.

— Isso me leva à segunda pergunta: quem será o próximo herdeiro do trono da Herzoslováquia?

Isaacstein olhou para Lomax, que respondeu à pergunta com certa relutância e muita hesitação.

— Seria... eu diria... sim, muito provavelmente o príncipe Nicholas será o próximo herdeiro.

— Ah! — fez Battle. — E quem é príncipe Nicholas?

— Um primo de primeiro grau do príncipe Michael.

— Ah! Gostaria de saber tudo a respeito do príncipe Nicholas, principalmente onde ele se encontra no momento.

— Não se sabe muito sobre ele — disse Lomax. — Na juventude, tinha ideias bem peculiares. Era ligado aos socialistas e aos republicanos. Agia de forma extremamente inadequada à sua posição. Parece que foi expulso de Oxford por mau comportamento. Dois anos depois, correu o boato de que ele tinha morrido no Congo, mas era só um boato. Há alguns meses, quando começaram a divulgar notícias de uma reação dos monarquistas, ele apareceu.

– É mesmo? Onde?

– Na América.

– Na América!

Battle voltou-se para Isaacstein, de maneira lacônica.

– Petróleo?

O financista confirmou.

– Ele dizia que se os herzoslovacos fossem escolher um rei, haveriam de preferi-lo ao príncipe Michael, por conta de suas ideias modernas e de seu esclarecimento, chamando a atenção para suas visões democráticas da juventude e sua simpatia em relação aos ideais republicanos. Em troca de apoio financeiro, estava disposto a garantir concessões a um certo grupo de financistas americanos.

O superintendente Battle deixou para trás sua impassividade habitual e deu vazão a um prolongado assobio.

– Então é isso – murmurou. – Nesse meio-tempo, o Partido Legalista apoiava o príncipe Michael, e vocês tinham certeza de que venceriam. Até acontecer isto!

– Você não está pensando que... – começou George.

– Tratava-se de um grande negócio – disse Battle. – Assim diz o sr. Isaacstein. E eu diria que o que ele chama de grande negócio é um grande negócio mesmo.

– Há sempre instrumentos inescrupulosos a serem utilizados – disse Isaacstein tranquilamente. – No momento, quem ganha é Wall Street. Mas eles ainda não me venceram. Descubra quem matou o príncipe Michael, superintendente Battle, se quiser prestar um serviço ao seu país.

– Uma coisa me parece altamente suspeita – interrompeu George. – Por que o cavalariço, o capitão Andrassy, não veio com o príncipe ontem?

— Já investiguei isso – disse Battle. – Muito simples: ele ficou na cidade para negociar com uma determinada mulher, em nome do príncipe Michael, no próximo fim de semana. O barão reprovava esse tipo de coisa. Dizia que era uma insensatez nessa altura do campeonato. Por isso, Sua Alteza precisava agir de maneira velada. Ele era, por assim dizer, um jovem um tanto quanto... dissipado.

— Pois é – disse George, seriamente. – Receio que sim.

— Há um outro ponto que devemos levar em consideração, a meu ver – disse Battle, hesitante. – Parece que o rei Victor está na Inglaterra.

— Rei Victor?

Lomax franziu a testa, esforçando-se para lembrar.

— Conhecido vigarista francês, senhor. Recebemos um aviso da Sûreté de Paris.

— Claro! – disse George. – Lembrei. Ladrão de joias, não? Ora, foi ele...

Parou abruptamente. Isaacstein, que olhava distraído para a lareira, ergueu a vista tarde demais para flagrar o olhar do superintendente Battle para o outro. Mas como era um homem sensível a vibrações, percebeu uma certa tensão no ambiente.

— Não precisa mais de mim, não é, Lomax? – perguntou.

— Não. Obrigado, meu caro.

— Atrapalharia seus planos se eu voltasse para Londres, superintendente Battle?

— Infelizmente, sim – respondeu o superintendente com civilidade. – Se o senhor for, os outros também desejarão ir. E isso não seria possível.

— Certo.

O grande financista saiu da sala, fechando a porta atrás de si.

— Esplêndido sujeito esse Isaacstein — murmurou George Lomax de maneira mecânica.

— Personalidade bastante forte — concordou o superintendente Battle.

George recomeçou a andar de um lado para o outro.

— O que você me disse me deixou muito perturbado — falou. — O rei Victor! Achei que ele estivesse na prisão.

— Saiu há alguns meses. A polícia francesa pretendia ficar na sua cola, mas ele conseguiu despistá-la direitinho. Também pudera. É um dos sujeitos de maior sangue-frio que já existiram. Por algum motivo, a polícia acredita que ele esteja na Inglaterra, e nos avisou.

— Mas o que ele estaria fazendo na Inglaterra?

— Isso cabe ao senhor dizer — provocou Battle.

— Como assim? Você acha...? Conhece a história, claro. Ah, sim, vejo que conhece. Evidentemente, eu não estava no poder na época, mas ouvi a história toda da boca do falecido lorde Caterham. Uma catástrofe sem precedentes.

— O Koh-i-noor — disse Battle pensativo.

— Shh! — fez George, olhando ao redor desconfiado. — Por favor, não diga nomes. Melhor não. Se tiver que falar a respeito, diga K.

O superintendente recobrou a impassividade.

— Você não vê uma conexão deste crime com o rei Victor, vê, Battle?

— É apenas uma possibilidade, nada mais. Se o senhor puxar pela memória, há de lembrar-se de que havia quatro lugares onde um... certo visitante real poderia ter escondido a joia. Chimneys era um deles. O rei Victor foi preso em Paris três dias depois do desaparecimento do... K. Ficamos sempre na esperança de que ele nos levasse até a joia algum dia.

— Mas Chimneys já foi revirada de ponta-cabeça dezenas de vezes.

— Sim – disse Battle sabiamente. – Mas não adianta muito procurar quando não se sabe onde. Suponha que esse rei Victor tenha vindo em busca do "troço". Não esperava encontrar o príncipe Michael e acabou atirando nele.

— É possível – disse George. – Uma solução muito provável para o crime.

— Eu não diria isso. É uma possibilidade apenas.

— Por quê?

— Porque o rei Victor, segundo consta, nunca matou ninguém – respondeu Battle bastante sério.

— Ah, mas um homem desses... um bandido perigoso...

Battle sacudiu a cabeça, sem se deixar convencer.

— Os bandidos agem sempre de acordo com sua personalidade, sr. Lomax. É incrível. Mas...

— Sim?

— Gostaria de fazer algumas perguntas para o criado do príncipe. Deixei-o por último de propósito. Podemos chamá-lo aqui, se o senhor não se importar.

George assentiu com um gesto. O superintendente tocou a campainha. Tredwell apareceu e partiu com instruções.

Voltou pouco tempo depois, acompanhado de um homem alto, louro, com as maçãs do rosto proeminentes, profundos olhos azuis e uma impassividade quase comparável à de Battle.

— Boris Anchoukoff?

— Sim.

— Você era criado do príncipe Michael, não?

— Era criado de Sua Alteza, sim.

O homem falava bem inglês, embora tivesse um forte sotaque estrangeiro.

– Sabe que seu amo foi assassinado ontem à noite?

Um grunhido sonoro, como o de um animal selvagem, foi a única resposta do homem. George, alarmado, afastou-se prudentemente para perto da janela.

– Quando foi que você viu seu amo pela última vez?

– Sua Alteza foi para a cama às dez e meia. Eu dormi, como sempre, na antecâmara ao lado. Ele deve ter descido pela outra porta, a que dá para o corredor. Não o ouvi sair. Pode ser que eu estivesse entorpecido. Fui um criado infiel. Dormi enquanto meu amo estava acordado. Sou um maldito.

George olhou para ele, fascinado.

– Você adorava seu amo, não? – perguntou Battle, observando o homem atentamente.

O rosto de Boris contorceu-se de dor. Engoliu em seco duas vezes. Depois falou com a voz embargada:

– Vou lhe dizer uma coisa, policial inglês: eu daria a minha vida por ele! E como ele está morto, e eu ainda vivo, meus olhos não hão de dormir, nem meu coração terá descanso, enquanto eu não me vingar. Como um cão farejador, vou procurar o assassino, e quando o descobrir... Ah! – Seus olhos se acenderam. De repente, retirou de dentro do paletó uma enorme faca, que brandiu no ar. – Não vou matá-lo de uma vez só. Oh, não! Primeiro vou retalhar o nariz, cortar as orelhas e arrancar os olhos. Só depois, cravarei a faca no negro coração.

Guardou a faca rapidamente, virou-se e saiu da sala. George Lomax, com os olhos esbugalhados querendo saltar das órbitas, fitou a porta fechada.

– Típica educação herzoslovaca – murmurou. – Povo bárbaro. Raça de bandoleiros.

O superintendente Battle levantou-se com cautela.
– Ou esse homem é sincero – observou –, ou é o maior impostor que já conheci. E se ele estiver mesmo sendo sincero, Deus ajude o assassino do príncipe Michael quando esse cão farejador conseguir encontrá-lo.

Capítulo 15

O francês desconhecido

Virginia e Anthony caminhavam, lado a lado, pelo caminho que conduzia ao lago. Por alguns minutos, permaneceram calados. Foi Virginia quem quebrou o silêncio com uma pequena risada.

– Oh, não é terrível? – disse ela. – Aqui estou eu, cheia de coisas para lhe contar, ansiosa para saber um monte de coisas, e nem sei por onde começar. Antes de mais nada – baixou a voz –, *o que você fez com o corpo?* Que horror! Jamais imaginei que fosse me envolver num crime.

– Deve ser uma sensação bem nova para você – concordou Anthony.

– E para você não?

– Bom, na verdade, nunca precisei me livrar de um cadáver antes.

– Conte-me como foi.

De maneira breve e sucinta, Anthony relatou o que fizera na noite anterior. Virginia escutava atentamente.

– Você foi muito sagaz – disse ela quando ele terminou. – Posso retirar a mala quando voltar a Paddington. A única dificuldade que poderia surgir é se lhe perguntassem onde você esteve ontem à noite.

– Não acredito que isso vá acontecer. O corpo não pode ter sido encontrado até tarde da noite, ou possivelmente esta manhã. Caso contrário, haveria alguma notícia nos jornais matutinos. E, apesar do que você possa imaginar com base na leitura de romances policiais, os médicos não são tão mágicos a ponto de afirmar há quanto tempo um homem foi morto. A hora exata da morte dele será bastante vaga. Um álibi para ontem à noite é mais do que suficiente.

— Eu sei. Lorde Caterham estava me contando a respeito. Mas o homem da Scotland Yard está convencido da sua inocência, não?

Anthony não respondeu logo.

— Ele não parece muito astuto – continuou Virginia.

— Quanto a isso, não sei – disse Anthony lentamente. – Tenho a impressão de que o superintendente Battle não é nenhum bobo. Ele parece convencido da minha inocência. Mas não tenho certeza. No momento, ele está desconcertado pela minha aparente falta de motivo.

— Aparente? – exclamou Virginia. – Mas que motivo você poderia ter para matar um conde estrangeiro desconhecido?

Anthony encarou-a.

— Você já esteve na Herzoslováquia, não? – perguntou.

— Sim. Estive lá com o meu marido, durante dois anos, na embaixada.

— Isso foi um pouco antes do assassinato do rei e da rainha. Encontrou-se alguma vez com o príncipe Michael Obolovitch?

— Michael? Claro que sim. Um desgraçado! Lembro que ele me sugeriu que nos casássemos. Casamento morganático.

— É mesmo? E o que ele sugeriu que você fizesse com seu marido?

— Oh, ele tinha um esquema tipo Davi e Urias já preparado.

— E como você reagiu a essa amável proposta?

— Bem – disse Virginia –, infelizmente temos que ser diplomáticos. Por isso, o infeliz não recebeu a resposta que merecia. Mas ficou magoado de qualquer maneira. Por que todo esse interesse por Michael?

– Uma coisa que estou pensando. Pelo que entendi, você não se encontrou com o homem assassinado.

– Não. Como dizem nos livros, "ele se retirou para seus aposentos imediatamente após a chegada".

– E, naturalmente, você não viu o corpo.

Virginia, fitando-o com interesse, sacudiu a cabeça.

– Acha que poderia vê-lo?

– Por meio de influência nas altas esferas, isto é, lorde Caterham, diria que sim. Por quê? É uma ordem?

– Por Deus, não – exclamou Anthony, horrorizado. – Tenho sido tão autoritário assim? Não, o negócio é o seguinte: o príncipe Michael da Herzoslováquia estava incógnito como conde Stanislaus.

Virginia arregalou os olhos.

– Compreendo. – De súbito, sua fisionomia mudou, com aquele seu fascinante sorriso lateral. – Espero que não esteja insinuando que Michael foi para o quarto só para me evitar.

– Algo assim – admitiu Anthony. – Se eu estiver certo quanto à ideia de que alguém quis impedir sua vinda a Chimneys, a razão parece residir no fato de você conhecer a Herzoslováquia. Já percebeu que você é a única pessoa aqui que conhecia o príncipe Michael pessoalmente?

– Quer dizer que o homem que foi assassinado é um impostor? – perguntou Virginia abruptamente.

– É a possibilidade que me passou pela cabeça. Se você conseguir que lorde Caterham lhe mostre o corpo, esclareceremos imediatamente esse ponto.

– Ele foi morto às 23h45 – disse Virginia pensativa. – O horário mencionado naquele pedaço de papel. O caso todo é bastante misterioso.

– Isso me lembra uma coisa. Aquela janela é a sua? A segunda da ponta, sobre a Sala do Conselho.

– Não, meu quarto fica na ala elisabetana, do outro lado. Por quê?

– Simplesmente porque eu estava aqui ontem à noite e enquanto me afastava, julgando ter ouvido um tiro, vi que acenderam a luz naquele quarto.

– Que estranho! Não sei quem está naquele quarto, mas posso descobrir perguntando a Bundle. Talvez eles tenham ouvido o tiro.

– Nesse caso, alguém teria avisado. Pelo que entendi conversando com Battle, ninguém na casa ouviu o disparo. É a única pista que eu tenho, e admito que seja fraca, mas pretendo segui-la de qualquer maneira.

– É realmente estranho – disse Virginia em tom reflexivo.

Tinham chegado ao ancoradouro, à beira do lago, apoiando-se no parapeito de madeira enquanto falavam.

– E agora, para conversarmos melhor – disse Anthony –, vamos pegar um barco e navegar suavemente pelo lago, longe dos ouvidos intrometidos da Scotland Yard, visitantes americanos e criados curiosos.

– Lorde Caterham me contou algo – disse Virginia. – Mas não o suficiente. Para começar, quem é você na verdade: Anthony Cade ou Jimmy McGrath?

Pela segunda vez naquela manhã, Anthony narrou a história das últimas seis semanas de sua vida, com a diferença de que, para Virginia, não precisou editar nada. Terminou contando do assombro de reconhecer o "sr. Holmes".

– A propósito, sra. Revel – concluiu –, nunca lhe agradeci pelo perigo em que se colocou ao dizer que eu era um velho amigo seu.

– É claro que você é um velho amigo – exclamou Virginia. – Eu não ia impingir-lhe um cadáver e depois fingir que éramos apenas conhecidos, não é? Não mesmo.

Fez uma pausa.

– Sabe o que me intriga nisso tudo? – continuou. – É que deve haver algum outro mistério sobre aquelas memórias que ainda não conseguimos compreender.

– Tem razão – concordou Anthony. – Há uma coisa que eu gostaria que você me dissesse.

– O quê?

– Por que você ficou tão surpresa quando mencionei o nome de Jimmy McGrath ontem na Pont Street? Você já tinha ouvido esse nome antes?

– Sim, Sherlock Holmes. George, meu primo George. Ele me procurou outro dia e me sugeriu um monte de coisas absurdas. Queria que eu viesse para cá, conquistasse esse tal de McGrath e conseguisse as memórias de qualquer forma. Ele não falou assim, claro. Disse um monte de besteiras sobre mulheres inglesas, coisas desse tipo, mas percebi logo o que ele queria. Típico de George. Como eu queria saber mais a respeito, ele me afastou com mentiras que não teriam enganado nem uma criança de dois anos.

– Bem, o plano dele parece ter dado certo, de alguma forma – observou Anthony. – Aqui estou, o James McGrath que ele imaginava, e aqui está você, sendo amável comigo.

– Mas sem as memórias para o pobre George! Agora eu tenho uma pergunta para você. Quando eu disse que não havia escrito aquelas cartas, você disse que já sabia disso. Você não tinha como saber uma coisa dessas!

– Ah, tinha sim – disse Anthony sorrindo. – Tenho bons conhecimentos práticos de psicologia.

– Você quer dizer que meu caráter moral era tão elevado que...

Anthony sacudiu a cabeça com força.

– Nada disso. Não sei nada a respeito do seu caráter moral. Você podia ter um amante e podia ter escrito para ele. Mas jamais se deixaria chantagear. A Virginia Revel daquelas cartas estava extremamente assustada. Você teria lutado.

– Fico imaginando quem será a verdadeira Virginia Revel. Onde estará, digo. Sinto como se tivesse uma sósia em algum lugar.

Anthony acendeu um cigarro.

– Sabia que uma das cartas foi escrita de Chimneys? – perguntou.

– O quê? – exclamou Virginia visivelmente surpresa. – Quando foi escrita?

– Não estava datada. Mas é estranho, não acha? – Tenho certeza absoluta de que nenhuma outra Virginia Revel esteve em Chimneys. Bundle ou lorde Caterham teriam comentado alguma coisa sobre a coincidência dos nomes.

– Sim. É esquisito. Sabe, sra. Revel, que estou começando a desconfiar seriamente dessa outra Virginia Revel?

– Ela é muito esquiva – concordou Virginia.

– Até demais. Estou começando a achar que a pessoa que escreveu aquelas cartas resolveu usar seu nome de propósito.

– Mas por quê? – exclamou Virginia. – Por que fariam uma coisa dessas?

– Aí é que está. Ainda há muito a descobrir.

– Quem você acha que matou Michael? – perguntou Virginia de repente. – Os Camaradas da Mão Vermelha?

– Talvez – respondeu Anthony em tom insatisfeito. – Matar sem motivo seria bem característico deles.

— Vamos trabalhar – disse Virginia. – Estou vendo lorde Caterham e Bundle passeando juntos. A primeira coisa a fazer é descobrir se o morto é Michael ou não.

Anthony remou para a margem, e pouco tempo depois eles estavam com lorde Caterham e a filha.

— O almoço está atrasado – disse lorde Caterham com a voz desanimada.

— Battle deve ter ofendido a cozinheira.

— Este é um amigo meu, Bundle – disse Virginia. – Seja simpática com ele.

Bundle olhou fixamente para Anthony por alguns minutos e perguntou para Virginia, como se ele não estivesse ali:

— Onde você arranja esses homens bonitos, Virginia? "Como é que você faz?", pergunta ela com inveja.

— Você pode ficar com ele – respondeu Virginia, generosa. – Eu quero lorde Caterham.

Sorriu para os dois, enfiou o braço sob o dele e caminharam juntos.

— Você fala? – perguntou Bundle. – Ou é só forte e calado?

— Falar? – exclamou Anthony. – Eu murmuro. Balbucio. Borbulho, como as águas do riacho. Às vezes até faço perguntas.

— Por exemplo?

— Quem está ocupando o segundo quarto da esquerda?

Apontava.

— Que pergunta extraordinária! – disse Bundle. – Estou bastante intrigada. Deixe-me ver... Sim! É o quarto de mademoiselle Brun, a governanta francesa. Ela se esforça para educar minhas irmãs mais novas. Dulcie e Daisy, como na música. A próxima seria Dorothy May, imagino, mas minha mãe cansou de ter só meninas e morreu. Achou que alguma outra se incumbiria de fornecer um herdeiro.

– Mademoiselle Brun – repetiu Anthony pensativo. – Há quanto tempo ela está com vocês?

– Há dois meses. Veio trabalhar conosco quando estávamos na Escócia.

– Ah! – fez Anthony. – Estou sentindo cheiro de trapaça.

– Eu queria sentir cheiro de comida – disse Bundle. – Será que convido o homem da Scotland Yard para almoçar conosco, sr. Cade? O senhor é um homem experiente e conhece bem a etiqueta com relação a essas coisas. Nunca tivemos um assassinato em casa. Emocionante, não? Pena que seu caráter foi exposto completamente hoje de manhã. Sempre quis conhecer um assassino e ver, com meus próprios olhos, se eles são tão geniais e encantadores como dizem os jornais de domingo. Meu Deus! O que é aquilo?

"Aquilo" parecia ser um táxi aproximando-se da casa. Seus dois ocupantes eram um sujeito alto, careca, de barba preta, e um indivíduo mais baixo e mais jovem, de bigode preto. Anthony reconheceu o primeiro, e julgou que foi por causa dele, não do carro que o trazia, que sua companheira soltou aquela exclamação.

– Se não me engano – comentou Anthony –, é o meu velho amigo barão Lollipop.

– Barão o quê?

– Eu o chamo de Lollipop por conveniência. A pronúncia correta de seu nome endurece as artérias.

– Quase arrebentou o telefone hoje de manhã – observou Bundle. – Quer dizer que este é o barão. Já estou vendo que vão empurrá-lo para mim à tarde. E já aturei Isaacstein a manhã toda. George que se vire com suas encrencas. E que se dane a política! Desculpe-me por deixá-lo, sr. Cade, mas preciso ficar com o coitado do meu pai.

Bundle retirou-se rapidamente para casa.

Anthony ficou observando-a durante alguns minutos e depois, pensativo, acendeu um cigarro. Nesse momento, ouviu um som furtivo, bem próximo. Ele estava no ancoradouro, e o som parecia vir de trás. Teve a impressão de que era um homem tentando, em vão, segurar um espirro.

– Quem será que está aí? Quem será? – murmurou Anthony. – Acho melhor ver.

Unindo ação e palavra, jogou fora o fósforo que acabara de apagar e foi até o fundo do ancoradouro, sem fazer barulho.

Deparou-se com um homem que, evidentemente, estivera ajoelhado e, agora, esforçava para levantar-se. Era alto, vestia um casaco de cor suave, usava óculos e, de resto, tinha uma barba preta eriçada e maneiras ligeiramente afetadas. Devia ter entre trinta e quarenta anos, e sua aparência era muito respeitável.

– O que é que você está fazendo aqui? – perguntou Anthony.

Tinha certeza de que o homem não era um dos convidados de lorde Caterham.

– Perdão – disse o desconhecido, com um forte sotaque estrangeiro e um sorriso de quem tentava ser simpático –, é que desejo voltar à Jolly Cricketers e me perdi. O monsieur faria a bondade de me orientar?

– Claro – respondeu Anthony. – Mas não se vai para lá pela água.

– Como? – perguntou o desconhecido, sem entender direito.

– Eu disse – repetiu Anthony, lançando um olhar significativo para o ancoradouro – que não se vai pela água. Existe um caminho pelo parque. Não é tão perto daqui, mas tudo isto é propriedade particular. O senhor está invadindo propriedade privada.

– Sinto muito – disse o desconhecido. – Me perdi completamente. Pensei em vir aqui pedir informações.

Anthony conteve-se. Ia comentar que se ajoelhar atrás de um ancoradouro era uma forma meio estranha de pedir informações. Em vez disso, segurou o desconhecido delicadamente pelo braço.

– Vá por aqui – disse. – Dê a volta no lago e siga em frente. Não há como errar. Quando chegar ao caminho, vire à esquerda e siga reto até a vila. O senhor está hospedado na Cricketers?

– Sim, monsieur. Desde hoje de manhã. Muito obrigado por sua bondade em me orientar.

– Não precisa agradecer – disse Anthony. – Espero que não tenha se resfriado.

– Como? – perguntou o desconhecido.

– Por ter ficado ajoelhado no chão úmido – explicou Anthony. – Acho que o ouvi espirrar.

– Talvez eu tenha espirrado mesmo – admitiu o outro.

– Pois então – disse Anthony. – Mas não se deve segurar o espirro. Um dos médicos mais conhecidos disse isso outro dia. É perigosíssimo. Não me lembro exatamente o que acontece, se provoca entupimento ou endurece as artérias. Mas não devemos nunca prender o espirro. Bom dia.

– Bom dia. E obrigado, monsieur, por me ensinar o caminho certo.

– Segundo estranho suspeito da hospedaria – murmurou Anthony, observando o outro se afastar. – E alguém que não consigo identificar. Parece um comerciante francês. Não o vejo muito como um Camarada da Mão Vermelha. Será que ele representa um terceiro partido no tumultuado estado da Herzoslováquia? A governanta francesa está naquele quarto, da segunda janela da esquerda. Um francês misterioso é flagrado esgueirando-se pelo chão, ouvindo conversas que não se destinam a seus ouvidos. Aposto que aí tem coisa.

Anthony voltou para a casa, pensativo. No terraço, encontrou lorde Caterham, bastante cabisbaixo, e dois recém-chegados. Lorde Caterham alegrou-se um pouco ao ver Anthony.

– Ah, que bom que o senhor chegou – disse. – Deixe-me apresentá-lo ao barão... é... ao barão e ao capitão Andrassy. Sr. Cade.

O barão fitou Anthony, com desconfiança.

– Sr. Cade? Acho que não – disse convicto.

– Gostaria de falar a sós com o senhor, barão – disse Anthony. – Posso explicar tudo.

O barão assentiu, e os dois caminharam juntos pelo terraço.

– Barão – disse Anthony –, devo entregar-me à sua misericórdia. Abusei da honra de um cavalheiro inglês viajando para este país com um nome falso. Apresentei-me ao senhor como James McGrath, mas o logro foi mínimo, como o senhor mesmo pode verificar. O senhor deve conhecer as obras de Shakespeare e suas observações sobre a insignificância da nomenclatura das rosas. É o mesmo caso. O homem que o senhor desejava ver era aquele que tinha as memórias. Eu era esse homem. Como o senhor já sabe, claro, as memórias não estão mais comigo. Um engenhoso ardil, barão. Realmente engenhoso. Quem pensou nisso, o senhor ou seu chefe?

– De Sua Alteza foi a ideia. E ele não permitiu que ninguém a executasse, a não ser ele.

– E executou muito bem – comentou Anthony em tom de aprovação. – Tinha de ser um inglês.

– Foi de um cavalheiro inglês a educação que o príncipe recebeu – explicou o barão. – É o costume na Herzoslováquia.

– Nenhum profissional teria se apropriado desses papéis de maneira melhor – disse Anthony. – Posso saber, sem querer ser indiscreto, o que aconteceu com eles?

– Entre cavalheiros – começou o barão.

– É muita gentileza sua, barão – murmurou Anthony. – Jamais fui chamado tantas vezes de cavalheiro como nestas últimas 48 horas.

– Eu digo para o senhor: acredito que as memórias tenham sido queimadas.

– Acredita, mas não tem certeza. É isso?

– Sua Alteza guardou. Sua intenção era ler e depois queimar.

– Compreendo – disse Anthony. – De qualquer maneira, não é um texto leve, que se lê em meia hora.

– Entre os pertences de meu senhor martirizado elas não foram encontradas. Portanto, é claro que foram queimadas.

– Hum... – fez Anthony. – Será?

Ficou em silêncio por um ou dois minutos e continuou.

– Fiz lhe essas perguntas, barão, porque, como o senhor já deve ter ouvido, eu mesmo estou envolvido no crime. Preciso de provas para que nenhuma suspeita recaia sobre mim.

– Claro – disse o barão. – Seu honra exige isso.

– Exatamente – disse Anthony. – O senhor disse tudo. Não tenho jeito para a coisa. Continuando, só vou ficar livre de suspeitas se descobrir o verdadeiro assassino, e para isso preciso de todos os fatos. Essa questão das memórias é muito importante. Parece-me possível que se apoderar delas seja a razão do crime. Diga-me, barão, estou muito enganado?

O barão hesitou por um instante.

– O senhor leu as memórias? – perguntou finalmente, com cautela.

– Acho que já obtive a resposta – disse Anthony. – Agora, só mais uma coisa, barão. Quero avisá-lo de que ainda pretendo entregar esse manuscrito aos editores na próxima quarta-feira, dia 13 de outubro.

O barão encarou-o.

– Mas o senhor não tem o manuscrito mais.

– Na próxima quarta-feira, eu disse. Hoje é sexta. Ou seja, tenho cinco dias para recuperá-lo.

– Mas e se o manuscrito estiver queimado?

– Não creio que esteja queimado. Tenho boas razões para acreditar nisso.

Enquanto Anthony falava, os dois contornaram o terraço. Um sujeito corpulento encaminhava-se na direção deles. Anthony, que ainda não tinha visto o grande sr. Herman Isaacstein, fitou-o com interesse.

– Ah, barão – disse Isaacstein, brandindo o imenso charuto negro que estava fumando –, a coisa está feia. Muito feia.

– Meu caro sr. Isaacstein, é verdade – concordou o barão. – Todo o nosso nobre edifício em ruínas está.

Anthony, com muito tato, deixou os dois entregues a seus lamentos e voltou por onde viera.

De repente, parou. Uma fina espiral de fumaça subia vindo aparentemente do centro da cerca viva.

"Deve ser vazio no meio", pensou Anthony. "Já ouvi falar nisso."

Olhou para os dois lados. Lorde Caterham e o capitão Andrassy encontravam-se na extremidade do terraço, de costas para ele. Anthony abaixou-se e conseguiu passar através do compacto arbusto.

Estava certo. A cerca viva era, na verdade, composta de duas fileiras de arbustos, com uma estreita passagem no meio. A entrada era do lado da casa. Nada de mais, porém, vendo a cerca viva de frente, ninguém pensaria nessa possibilidade.

Anthony observou o local. Pouco mais adiante, um homem estava reclinado numa poltrona de vime. Um charuto pela metade descansava no braço do assento, e o sujeito parecia estar dormindo.

– Hum – fez Anthony. – Pelo visto, o sr. Fish prefere sentar-se à sombra.

Capítulo 16

Chá na sala de estudos

Anthony voltou ao terraço convencido de que o único lugar seguro para uma conversa particular era o meio do lago.

Ouviu-se o som retumbante de um gongo, e Tredwell, formal, surgiu de uma porta lateral.

– O almoço está servido, milorde.

– Ah! – exclamou lorde Caterham alegrando-se um pouco. – O almoço!

Nesse momento, duas crianças saíram correndo de casa. Duas meninas alegres, uma de doze e a outra de dez anos. Embora se chamassem Dulcie e Daisy, como Bundle afirmara, pareciam ser mais conhecidas como Guggle e Winkle. Realizavam uma espécie de dança de guerra, entremeada com gritos estridentes, até Bundle intervir.

– Onde está mademoiselle? – perguntou.

– Êca, êca, êca, ela está com enxaqueca – cantou Winkle.

– Urra! – completou Guggle.

Lorde Caterham tinha conseguido conduzir a maioria dos convidados para dentro de casa.

– Venha ao meu escritório – sussurrou para Anthony segurando-lhe pelo braço. – Tenho uma coisa especial lá.

Esgueirando-se pelo corredor, mais como um ladrão do que como o dono da casa, lorde Caterham abrigou-se em seu refúgio. Ali, destrancou um armário, de onde tirou diversas garrafas.

– Conversar com estrangeiros sempre me deixa morrendo de sede – explicou à guisa de desculpa. – Não sei por quê.

Ouviu-se uma batida na porta, e Virginia introduziu a cabeça pela fresta.

– Tem um coquetel especial para mim? – perguntou.

– Claro – respondeu lorde Caterham, hospitaleiro. – Entre.

Os minutos seguintes foram dedicados a um sério ritual.

– Eu precisava disso – falou lorde Caterham, suspirando ao apoiar o copo na mesa. – Como acabei de dizer, acho extremamente fatigante conversar com estrangeiros. Talvez seja porque eles são educados demais. Vamos. Vamos almoçar.

Conduziu-os à sala de jantar. Virginia pôs a mão sobre o braço de Anthony, puxando-o um pouco para trás.

– Já fiz minha boa ação do dia – sussurrou. – Consegui que lorde Caterham me levasse para ver o corpo.

– E? – perguntou Anthony, ansioso.

Sua teoria estava em jogo.

Virginia sacudiu a cabeça.

– Você estava enganado – murmurou. – É o príncipe Michael mesmo.

– Oh! – fez Anthony, profundamente decepcionado. – E a mademoiselle teve enxaqueca – acrescentou insatisfeito.

– O que uma coisa tem a ver com outra?

– Provavelmente nada, mas eu queria vê-la. Descobri que ela está no segundo quarto da esquerda. Aquele onde eu vi a luz se acender ontem à noite.

– Interessante.

– Talvez não signifique nada. De qualquer maneira, pretendo ver mademoiselle ainda hoje.

O almoço foi um martírio. Nem mesmo a alegre imparcialidade de Bundle conseguiu harmonizar a heterogênea reunião. O barão e Andrassy portavam-se de maneira correta, formal, cheia de etiquetas e tinham o ar de quem almoçava num mausoléu. Lorde Caterham estava letárgico e deprimido. Bill Eversleigh cobiçava Virginia com o olhar. George, muito atento à posição difícil em que se encontrava, conversava seriamente com o barão e o sr. Isaacstein. Guggle e Winkle, animadíssimas com o fato de ter havido um assassinato em casa, precisavam ser repreendidas o tempo todo, enquanto o sr. Hiram Fish mastigava lentamente sua comida, fazendo comentários secos em seu idioma próprio. O superintendente Battle havia desaparecido, e ninguém tinha notícia dele.

– Graças a Deus terminou – murmurou Bundle para Anthony, ao se levantarem da mesa. – E George levará o contingente estrangeiro a Abbey hoje à tarde para discutir segredos de Estado.

– Isso possivelmente aliviará o clima – disse Anthony.

– O americano não me incomoda tanto – continuou Bundle. – Ele e papai podem conversar alegremente sobre edições originais em algum lugar isolado. Sr. Fish – disse Bundle ao vê-lo aproximar-se –, estou planejando uma tarde tranquila para o senhor.

O americano curvou-se.

– É muita gentileza de sua parte, lady Eileen.

– Sr. Fish – disse Anthony – teve uma manhã bastante sossegada.

O sr. Fish lançou-lhe um rápido olhar.

– Ah, então o senhor me observou em meu refúgio? Há momentos em que se isolar da multidão caótica é a única saída do homem pacato.

Bundle havia se afastado. O americano e Anthony ficaram a sós.

– Na minha opinião – disse o americano em voz baixa –, há um certo mistério nessa confusão toda.

– Um grande mistério – disse Anthony.

– Aquele sujeito careca fazia parte das relações da família?

– Algo assim.

– Essas nações da Europa central não perdem tempo – declarou o sr. Fish. – Correu o boato de que o cavalheiro morto era uma alteza real. Sabe se é verdade?

– Ele estava aqui como conde Stanislaus – respondeu Anthony, de modo evasivo.

– Não me diga! – exclamou o sr. Fish de maneira um tanto quanto enigmática, calando-se.

– Esse capitão da polícia de vocês – observou depois de um tempo –, Battle, sei lá como se chama. Ele é competente mesmo?

– Segundo a Scotland Yard, sim – respondeu Anthony secamente.

– Pois ele me parece obstinadamente tacanho e conservador – comentou o sr. Fish. – Sem ambição. E essa ideia dele de não deixar ninguém sair da casa?

Olhou para Anthony.

– Todos têm de comparecer ao inquérito amanhã de manhã.

– É por isso? Só por isso? Os convidados de lorde Caterham não são suspeitos?

– Meu caro sr. Fish!

– Eu estava me sentindo meio intranquilo por ser estrangeiro neste país. Mas, claro, o serviço foi executado por alguém de fora, agora me lembro. A janela estava destrancada, não?

– Estava – Anthony respondeu olhando para a frente.

O sr. Fish soltou um suspiro.

– Meu jovem – disse depois de um tempo –, sabe como se extrai água de uma mina?

– Como?

– Bombeando. Mas é um trabalho árduo! Estou vendo que meu cordial anfitrião está deixando aquele grupo. Devo ir ao seu encontro.

O sr. Fish afastou-se, e Bundle aproximou-se de volta.

– Engraçado o sr. Fish, não? – observou ela.

– Sim.

– Não adianta procurar Virginia – disse Bundle bruscamente.

– Eu não estava procurando.

– Estava sim. Não sei como ela faz, nem o que ela diz. E também não acho que seja por sua aparência. Mas o fato é que ela sempre consegue! De qualquer maneira, agora ela está a serviço em algum outro lugar. Pediu-me que fosse amável com você, e serei amável, nem que seja à força.

– Você não precisará usar a força – garantiu Anthony. – Mas, se para você tanto faz, gostaria que fosse amável comigo num barco, no lago.

– Até que não é uma má ideia – disse Bundle pensativa.

Os dois caminharam até o lago.

– Só há uma pergunta que eu gostaria de lhe fazer – disse Anthony, enquanto remava suavemente para longe da margem – antes de voltarmos ao que interessa. Primeiro os negócios, depois a diversão.

– Sobre que quarto deseja saber agora? – perguntou Bundle sem paciência.

– Nenhum quarto, por enquanto. Mas eu gostaria de saber onde foi que você arrumou essa governanta francesa.

– O homem está enfeitiçado – disse Bundle. – Consegui através de uma agência. Pago-lhe cem libras por ano. Seu nome é Geneviève. Deseja saber mais alguma coisa?

– Em relação à agência. Quais são as referências?

– Ah, maravilhosas! Ela esteve dez anos com a condessa "não sei do quê".

– Condessa...

– A condessa de Breteuil, Château de Breteuil, Dinard.

– Você não conheceu a condessa pessoalmente. Foi tudo tratado por carta.

– Exatamente.

– Hum – fez Anthony.

– Você me intriga – disse Bundle. – E muito. É por amor ou pelo crime em si?

– Provavelmente pura idiotice da minha parte. Vamos esquecer tudo isso.

– "Vamos esquecer tudo isso", diz ele, de modo negligente, depois de conseguir todas as informações que desejava. Sr. Cade, de quem suspeita? Acho Virginia a pessoa menos provável. Ou talvez Bill.

– E você?

– Membro da aristocracia une-se secretamente aos Camaradas da Mão Vermelha. Seria sensacional!

Anthony riu. Gostava de Bundle, embora temesse um pouco a penetrante argúcia de seus olhos acinzentados.

– Você deve sentir orgulho de tudo isso – disse repentinamente, indicando a mansão ao longe.

– Sim. Significa alguma coisa. Mas nos acostumamos e deixamos de valorizar. De qualquer maneira, não ficamos muito tempo aqui. É monótono demais. Passamos todo o verão em Cowes e Deauville e depois fomos para a Escócia. Chimneys ficou coberta com lençóis durante cinco meses. Uma vez por semana, a capa dos móveis é retirada, e os turistas ficam boquiabertos, ouvindo as explicações de Tredwell: "À direita, o retrato da quarta marquesa de Caterham, pintado por sir Joshua Reynolds" etc. Um dos rapazes, o humorista do grupo, cutuca a namorada e diz: "Não é que eles têm quadros valiosos mesmo?". Aí, eles olham mais alguns quadros, bocejam, arrastando-se pelos cômodos, torcendo para chegar logo a hora de voltar para casa.

– Seja como for, aqui se fez história, mais de uma vez.

– Você ouve o George – disse Bundle, ríspida. – Esse é o tipo de coisa que ele vive falando.

Mas Anthony havia se aprumado, apoiando-se no cotovelo, e olhava fixamente para a margem.

– Será um terceiro suspeito aquele que estou vendo perto do ancoradouro, em postura desconsolada? Ou é um dos convidados?

Bundle ergueu a cabeça da almofada escarlate.

– É o Bill – disse ela.

– Parece que ele está procurando alguma coisa.

– Provavelmente está procurando por mim – disse Bundle sem entusiasmo.

– Vamos remar rapidamente na direção oposta?

– É a resposta certa, mas deveria ser dita com mais empolgação.

– Vou remar com o dobro de vigor depois dessa crítica.

– De jeito nenhum – disse Bundle. – Tenho meu orgulho. Leve-me para onde aquele pateta está me esperando. Alguém precisa cuidar dele. Virginia deve ter lhe dado o fora. Qualquer dia desses, por mais inconcebível que pareça, posso querer me casar com George. Por isso, é bom eu ir praticando ser "uma das nossas famosas anfitriãs políticas".

Anthony obedeceu e remou até a margem.

– E o que será de mim? – reclamou. – Recuso-me a ser o intruso rejeitado. São as meninas ali?

– Sim. Mas tome cuidado para não ser enrolado por elas.

– Eu gosto de crianças – declarou Anthony. – Posso ensinar-lhes algum jogo legal, de raciocínio.

– Bom, depois não diga que não avisei.

Deixando Bundle aos cuidados do desconsolado Bill, Anthony foi até o lugar onde gritos estridentes perturbavam a paz da tarde. Foi recebido com aclamações.

– Sabe brincar de índio pele-vermelha? – perguntou Guggle sem rodeios.

– Mais ou menos – respondeu Anthony. – Vocês precisam ouvir o barulho que eu faço quando estou sendo escalpelado. Assim – mostrou.

– Dá para o gasto – disse Winkle relutante. – Agora o grito do carrasco.

Anthony emitiu um som horripilante. Poucos minutos depois, a brincadeira de índio estava em plena ação.

Cerca de uma hora mais tarde, Anthony enxugou a testa e aventurou-se a perguntar sobre a enxaqueca de mademoiselle. Ficou feliz de ouvir que ela havia se recuperado totalmente. Anthony fez tanto sucesso com as crianças que foi insistentemente convidado para tomar chá na sala de estudos.

– Aí você pode contar para a gente sobre o homem que você viu enforcado – disse Guggle.

– Você disse que tem um pedaço da corda ainda? – perguntou Winkle.

– Na minha maleta – respondeu Anthony, em tom grave. – Darei um pedaço para cada uma.

Winkle soltou um uivo indígena de alegria.

– A gente precisa ir tomar banho – disse Guggle com tristeza. – Você vai vir para o chá, não é? Não esqueça!

Anthony jurou solenemente que nada no mundo o faria perder o compromisso. Satisfeitas, as duas saíram correndo para casa. Anthony ficou um tempo observando as meninas se afastarem e, nesse momento, notou um homem saindo do matagal, distanciando-se através do parque. Tinha quase certeza de que era o mesmo sujeito de barba preta que encontrara de manhã. Enquanto hesitava, sem saber se deveria ir atrás dele ou não, o sr. Hiram Fish surgiu por entre as árvores à sua frente. Estremeceu ao vê-lo.

– Tarde tranquila, não, sr. Fish? – perguntou Anthony.

– Sim. Obrigado.

Mas o sr. Fish não parecia tão tranquilo como de costume. O rosto estava corado, e ele ofegava, como se tivesse corrido. Consultou o relógio que tirou do bolso.

– Acho que está quase na hora do chá da tarde, a instituição britânica por excelência – disse.

Fechando o relógio com um pequeno ruído, o sr. Fish afastou-se calmamente em direção à casa.

Anthony permaneceu perdido em pensamentos, despertando, sobressaltado, ao notar o superintendente Battle ao seu lado. Battle havia chegado sem fazer barulho, como se tivesse se materializado do espaço.

– De onde o senhor surgiu? – perguntou Anthony irritado.

Com ligeiro movimento de cabeça, Battle indicou o pequeno bosque atrás deles.

– Parece ser um lugar bem popular esta tarde – observou Anthony.

– Estava perdido em pensamentos, sr. Cade?

– Estava. Sabe o que eu estava fazendo, Battle? Tentando somar dois mais um mais cinco mais três para ver se dava quatro. E é impossível, Battle, simplesmente impossível.

– Parece difícil – concordou o detetive.

– Mas o senhor é exatamente o homem que eu desejava ver. Battle, eu quero ir embora. É possível?

Como bom profissional, o superintendente Battle não demonstrou emoção nem surpresa. Sua resposta foi simples e objetiva.

– Depende para onde.

– Vou colocar as cartas na mesa. Quero ir a Dinard, ao castelo da condessa de Breteuil. É possível?

– Quando deseja ir, sr. Cade?

– Digamos amanhã, depois do inquérito. Posso estar de volta no domingo à noite.

– Sei – disse o superintendente com peculiar firmeza.

– E?

– Não tenho objeções, desde que o senhor vá para onde diz que vai e volte direto para cá.

– O senhor é mesmo único. Ou tem enorme simpatia por mim, ou é extremamente profundo. Qual é o caso?

O superintendente Battle sorriu um pouco, mas não respondeu.

– Bem – disse Anthony –, o senhor haverá de tomar suas precauções, imagino. Discretos oficiais seguirão meus passos suspeitos. Que seja. Mas eu adoraria saber de que tratavam.

– Não o entendo, sr. Cade.

– As memórias. Por que tanto alvoroço em torno delas? São apenas memórias? Ou o senhor está escondendo alguma coisa?

Battle sorriu novamente.

– Veja da seguinte forma: estou lhe fazendo um favor, porque tive uma boa impressão sua, sr. Cade. Gostaria que trabalhasse comigo neste caso. O amador e o profissional funcionam bem juntos. Um tem a intimidade, por assim dizer, e o outro, a experiência.

– Bem – disse Anthony lentamente –, não me importo de admitir que sempre desejei tentar desvendar um assassinato misterioso.

– E tem alguma ideia sobre este caso, sr. Cade?

– Muitas – respondeu Anthony. – Mas principalmente perguntas.

– Por exemplo?

– Quem calçará os sapatos do falecido Michael? Parece-me que isso é importante.

O superintendente Battle deu um sorriso maroto.

– Imaginei que o senhor fosse pensar nisso. O príncipe Nicholas Obolovitch, primo de primeiro grau dele, é o próximo herdeiro.

– E onde ele está neste exato momento? – indagou Anthony, virando-se para acender um cigarro. – Não me diga que não sabe, Battle, porque eu não vou acreditar.

– Temos razões para crer que ele está nos Estados Unidos. De qualquer maneira, esteve lá até recentemente. Arrecadando fundos para seu projeto.

Anthony assobiou, surpreso.

– Entendi – disse. – Michael tinha o respaldo da Inglaterra, Nicholas tem dos Estados Unidos. Em ambos os países existem grupos de financistas ansiosos para obter as concessões de petróleo. O Partido Legalista adotou Michael como candidato, e agora precisam procurar em outro lugar. Ranger de dentes da parte de Isaacstein, sr. George Lomax e companhia. Júbilo em Wall Street. Estou certo?

– Em termos – disse o superintendente Battle.

– Hum – fez Anthony. – Acho que sei o que senhor estava fazendo nesse bosque.

O detetive sorriu, mas não respondeu.

– A política internacional é um assunto fascinante – disse Anthony –, mas preciso ir. Tenho um compromisso na sala de estudos.

Dirigiu-se rapidamente para a casa. Informações fornecidas por Tredwell, sempre sério, indicaram-lhe o caminho. Bateu na porta e entrou, sendo recebido com gritos de alegria.

Guggle e Winkle foram correndo até ele e o levaram, triunfantes, para ser apresentado à mademoiselle.

Pela primeira vez, Anthony foi surpreendido. Mademoiselle Brun era uma mulher pequena, de meia-idade. Tinha o rosto amarelado, cabelos encanecidos e um bigodinho!

Onde estava a famosa aventureira estrangeira?

"Devo estar fazendo papel de idiota", pensou Anthony. "Mas não faz mal. Agora preciso ir até o fim."

Anthony foi extremamente simpático com a mademoiselle, e ela, por sua vez, estava evidentemente encantada de receber um jovem tão belo em sua sala de estudos. O chá foi maravilhoso.

Naquela noite, porém, a sós no agradável quarto que lhe deram, Anthony sacudia a cabeça.

– Estou enganado – disse para si mesmo. – Pela segunda vez, estou enganado. De qualquer maneira, não consigo entender o motivo.

Caminhava de um lado para o outro, mas parou de repente.

– Que diabo... – começou a dizer.

A porta estava sendo delicadamente aberta. Logo em seguida, um homem entrou no quarto, postando-se junto à porta.

Era um sujeito alto, louro, com maçãs do rosto salientes, do tipo eslavo, e olhos sonhadores.

– Quem é você? – perguntou Anthony, fitando-o.

– Sou Boris Anchoukoff – respondeu o homem em inglês perfeito.

– Criado do príncipe Michael, não?

– Exatamente. Servi a meu amo. Ele está morto. Agora sirvo ao senhor.

– É muita bondade sua – disse Anthony –, mas eu não preciso de um criado.

– O senhor é meu amo agora. Vou servir-lhe fielmente.

– Sim... mas... olhe, eu não preciso de um criado. Não tenho como pagar.

Boris Anchoukoff olhou para Anthony com certo desdém.

– Não estou pedindo dinheiro. Servi a meu amo, e assim servirei ao senhor: até a morte!

Dando rapidamente um passo à frente, Boris ajoelhou-se sobre uma perna, pegou a mão de Anthony e colocou-a na testa. Depois, levantou-se bruscamente e saiu do quarto de maneira tão repentina quanto havia entrado.

– Que coisa bizarra – murmurou Anthony, pasmo. – Uma espécie de cão fiel. Curioso o instinto que esses caras têm.

Empertigado, voltou a andar de um lado para o outro.

– De qualquer maneira, é esquisito. Esquisitíssimo. Pelo menos, agora.

Capítulo 17

Uma aventura à meia-noite

O inquérito ocorreu na manhã seguinte. Foi bastante diferente dos sensacionais inquéritos da ficção. Em sua rígida supressão de todos os detalhes interessantes, satisfez até George Lomax. O superintendente Battle e o investigador de casos de homicídio, trabalhando juntos com o apoio do comandante da polícia, reduziram os procedimentos ao mínimo nível de tédio.

Logo após o inquérito, Anthony partiu, sem chamar atenção.

Sua partida foi a única alegria do dia para Bill Eversleigh. George Lomax, obcecado pelo temor de que algo prejudicial ao seu departamento pudesse acontecer, havia sido extremamente desagradável, exigindo a presença constante da srta. Oscar e de Bill. Tudo de útil e interessante fora feito pela srta. Oscar. Bill limitara-se a levar recados de um lado para o outro, decifrar telegramas e ouvir a ladainha repetitiva de George.

Foi um jovem totalmente exausto que se retirou para dormir na noite de sábado. Não tivera quase nenhuma oportunidade de conversar com Virginia durante o dia, em virtude das cobranças de George, e sentia-se injuriado e explorado. Felizmente, o camarada havia partido. Já tinha monopolizado demais a atenção de Virginia. E se George continuasse ridicularizando-o daquela forma... Com a mente cheia de ressentimentos, Bill adormeceu. Nos sonhos, veio o consolo. Bill sonhou com Virginia.

Foi um sonho heroico. No sonho, uma casa pegava fogo, e ele desempenhava o papel de salvador galante. Do andar mais alto, trouxe Virginia nos braços, inconsciente. Repousou-a sobre a grama e foi buscar um pacote de sanduíches. Era muito importante que encontrasse esse pacote de sanduíches. Estava com George, mas ele, em vez de entregá-lo a Bill, começou a ditar telegramas. Muda a cena, e os dois estão agora na sacristia de uma igreja, e a qualquer momento Virginia chegará para se casar com ele. Que horror! Bill está de pijama. Precisa ir para casa imediatamente trocar de roupa. Corre para o carro, mas o motor não pega. O carro está sem gasolina! Bill começa a ficar desesperado. De repente, chega um ônibus imenso, e Virginia aparece de braços dados com o barão careca. Está linda, vestida de cinza. Vem até ele e o sacode pelos ombros. "Bill", diz ela. "Oh, Bill". Sacode-o com mais força. "Acorde. Oh, acorde."

Ainda tonto, Bill acordou. Estava em seu quarto em Chimneys, mas parte do sonho continuava: Virginia estava inclinada sobre ele, repetindo as mesmas palavras, com variações.

– Acorde, Bill. Oh, acorde! Bill!

– Oi! – disse Bill, sentando-se na cama. – O que houve?

Virginia suspirou aliviada.

– Graças a Deus. Achei que você jamais fosse acordar. Fiquei sacudindo você. Está bem acordado agora?

– Acho que sim – disse Bill.

– Você é pesado, hein? Deu um trabalhão sacudi-lo. Meus braços estão até doendo.

– Dispenso o insulto – disse Bill com dignidade. – Olhe, Virginia, para dizer a verdade, não acho bom que você tenha vindo aqui. Não fica bem para uma jovem e decente viúva.

– Não seja idiota, Bill. Estão acontecendo coisas.

– Que tipo de coisas?

– Coisas estranhas. Na Sala do Conselho. Julguei ter ouvido uma porta batendo em algum lugar, e desci para ver o que era. Vi luz na Sala do Conselho e fui até lá, sem fazer barulho. Espiei pela fechadura. Não deu para ver muita coisa, mas o que vi foi tão extraordinário que eu quero ver mais. Senti, então, que precisava de um homem forte e bonito do meu lado. Como você era o homem mais forte e bonito de que eu lembrava, vim aqui tentar acordá-lo delicadamente. Mas fiquei séculos tentando.

– Compreendo – disse Bill. – E o que você quer que eu faça agora? Que me levante e pegue os assaltantes?

Virginia franziu o cenho.

– Não sei se são assaltantes. Bill, é muito estranho... Mas não vamos perder tempo conversando. Levante-se.

Bill obedeceu.

– Espere, vou colocar uma bota... a grande, com pregos. Por mais forte que eu seja, não vou sair por aí atacando bandidos perigosos descalço.

– Gostei do seu pijama – comentou Virginia. – Alegre, sem ser vulgar.

– Já que você tocou no assunto – disse Bill, pegando o segundo pé da bota –, gostei desse troço que você está usando. Gostei do tom de verde. Como é que se chama? Penhoar?

– Négligée – corrigiu Virginia. – Fico feliz de ver que você tem levado uma vida pura, Bill.

– Não tenho não – protestou Bill.

– Você acabou de se trair. Você é muito simpático, Bill, e eu gosto muito de você. Atrevo-me a dizer que amanhã de manhã... digamos às dez horas, uma boa hora para emoções fortes... eu poderia até beijá-lo.

– Sempre acho que essas coisas são melhores quando realizadas de maneira espontânea – sugeriu Bill.

– Agora temos que focar em outro assunto – disse Virginia. – Se você não pretende colocar uma máscara de gás e uma couraça, vamos começar?

– Estou pronto – disse Bill.

Vestiu um roupão de seda lúrido e pegou um atiçador.

– A arma conservadora – observou.

– Vamos – disse Virginia. – E não faça barulho.

Saíram para o corredor e desceram a larga escada dupla. Virginia franziu a testa quando chegaram ao fim da escada.

– Essas suas botas não são lá muito silenciosas, concorda?

– Prego é prego – disse Bill. – Estou fazendo o que posso.

– Você vai ter de tirá-las.

Bill resmungou.

– Pode levá-las na mão. Quero ver se você consegue descobrir o que está acontecendo na Sala do Conselho. Bill, é um mistério. Por que os assaltantes desmontariam uma armadura?

– Bem, imagino que eles não conseguiriam levá-la inteira. Desmontam e guardam as peças em sacolas.

Virginia sacudiu a cabeça, insatisfeita.

– Para que eles iam querer uma armadura velha e enferrujada? Existem tesouros valiosíssimos em Chimneys que são muito mais fáceis de carregar.

Bill balançou a cabeça.

– Quantas pessoas estão lá dentro? – perguntou, segurando firme o atiçador.

– Não consegui ver direito. Você sabe como é o buraco da fechadura. E eles estavam só com lanterna.

Bill sentou-se no último degrau da escada e tirou as botas. Depois, levando-as na mão, atravessou o corredor que conduzia à Sala do Conselho. Virginia foi atrás. Pararam em frente à maciça porta de carvalho. Estava silencioso do lado de dentro, mas, de repente, Virginia pressionou o braço de Bill, e ele assentiu com a cabeça. Pelo buraco da fechadura, surgiu uma claridade por alguns instantes.

Bill ajoelhou-se e olhou pelo orifício. O que ele viu era extremamente confuso. A cena do drama evidentemente se desenrolava à esquerda de seu campo de visão. Um tinido abafado de vez em quando parecia indicar que os assaltantes ainda estavam desmontando a armadura. Havia duas delas, lembrava-se Bill. Ficavam juntas, encostadas na parede, bem debaixo do quadro de Holbein. A luz da lanterna com certeza estava sendo direcionada para o local da ação, deixando o resto da sala no escuro. Um vulto passou rapidamente pelo campo de visão de Bill, mas não havia luz suficiente para distingui-lo. Poderia ser tanto um homem quanto uma mulher. Depois de um tempo, o vulto passou de novo, e ouviu-se o tinido abafado outra vez. Em seguida, outro barulho, leves batidas, como se estivessem sido executadas com os nós dos dedos sobre a madeira.

Bill sentou-se sobre os calcanhares.

– O que foi? – sussurrou Virginia.

– Nada. Assim não adianta. Não conseguimos ver nada, e não dá para adivinhar o que eles estão fazendo. Vou entrar e pegá-los no flagra.

Vestiu as botas e levantou-se.

– Agora, Virginia, preste atenção. Vamos abrir a porta bem devagar. Você sabe onde fica o interruptor?

– Sim. Ao lado da porta.

– Não acho que sejam mais de quatro pessoas. Talvez seja só uma. Vou entrar sem fazer barulho. Quando eu estiver no meio da sala e disser "pronto", você acende a luz. Entendeu?

– Perfeitamente.

– E não vá gritar, desmaiar, nem nada disso. Não deixarei ninguém machucá-la.

– Meu herói!

Bill olhou-a, desconfiado, na escuridão. Ouviu algo que tanto poderia ser um soluço quanto uma risada. Pegou, então, o atiçador com firmeza e ergueu-se. Sentia-se plenamente preparado para enfrentar a situação.

Com muito cuidado, girou a maçaneta da porta, que cedeu com facilidade e se abriu para dentro. Virginia ia colada nele. Juntos, eles entraram na sala, sem fazer barulho.

No outro lado, o foco da lanterna incidia sobre o quadro de Holbein. Contra a luz, via-se a silhueta de um homem em cima de uma cadeira, dando leves pancadas no madeiramento que cobria as paredes. Ele estava de costas, evidentemente, e produzia uma sombra monstruosa.

Não se pode dizer que eles viram mais alguma coisa, porque nesse momento os pregos das botas de Bill rangeram sobre o assoalho. O homem virou-se, dirigindo a poderosa lanterna para eles, ofuscando-os com o brilho repentino.

Bill não hesitou.

– Pronto! – gritou para Virginia e jogou-se sobre o homem, enquanto ela, de maneira obediente, pressionava o interruptor.

Virginia ouviu Bill praguejar. No minuto seguinte, a sala encheu-se de sons arquejantes. A lanterna havia sido derrubada no chão e apagara-se na queda. Ouvia-se o barulho de uma luta desesperada na escuridão, mas Virginia não tinha a menor ideia de quem estava vencendo, nem de quantas pessoas havia. Haveria mais alguém na sala, além do homem que estava batendo no madeiramento? Poderia haver. A visão que eles tiveram ao entrar havia sido momentânea.

Virginia ficou paralisada, sem saber o que fazer. Não ousava entrar na briga. Iria mais atrapalhar do que ajudar. A única ideia que teve foi ficar na porta, para impedir a passagem de quem tentasse escapar por ali. Ao mesmo tempo, desobedeceu às expressas instruções de Bill e gritou várias vezes por socorro.

Ouviu portas se abrindo lá em cima, produzindo um súbito clarão no corredor e na grande escadaria. Se ao menos Bill conseguisse segurar o homem até chegar ajuda...

Nesse momento, contudo, ocorreu uma terrível reviravolta final. Eles deviam ter esbarrado numa das armaduras, porque ela caiu no chão com um barulho ensurdecedor. Virginia viu, indistintamente, um vulto correndo para a janela e, ao mesmo tempo, ouviu Bill praguejando e desvencilhando-se de fragmentos da armadura.

Pela primeira vez, abandonou seu posto e atirou-se sobre o vulto que correra para a janela. Mas a janela já estava destrancada, e o intruso não precisou perder tempo com isso. Saltou e saiu correndo pelo terraço, até contornar a casa. Virginia foi atrás dele. Como era jovem e esportista, chegou à extremidade do terraço poucos segundos depois.

Aí, porém, mergulhou nos braços de um homem que acabara de sair por uma pequena porta lateral. Era o sr. Hiram P. Fish.

— Oh, é a senhora! — exclamou. — Perdão, sra. Revel. Confundi-a com um dos bandidos fugindo da justiça.

– Ele veio por aqui – disse Virginia sem fôlego. – Não podemos pegá-lo?

Mas ela sabia que era tarde demais. O homem já deveria ter chegado ao parque àquela altura, e a noite estava escura, sem lua. Virginia voltou à Sala do Conselho, o sr. Fish ao seu lado, discursando, em tom reconfortante, sobre os hábitos de assaltados em geral, assunto em que parecia ter muita experiência.

Lorde Caterham, Bundle e diversos criados assustados encontravam-se na porta da sala.

– O que aconteceu, meu Deus do céu? – perguntou Bundle. – Assaltantes? O que você e o sr. Fish estavam fazendo, Virginia? Passeando à meia-noite?

Virginia explicou o que havia acontecido.

– Que incrível! – exclamou Bundle. – Não é sempre que se tem um assassinato e um assalto no mesmo fim de semana. O que houve com as luzes aqui? Estão funcionando perfeitamente nos outros lugares.

O mistério foi logo explicado. As lâmpadas haviam sido simplesmente removidas e enfileiradas junto à parede. Montando numa escada, o majestoso Tredwell, formal até em roupas íntimas, restituiu a iluminação ao cômodo afetado.

– Pelo visto – disse lorde Caterham, com sua voz desanimada, enquanto olhava em volta –, esta sala foi o cenário de uma ação um tanto quanto violenta.

Sua observação fazia sentido. Tudo o que podia ter sido derrubado havia sido derrubado. O chão estava repleto de cadeiras despedaçadas, louça estilhaçada e fragmentos de armadura.

– Quantos eram? – perguntou Bundle. – Parece ter havido uma luta intensa.

– Acho que só um – respondeu Virginia, hesitante. Com certeza só uma pessoa, um homem, passara pela janela. Mas, ao correr atrás dele, Virginia tivera a vaga impressão de ouvir um ruído de passos muito perto. Nesse caso, o segundo ocupante da sala podia ter escapado pela porta. Mas talvez fosse só imaginação sua.

Bill apareceu de repente ofegante na janela.

– Maldito! – exclamou furioso. – Fugiu. Já procurei em todos os cantos. Nenhum sinal dele.

– Anime-se, Bill – disse Virginia. – Na próxima vez você terá mais sorte.

– Bem – disse lorde Caterham –, o que vocês acham que devemos fazer agora? Voltar para a cama? Não tenho como chamar Badgworthy a esta hora da noite. Tredwell, você sabe o que é necessário. Providencie tudo, sim?

– Perfeitamente, milorde.

Com um suspiro de alívio, lorde Caterham preparou-se para retirar-se.

– E Isaacstein dorme como um bebê – observou, com certa inveja. – Essa briga toda, e o sujeito nem desceu. – Olhou para o sr. Fish. – O senhor ainda teve tempo de se vestir – acrescentou.

– Sim. Enfiei alguma coisa – admitiu o americano.

– Muito sensato da sua parte – disse lorde Caterham. – Esses pijamas não esquentam nada.

Bocejou. Num clima geral de desânimo, todos voltaram para a cama.

Capítulo 18

Segunda aventura à meia-noite

A primeira pessoa que Anthony viu ao descer do trem na tarde seguinte foi o superintendente Battle.

– Voltei, conforme combinado – disse sorrindo. – O senhor veio aqui certificar-se do fato?

Battle sacudiu a cabeça.

– Não estava preocupado com isso, sr. Cade. É que estou indo para Londres.

– O senhor é um homem confiável, Battle.

– Acha mesmo?

– Na verdade, acho o senhor profundo, muito profundo... Quer dizer que está indo para Londres?

– Sim, sr. Cade.

– Posso saber para quê?

O detetive não respondeu.

– O senhor é bastante loquaz – observou Anthony. – É isso o que eu gosto no senhor.

Um brilho distante apareceu nos olhos de Battle.

– E o que me conta sobre sua pequena missão, sr. Cade? – perguntou.

– Dei com os burros n'água, Battle. Pela segunda vez. Estava totalmente enganado. Irritante, não?

– Qual era sua ideia, se me permite a pergunta?

– Eu suspeitava da governanta francesa, Battle. A: baseando-me nos cânones da melhor ficção, porque ela era a pessoa menos provável. B: porque se acendeu uma luz em seu quarto na noite da tragédia.

– Não era muita coisa.

– O senhor tem razão. Não era. Mas eu descobri que ela estava aqui há pouco tempo, e encontrei um francês suspeito rondando o lugar. Suponho que saiba tudo sobre ele, não?

– O senhor se refere ao homem chamado Chelles, que está hospedado na Cricketers? É um caixeiro-viajante. Trabalha com seda.

– Isso mesmo. E aí? O que a Scotland Yard acha dele?

– Sua atitude é suspeita – disse o superintendente Battle, impassível.

– Muito suspeita, diria eu. Bem, liguei os pontos. A governanta francesa dentro da casa, o francês suspeito do lado de fora. Cheguei à conclusão de que eles estavam mancomunados, e fui entrevistar a senhora com quem mademoiselle Brun havia passado os últimos dez anos. Estava preparado para ouvir que essa senhora nunca tinha ouvido falar de mademoiselle Brun, mas me enganei, Battle. Mademoiselle é artigo genuíno.

Battle assentiu com a cabeça.

– Devo admitir – continuou Anthony – que, no momento em que conversei com mademoiselle, tive certeza de que estava no caminho errado. Ela é a perfeita governanta.

Battle assentiu novamente.

– De qualquer forma, sr. Cade, o senhor não pode se guiar por isso. As mulheres, sobretudo, fazem maravilhas com maquiagem. Já vi uma bela menina não ser reconhecida por nove pessoas, entre dez que já a tinham visto antes, após alterar a cor do cabelo, empalidecer a cútis, avermelhar as pálpebras e, o principal, trajar roupas desalinhadas. Para os homens não existem tantos truques. Dá para modificar um pouco as sobrancelhas, e uma dentadura, evidentemente, altera bastante a fisionomia. Mas existem sempre as orelhas. Elas são muito expressivas, sr. Cade.

— Não olhe tanto para as minhas — protestou Anthony. — O senhor me deixa nervoso.

— Não estou falando de barbas falsas e maquiagem pesada — continuou o superintendente. — Isso existe só nos livros. Poucos homens conseguem se disfarçar tão bem a ponto de escapar impunes. Na verdade, conheço apenas um homem que é um gênio para se caracterizar: o rei Victor. Já ouviu falar no rei Victor, sr. Cade?

Havia algo tão brusco e súbito no modo como o detetive fez a pergunta que Anthony pensou duas vezes antes de falar.

— Rei Victor? — preferiu dizer, pensativo. — Acho que já ouvi esse nome em algum lugar.

— Um dos mais famosos ladrões de joias do mundo. Pai irlandês, mãe francesa. Fala pelo menos cinco línguas. Esteve preso, mas foi solto há poucos meses.

— É mesmo? E onde ele está agora?

— Bem, sr. Cade. isso é o que gostaríamos de saber.

— A coisa se complica — disse Anthony, levianamente. — Nenhuma chance de ele aparecer por aqui, não é? Suponho que ele não esteja interessado em memórias políticas, só em joias.

— Não se pode saber — disse o superintendente Battle. — Pode ser até que ele já esteja aqui.

— Disfarçado como lacaio? Maravilha. O senhor o reconhecerá pelas orelhas e ficará famoso.

— Muito engraçado. A propósito, qual a sua opinião sobre aquele negócio de Staines?

— Staines? — repetiu Anthony. — O que aconteceu em Staines?

— Saiu sábado nos jornais. Achei que tivesse lido. Encontraram o corpo de um homem baleado na beira da estrada. Um estrangeiro. Saiu hoje nos jornais de novo, claro.

– É, li alguma coisa a respeito – disse Anthony, sem cuidado. – Pelo visto, não foi suicídio, não é?

– Não. Não havia arma. Até agora, o homem não foi identificado.

– O senhor parece bastante interessado – disse Anthony sorrindo. – Alguma ligação com a morte do príncipe Michael?

Suas mãos estavam imóveis, assim com seu olhar. Seria impressão sua ou o superintendente Battle o fitava com peculiar atenção?

– Parece haver uma epidemia desse tipo de coisa – disse Battle. – Mas arrisco-me a dizer que não existe nenhuma ligação.

Virou-se, acenando para um carregador. O trem de Londres chegava à plataforma. Anthony soltou um leve suspiro de alívio.

Caminhou pelo parque, mais pensativo do que de costume. Tinha decidido voltar para a casa seguindo o mesmo trajeto que fizera na fatídica noite de quinta-feira, e, ao se aproximar, olhou para as janelas, quebrando a cabeça para se lembrar de onde tinha visto a luz. Será que tinha sido na segunda janela da esquerda mesmo?

Nesse momento, então, fez uma descoberta. Existia um ângulo na extremidade da casa no qual havia uma janela meio afastada. De acordo com o lugar em que se estivesse, contava-se essa janela como sendo a primeira, e a janela localizada acima da Sala do Conselho como a segunda. Afastando-se alguns metros para a direita, porém, a parte da construção sobre a Sala do Conselho parecia ser a extremidade da casa. A primeira janela ficava escondida, fora do campo de visão, e as duas janelas dos quartos sobre a Sala do Conselho pareciam ser a primeira e a segunda da esquerda. Onde será que ele estava exatamente no momento em que viu a luz do quarto se acender?

Anthony achou muito difícil precisar, e um metro, nesse caso, fazia toda diferença. Mas um ponto parecia bastante claro: era totalmente possível que ele tivesse se enganado ao julgar que tivessem acendido a luz do segundo quarto da esquerda. Poderia ter sido no *terceiro*.

Agora, quem ocupava esse terceiro quarto? Anthony decidiu averiguar o quanto antes. A sorte estava do seu lado. No hall, Tredwell havia acabado de colocar o pesado bule de prata sobre a bandeja, e estava sozinho.

– Oi, Tredwell – disse Anthony. – Gostaria de lhe fazer uma pergunta. Quem está no terceiro quarto da esquerda, na ala oeste da casa? O quarto sobre a Sala do Conselho, quero dizer.

Tredwell pensou por um instante.

– É o quarto daquele cavalheiro americano, senhor. O sr. Fish.

– Ah, é? Obrigado.

– Disponha, senhor.

Tredwell preparou-se para sair, mas resolveu ficar. O desejo de ser o primeiro a contar as novidades humaniza até os mordomos mais solenes.

– O senhor já deve ter ouvido sobre o que aconteceu ontem à noite.

– Não – disse Anthony. – O que aconteceu ontem à noite?

– Uma tentativa de roubo, senhor!

– Sério? E roubaram alguma coisa?

– Não, senhor. Os assaltantes estavam desmontando as armaduras da Sala do Conselho quando foram surpreendidos e obrigados a fugir. Infelizmente, eles conseguiram escapar.

– Que coisa espantosa! – exclamou Anthony. – A Sala do Conselho de novo. Entraram por lá mesmo?

– Supõe-se que eles tenham forçado a janela.

Satisfeito com o interesse despertado por sua informação, Tredwell estava retirando-se, mas parou no meio do caminho.

– Desculpe-me, senhor, não o ouvi entrar, e não sabia que o senhor estava atrás de mim.

O sr. Isaacstein, em que Tredwell havia esbarrado, fez um gesto amigável com a mão.

– Não foi nada, meu caro. Fique tranquilo.

Tredwell retirou-se, por fim, altivo. Isaacstein entrou e sentou-se numa poltrona.

– Oi, Cade, já voltou? Ficou sabendo do pequeno show de ontem à noite?

– Sim – respondeu Anthony. – Um fim de semana bem emocionante, não?

– Acho que o trabalho de ontem à noite foi realizado por gente local – disse Isaacstein. – Parece coisa de amador.

– Alguém aqui coleciona armaduras? – perguntou Anthony. – Coisa estranha para colecionar.

– Muita estranha – concordou o sr. Isaacstein. Fez uma pequena pausa e acrescentou: – A situação toda é bastante lamentável.

Havia algo quase que ameaçador em seu tom.

– Não entendo – disse Anthony.

– Por que estamos sendo mantidos aqui dessa forma? O inquérito terminou ontem. O corpo do príncipe será removido para Londres, onde já se espalhou que ele morreu de ataque cardíaco. E ninguém pode sair ainda. O sr. Lomax sabe tanto quanto eu. Diz para eu falar com o superintendente Battle.

— O superintendente Battle está escondendo alguma coisa — disse Anthony, pensativo. — Parece essencial ao seu plano que ninguém abandone a casa.

— Desculpe-me, sr. Cade, mas o senhor abandonou.

— Sim, só que com uma corda presa à perna. Tenho certeza de que fui seguido o tempo todo. Não teriam me dado a chance de jogar fora o revólver ou qualquer coisa do tipo.

— Ah, o revólver — disse Isaacstein, pensativo. — Ainda não foi encontrado, não é?

— Ainda não.

— Devem ter jogado no lago.

— É bem possível.

— Onde está o superintendente Battle? Não o vi hoje à tarde.

— Ele foi para Londres. Encontrei-o na estação.

— Foi para Londres? Sério? Ele disse quando voltava?

— Amanhã cedo, pelo que eu entendi.

Virginia apareceu com lorde Caterham e o sr. Fish. Deu um sorriso de boas-vindas a Anthony.

— Voltou, sr. Cade. Já soube da nossa aventura de ontem à noite?

— É verdade, sr. Cade — disse Hiram Fish. — Foi uma noite bem agitada. Contaram-lhe que confundi a sra. Revel com um dos assaltantes?

— E, nesse meio-tempo — disse Anthony —, o assaltante...

— Escapou — completou o sr. Fish, derrotado.

— Sirva o chá — disse lorde Caterham para Virginia. — Não sei onde está Bundle.

Virginia serviu. Em seguida, sentou-se perto de Anthony e lhe disse em voz baixa:

— Venha ao ancoradouro depois do chá. Bill e eu temos muita coisa para lhe contar.

Juntou-se, então, à conversa geral.

Os três se encontram conforme combinado.

Virginia e Bill, eufóricos com as notícias. Concordaram que um barco no meio do lago era o único lugar seguro para uma conversa confidencial. Tendo remado uma boa distância, toda a história da aventura na noite anterior foi relatada a Anthony. Bill estava de cara fechada. Não queria que Virginia tivesse envolvido aquele sujeito no assunto.

– Muito estranho – disse Anthony no final. – O que você acha disso tudo? – perguntou para Virginia.

– Acho que eles estavam procurando alguma coisa – respondeu ela, sem pestanejar. – A ideia de um assalto é absurda.

– Que eles tenham pensado que essa coisa, seja lá o que for, estivesse escondida dentro das armaduras está claro. Mas por que as pancadas no madeiramento? Mais parece que estavam procurando uma escada secreta ou algo assim.

– Sei que existe um esconderijo em Chimneys – disse Virginia. – E acho que há também uma escada secreta. Lorde Caterham pode nos informar a respeito. O que eu gostaria de saber é: o que eles estavam procurando?

– Não é possível que sejam as memórias – disse Anthony. – O pacote é volumoso. Tem que ser algo pequeno.

– George deve saber – disse Virginia. – Só preciso ver como arrancar isso dele. Desde o início, percebi que havia alguma coisa por trás de tudo isso.

– Você disse que era apenas um homem – prosseguiu Anthony –, mas que poderia haver outro, pois julgou ter ouvido alguém caminhando em direção à porta no momento em que correu para a janela.

– O som foi muito leve – disse Virginia. – Pode ter sido imaginação minha.

– Sim. Mas caso não tenha sido imaginação sua, a segunda pessoa tinha que ser alguém da casa. Estou pensando agora...

– Em quê? – perguntou Virginia.

– Na agilidade do sr. Hiram Fish, que consegue se vestir todo ao ouvir gritos de socorro no andar de baixo.

– Aí tem coisa – concordou Virginia. – E digo mais: acho muito suspeito o sr. Isaacstein não acordar com toda aquela confusão. Impossível.

– E aquele sujeito, Boris – sugeriu Bill. – Parece um perfeito rufião. Estou falando do criado de Michael.

– Chimneys está cheia de personagens suspeitos – disse Virginia. – Atrevo-me a dizer que os outros também devem suspeitar de nós. O superintendente Battle não deveria ter ido para Londres agora! Não foi muito inteligente da parte dele. A propósito, sr. Cade, vi uma ou duas vezes aquele francês estranho rondando o parque.

– Está tudo muito confuso – confessou Anthony. – Estive fora, numa busca infrutífera. Fui um idiota. Olhe, na minha opinião, a questão toda resume-se a: os homens encontraram o que estavam procurando ontem à noite?

– Suponhamos que não – disse Virginia. – Aliás, tenho quase certeza de que eles não encontraram.

– Então. Nesse caso, eles devem voltar. Já sabem, ou logo saberão, que Battle está em Londres. Correrão o risco e voltarão hoje à noite.

– Você acha?

– É uma possibilidade. Agora, nós três formaremos um pequeno sindicato. Eversleigh e eu nos esconderemos na Sala do Conselho, tomando as devidas precauções...

– E eu? – interrompeu Virginia. – Não pensem que vão me deixar fora disso.

– Olhe, Virginia – disse Bill –, isso é trabalho de homem...

– Não seja idiota, Bill. Estou dentro, fique sabendo. O sindicato montará guarda hoje à noite.

Ficou resolvido assim, e os detalhes do plano foram combinados. Depois de se retirar para a cama, cada membro do grupo, um após o outro, desceu furtivamente, munido de poderosa lanterna, e Anthony ainda trazia um revólver no bolso do casaco.

Anthony dissera que fariam nova tentativa para dar prosseguimento à busca. Não esperava, contudo, que essa tentativa partisse do lado de fora. Acreditava que Virginia estivesse certa ao julgar que alguém, na noite anterior, passara por ela no escuro. Por isso, escondido na sombra de um velho armário de carvalho, era em direção à porta, e não à janela, que Anthony olhava. Virginia estava agachada atrás de uma armadura na parede oposta, e Bill estava na janela.

Os minutos se passavam com interminável lentidão. O relógio deu uma hora, depois uma e meia, duas, duas e meia. Anthony, enrijecido e com cãibras, foi chegando à conclusão de que se enganara. Nenhuma tentativa seria feita essa noite.

Nesse momento, retesou-se, com todos os sentidos em alerta. Ouvira passos no terraço. Silêncio novamente, e depois um leve rangido na janela. De repente o barulho parou, e a janela abriu-se. Um homem saltou o peitoril e entrou na sala. Ficou imóvel por um instante, perscrutando ao redor como se procurasse ouvir. Depois de um ou dois minutos, aparentemente satisfeito, acendeu uma lanterna e iluminou todos os cantos da sala. Não viu nada fora do normal. Os três observadores prendiam a respiração.

O assaltante encaminhou-se para o mesmo local do madeiramento que examinara na noite anterior.

E, então, Bill fez uma terrível constatação: ele ia espirrar! A corrida desenfreada pelo parque úmido o deixara resfriado. Espirrara o dia inteiro. Agora sentia vontade de espirrar de novo, e nada seria capaz de mudar essa realidade.

Bill lançou mão de todos os recursos que lhe vieram à cabeça. Comprimiu o lábio de cima, engoliu com força, inclinou a cabeça para trás, olhando para o teto. Ainda segurou o nariz, fechando as narinas. Tudo inútil. Espirrou.

Foi um espirro fraco, abafado, mas que produziu um grande barulho no silêncio mortal do ambiente.

O estranho virou-se, e no mesmo instante Anthony entrou em ação. Acendeu a lanterna e pulou em cima do bandido. No momento seguinte, os dois já estavam no chão, atracados.

– Luz! – gritou Anthony.

Virginia foi rápida. Desta vez, a luz funcionou. Anthony estava em cima do homem. Bill abaixou-se para ajudá-lo.

– E agora – disse Anthony –, vamos ver quem você é, meu caro.

Virou a vítima. Era o desconhecido de barba preta, que estava hospedado na Cricketers.

– Muito bem – disse uma voz, em tom de aprovação.

Os três olharam espantados. A vultosa figura do superintendente Battle estava postada no batente da porta.

– Achei que o senhor estivesse em Londres, superintendente Battle – disse Anthony.

– Achou? – perguntou Battle, com um brilho de prazer nos olhos. – Bem, julguei que seria bom pensarem que eu estivesse lá.

– E foi – concordou Anthony, olhando para o inimigo prostrado.

Para sua surpresa, flagrou um ligeiro sorriso no rosto do desconhecido.

– Posso me levantar, cavalheiros? – perguntou. – São três contra um.

Anthony ajudou-o a levantar-se. O homem ajeitou o paletó, arrumou o colarinho e encarou Battle.

– Peço perdão – disse –, mas suponho que o senhor seja um representante da Scotland Yard.

– Exatamente – confirmou Battle.

– Então lhe apresentarei minhas credenciais – sorriu, vencido. – Teria sido mais sensato apresentar antes.

Tirou alguns papéis do bolso e entregou-os para o detetive. Ao mesmo tempo, virou a lapela do paletó e mostrou algo espetado ali.

Battle soltou uma exclamação de espanto. Verificou os papéis e devolveu-os com uma ligeira reverência.

– Lamento que tenha sido tratado dessa forma, monsieur – disse o superintendente Battle –, mas a culpa foi sua.

Sorriu ao perceber a expressão atônita no rosto dos outros.

– Este é um colega que estamos esperando há algum tempo – explicou. – Monsieur Lemoine, da Sûreté de Paris.

Capítulo 19

História secreta

Todos encararam o detetive francês, que sorriu.

– Sim, é verdade – disse.

Houve uma pausa, para uma reorganização geral de ideias.

– Sabe o que eu acho, superintendente Battle? – disse Virginia.

– O quê, sra. Revel?

– Que chegou o momento de esclarecer algumas coisas.

– Esclarecer? Não entendo, sra. Revel.

– Superintendente Battle, o senhor entende perfeitamente. Imagino que o sr. Lomax o tenha cercado de recomendações de sigilo. Típico de George. Mas é melhor o senhor nos contar do que deixar que nós descubramos o segredo sozinhos e façamos besteira. Monsieur Lemoine, o senhor não concorda comigo?

– Concordo inteiramente, madame.

– Não se pode manter as coisas ocultas para sempre – disse Battle. – Falei para o sr. Lomax. O sr. Eversleigh é o secretário do sr. Lomax. Não vejo objeções em que ela saiba o que há para saber. Quanto ao sr. Cade, ele está envolvido na história, querendo ou não, e considero que ele tem direito de saber onde está pisando. Mas...

Battle fez uma pausa.

– Já sei – disse Virginia. – As mulheres são indiscretas demais! George costuma dizer isso.

Lemoine, que estivera observando Virginia atentamente, virou-se para o homem da Scotland Yard.

– O senhor chamou a madame de Revel?

– É o meu sobrenome – respondeu Virginia.

– Seu marido pertenceu ao serviço diplomático, não? E a senhora esteve com ele na Herzoslováquia um pouco antes do assassinato do rei e da rainha.

– Sim.

Lemoine virou-se novamente.

– Acho que a madame tem o direito de ouvir a história. Ela está indiretamente envolvida. Além disso – acrescentou, com um leve brilho nos olhos –, a reputação da madame em termos de discrição é bastante alta nos círculos diplomáticos.

– Fico feliz que me vejam assim – disse Virginia rindo. – E que eu não seja excluída.

– Que tal alguma coisa para beber ou comer? – propôs Anthony. – Onde será a reunião? Aqui?

– Sim, por favor – respondeu Battle. – Pretendo ficar nesta sala até de manhã. Entenderão por que quando ouvirem a história.

– Então vou lá pegar comida – disse Anthony.

Bill foi com ele. Voltaram com uma bandeja cheia de copos, água com gás e outras coisas básicas.

O sindicato ampliado instalou-se confortavelmente no canto perto da janela, agrupando-se ao redor de uma longa mesa de carvalho.

– É óbvio, claro – disse Battle –, que tudo o que dissermos aqui deverá ser mantido em absoluto sigilo. Sempre senti que isso viria à tona qualquer dia desses. Cavalheiros como o sr. Lomax, que desejam conservar tudo em segredo, correm mais riscos do que imaginam. Tudo começou há sete anos. Na época, havia muito do que eles chamam de "reconstrução", sobretudo no Oriente Próximo. Acontecia também na Inglaterra, em surdina, e quem comandava tudo era aquele senhor, o conde Stylptitch. Todos os países balcânicos estavam interessados, e havia muitos personagens da realeza na ocasião. Não vou entrar em detalhes, mas algo desapareceu, e desapareceu de maneira tão inacreditável que só se podia deduzir duas coisas: que o ladrão era da realeza e que o trabalho havia sido realizado por um profissional do mais alto nível. O monsieur Lemoine lhes contará como isso é possível.

O francês curvou-se, de modo cortês, e tomou a palavra.

– Talvez aqui na Inglaterra vocês nunca tenham ouvido falar do nosso famoso e fantástico rei Victor. Seu verdadeiro nome ninguém sabe, mas ele é um sujeito de coragem e ousadia singulares, fala cinco idiomas e é imbatível na arte do disfarce. Embora se saiba que o pai era inglês ou irlandês, ele atuou principalmente em Paris. Foi lá que, há quase oito anos, ele realizou uma série de assaltos, vivendo com o nome de capitão O'Neill.

Virginia deixou escapar uma interjeição de surpresa. Monsieur Lemoine lançou um olhar para ela.

– Acho que sei o que sobressalta a madame. Vocês entenderão em breve. Nós, da Sûreté, suspeitávamos que esse capitão O'Neill fosse nada mais nada menos do que o "rei Victor", mas não tínhamos as provas necessárias. Havia em Paris também na época, no Folies Bergères, uma jovem atriz, muito safa. Por um tempo, suspeitamos de que ela estivesse envolvida nas operações do rei Victor. Mas, novamente, não tínhamos como provar nada. Mais ou menos nessa época, Paris estava se preparando para a visita do jovem rei da Herzoslováquia, Nicholas IV. Na Sûreté, recebemos instruções especiais quanto ao método a ser adotado para garantir a segurança de Sua Majestade. Fomos avisados para vigiar as atividades de certa organização revolucionária que se intitulava

Camaradas da Mão Vermelha. Segundo consta, os Camaradas abordaram Angèle Mory, oferecendo-lhe uma boa quantia em dinheiro se ela colaborasse com eles. Seu papel era seduzir o jovem rei e atraí-lo para um lugar previamente combinado. Angèle Mory aceitou o suborno e prometeu fazer a sua parte. Mas a moça era mais esperta e ambiciosa do que imaginavam aqueles que a contrataram. Conseguiu conquistar o rei, que se apaixonou cegamente por ela, enchendo-a de joias. Foi então que ela teve a ideia de se tornar não a amante do rei, mas a rainha! Como todo mundo sabe, ela concretizou a ideia. Foi apresentada na Herzoslováquia como a condessa Varaga Popoleffsky, descendente indireta dos Romanoff, e veio a se tornar a rainha Varaga da Herzoslováquia. Nada mau para uma pequena atriz parisiense! Sempre ouvi dizer que ela desempenhou o papel extremamente bem. Mas seu triunfo não durou muito tempo. Os Camaradas da Mão Vermelha, furiosos com a traição, atentaram duas vezes contra sua vida. No fim, levaram o país a um estado tão crítico que estourou uma revolução, e o rei e a rainha morreram. Os corpos, terrivelmente mutilados e quase irreconhecíveis, atestavam a fúria do povo contra uma rainha estrangeira de origem humilde. Mas, em tudo isso, a rainha Varaga, ao que tudo indica, continuava a manter contato com seu cúmplice, o rei Victor. É possível que o ousado plano tivesse partido dele. Sabe-se que, da corte da Herzoslováquia, ela continuava a se corresponder com ele num código secreto. Por questão de segurança, as cartas eram escritas em inglês e assinadas com o nome de uma senhora inglesa que trabalhava na embaixada. Se tivessem aberto um inquérito e a senhora em questão negasse a assinatura, é possível que não acreditassem nela, pois as cartas eram de uma mulher culpada para seu amante. Foi seu nome que ele usou, sra. Revel.

– Eu sei – disse Virginia. Sua cor ia e voltava, de maneira irregular. – Então essa é a verdade das cartas! Pensei muito e não consegui descobrir.

– Que truque vil! – exclamou o sr. Eversleigh indignado.

– As cartas eram endereçadas à residência do capitão O'Neill, em Paris, e seu principal propósito pode ser esclarecido por um curioso fato que veio à luz mais tarde. Depois do assassinato do rei e da rainha, grande parte das joias que caíram nas mãos da máfia, evidentemente, veio a ser encontrada em Paris, e descobriu-se que noventa por cento das pedras foram substituídas por pedras falsas. E, diga-se de passagem, havia algumas pedras muito famosas entre as joias da Herzoslováquia. Ou seja, mesmo rainha, Angèle Mory continuava exercendo suas atividades anteriores. Vejam agora aonde chegamos. Nicholas IV e a rainha Varaga vieram à Inglaterra como convidados do falecido marquês de Caterham, ministro das Relações Exteriores na época. A Herzoslováquia é um país pequeno, mas não podia ser ignorado. A rainha Varaga foi condignamente recebida. E aí temos uma personagem da realeza e, ao mesmo tempo, uma ladra experiente. Não restam dúvidas de que a joia falsa, tão perfeita que enganaria qualquer leigo, foi idealizada pelo rei Victor. Aliás, todo o plano, em sua audácia, apontava-o como o autor.

– O que aconteceu? – perguntou Virginia.

– O caso foi abafado – respondeu o superintendente Battle, de modo lacônico. – Até hoje nunca se fez menção pública disso. Fizemos todo o possível, em segredo. E, diga-se de passagem, foi muito mais do que vocês possam imaginar. Temos métodos próprios que surpreenderiam qualquer um. O que posso lhes dizer é que essa joia não saiu da Inglaterra com a rainha da Herzoslováquia. Não. Sua Majestade a escondeu em algum lugar, que até hoje não conseguimos descobrir. Mas eu não me espantaria – disse o superintendente Battle, olhando em volta – que ela estivesse aqui nesta sala.

Anthony levantou-se de repente.

– O quê? Depois de todos esses anos? – exclamou incrédulo. – Impossível.

– O senhor desconhece a circunstâncias peculiares, monsieur – disse o francês, rapidamente. – Apenas quinze dias depois, estourou a revolução na Herzoslováquia, e o rei e a rainha foram assassinados. Além disso, o capitão O'Neill foi preso em Paris e condenado a uma pena leve. Esperávamos encontrar o pacote de cartas codificadas em sua residência, mas parece que ele foi roubado por algum intermediário herzoslovaco. O homem esteve na Herzoslováquia um pouco antes da revolução e sumiu.

– Deve ter ido para o exterior – disse Anthony, pensativo. – Provavelmente para a África. E não devia se separar do pacote de cartas, que era como uma mina de ouro para ele. É curioso como as coisas acontecem. Parece que ele era chamado de Pedro Holandês, algo assim.

Percebeu o olhar impassível do superintendente Battle e sorriu.

– Por mais que pareça, não é clarividência, Battle – disse.

– Uma coisa não foi explicada – disse Virginia. – O que essa história toda tem a ver com as memórias? Deve haver alguma relação.

– A madame é muito sagaz – elogiou Lemoine. – Sim, há uma relação. O conde Stylptitch também estava hospedado em Chimneys na ocasião.

– Ou seja, talvez ele estivesse sabendo de tudo.

— *Parfaitement*.

— E, naturalmente — disse Battle —, se ele deixasse escapar algum segredo em suas preciosas memórias, a coisa ia pegar fogo. Sobretudo em vista de como o caso todo tinha sido abafado.

Anthony acendeu um cigarro.

— Não existe nenhuma indicação nas memórias quanto ao lugar em que a pedra foi escondida? — perguntou.

— É muito pouco provável que exista — afirmou Battle. — Ele não se dava muito bem com a rainha. Opôs-se terminantemente ao casamento. Dificilmente ela confiaria nele.

— Eu não me referia a isso — disse Anthony. — Mas, de qualquer maneira, ele era muito vivo. Mesmo sem ela saber, ele pode ter descoberto onde ela havia escondido a joia. Neste caso, o que o senhor acha que ele teria feito?

— Esperado — disse Battle, após um momento de reflexão.

— Concordo — disse o francês. — O momento era delicado. Devolver a pedra anonimamente teria apresentado enormes dificuldades. Além disso, saber onde ela estava escondida lhe dava grande poder. E o velho adorava poder. Tinha não só a rainha na palma da mão, como também uma poderosa arma de negociação. E não era o único segredo que guardava. Não mesmo! Ele colecionava segredos como algumas pessoas colecionam peças raras de porcelana. Contam que, uma ou duas vezes antes de morrer, ele se vangloriou das coisas que poderia noticiar se lhe desse na veneta. E, pelo menos uma vez, declarou que pretendia fazer algumas revelações bombásticas em suas memórias. Daí — disse o francês sorrindo de maneira seca — a ansiedade geral para tê-las nas mãos. Nossa própria polícia secreta estava atrás delas, mas o conde tomou a devida precaução de remetê-las ao exterior antes de sua morte.

— Mesmo assim, não há motivo para acreditar que ele tivesse conhecimento desse segredo específico — ponderou Battle.

— Perdão – disse Anthony tranquilamente. — Baseio-me em suas próprias palavras.

— Como assim?

Os dois detetives o encararam, como se não acreditassem no que estavam ouvindo.

— Quando o sr. McGrath me entregou o manuscrito a fim de que eu o trouxesse para a Inglaterra, ele me contou as circunstâncias de seu encontro com o conde Stylptitch. Foi em Paris. Correndo um risco considerável. O sr. McGrath salvou o conde de um bando de malfeitores. O conde estava, digamos... um pouco "alegre", e, nessas condições, fez duas observações bem interessantes. Uma delas é que ele sabia onde estava o Koh-i-noor, declaração à qual meu amigo deu pouca atenção. Além disso, o conde afirmou que a quadrilha em questão era formada por homens vinculados ao rei Victor. Em conjunto, as duas observações são bastante significativas.

— Meu Deus! – exclamou o superintendente Battle. — São mesmo! Até o assassinato do príncipe Michael assume outro aspecto.

— O rei Victor nunca matou ninguém – lembrou-lhe o francês.

— Suponhamos que ele tenha sido surpreendido quando procurava a joia.

— Então ele está na Inglaterra? – perguntou Anthony bruscamente. — O senhor disse que ele foi solto há alguns meses. Vocês não o seguiram?

– Nós tentamos, monsieur – disse o francês sorrindo sem graça. – Mas o homem é um demônio. Escapou-nos imediatamente. Imediatamente. Achamos, claro, que ele fosse vir direto para a Inglaterra. Mas não. Ele foi... Para onde o senhor acha que ele foi?

– Para onde? – perguntou Anthony.

Olhava fixamente para o francês, tamborilando, distraído, numa caixa de fósforos.

– Para a América. Para os Estados Unidos.

– O quê?

Anthony ficou surpreso.

– Sim. E como o senhor acha que ele se chamava lá? Que papel acha que ele representou? O papel de príncipe Nicholas da Herzoslováquia.

A caixa de fósforos caiu das mãos de Anthony. Seu espanto, contudo, era comparável ao de Battle.

– Impossível!

– Nem tanto, meu caro. O senhor verá as notícias amanhã de manhã. Foi um enorme blefe. Como sabe, correu o boato de que o príncipe Nicholas havia morrido no Congo há alguns anos. Nosso amigo, o rei Victor, aproveita-se disso, em vista da dificuldade de se provar uma morte dessa natureza. Ressuscita o príncipe Nicholas e maneja-o de tal forma que consegue fugir com uma boa quantidade de dólares, tudo por conta de supostas concessões de petróleo. Mas, por mero acaso, o "príncipe" é desmascarado e obrigado a abandonar o país às pressas. Dessa vez ele vai para a Inglaterra. E é por isso que aqui estou. Mais cedo ou mais tarde ele virá a Chimneys. Isto é, se já não estiver aqui.

– O senhor acha?

– Acho que ele esteve aqui na noite em que o príncipe Michael morreu, e ontem à noite de novo.

– Foi outra tentativa, não? – perguntou Battle.

– Sim, foi outra tentativa.

– O que estava me preocupando – continuou Battle – era não saber o que tinha acontecido com o monsieur Lemoine. Recebi aviso de Paris de que ele estava vindo trabalhar comigo, e não entendia por que ele não havia aparecido.

– Preciso pedir desculpas – disse Lemoine. – Cheguei na manhã após o assassinato. Ocorreu-me que seria melhor estudar as coisas de um ponto de vista não oficial, sem aparecer oficialmente como seu colega. Achei que haveria grandes possibilidades nesse sentido. Estava ciente, é claro, de que poderia me tornar objeto de suspeita, mas isso, de certo modo, convinha aos meus planos, já que não despertaria desconfiança nas pessoas que eu estava procurando. Posso lhes dizer que vi um monte de coisas interessantes nesses dois últimos dias.

– Mas, olhe aqui – disse Bill –, o que realmente aconteceu ontem à noite?

– Receio que o tenha submetido a um exercício um pouco puxado – respondeu Lemoine.

– Então foi o senhor que eu persegui?

– Sim. Contarei como foi. Vim aqui para investigar, convencido de que o segredo tinha a ver com esta sala, uma vez que o príncipe foi morto aqui. Fiquei do lado de fora, no terraço. Percebi, então, um movimento dentro da sala e uma luz de lanterna. Tentei a janela do meio, e ela estava destrancada. Não sei se o homem tinha entrado por ali mais cedo ou a deixara destrancada para ter uma saída caso fosse surpreendido. Com muito cuidado, abri a janela e entrei. Pé ante pé, procurei um lugar onde pudesse observar as coisas sem a chance de ser descoberto. O sujeito em si eu não conseguia ver direito. Ele estava de costas para mim, claro, e contra a luz da lanterna só dava para ver sua silhueta, mas seus movimentos me deixaram perplexo. Ele desmontava as armaduras, examinando peça por peça. Quando chegou à conclusão de que não encontraria o que estava procurando, começou a examinar o madeiramento da parede, embaixo daquele quadro. O que ele teria feito em seguida, não sei. Interromperam-no. *O senhor* entrou em cena – olhou para Bill.

– Nossa interferência, por mais bem-intencionada que tenha sido, acabou atrapalhando – disse Virginia, pensativa.

– De certa forma, sim, madame. O homem apagou a lanterna, e eu, que não queria ser obrigado a revelar minha identidade, corri para a janela. Esbarrei com os outros dois no escuro e caí. Levantei-me e saí por ali mesmo. O sr. Eversleigh, achando que eu fosse o assaltante, veio atrás de mim.

– Eu fui primeiro – disse Virginia. – Bill veio depois.

– E o outro sujeito teve a sagacidade de ficar imóvel e depois sair furtivamente pela porta. Não sei como ele não se encontrou com o pessoal que veio ajudar.

– Muito simples – disse Lemoine. – Bastava fingir que tinha vindo prestar auxílio antes de todo mundo.

– O senhor acha mesmo que esse Arsène Lupin esteja entre os moradores da casa agora? – perguntou Bill, com brilho nos olhos.

– Por que não? – disse Lemoine. – Poderia perfeitamente se fazer passar por um criado. Ao que tudo indica, talvez seja Boris Anchoukoff, o fiel servo do finado príncipe Michael.

– O sujeito é meio estranho mesmo – concordou Bill.

Mas Anthony estava sorrindo.

– Isso não é muito digno do senhor, monsieur Lemoine – disse delicadamente.

O francês também sorriu.

– O senhor agora o tomou como seu criado, não, sr. Cade? – perguntou o superintendente Battle.

– Battle, tiro-lhe o meu chapéu. O senhor sabe tudo. Mas, só para esclarecer, foi ele que me procurou, não eu.

– E por que isso?

– Não sei – respondeu Anthony, despreocupadamente. – É um gosto questionável, admito, mas talvez ele tenha simpatizado comigo. Ou talvez ache que assassinei seu amo e queira colocar-se numa posição estratégica para se vingar de mim.

Levantou-se, foi até as janelas e abriu as cortinas.

– Já está amanhecendo – disse. – Não haverá mais nenhuma emoção agora.

Lemoine levantou-se também.

– Estou indo – disse. – Talvez nos encontremos mais tarde, ao longo do dia.

Curvou-se reverentemente para Virginia e saiu pela janela.

– Cama – disse Virginia, bocejando. – Foi tudo ótimo. Vamos, Bill, vá para a cama como um bom menino. Acho que ninguém aqui vai tomar café da manhã hoje.

Anthony ficou na janela, observando monsieur Lemoine se afastar.

– O senhor não diria – disse Battle atrás dele –, mas esse homem é considerado o detetive mais inteligente da França.

– Não sei se não diria – falou Anthony pensativo. – Acho que diria, sim.

– Bem – continuou Battle –, o senhor tinha razão: terminaram as emoções desta noite. A propósito, lembra que lhe contei sobre aquele homem baleado que encontraram perto de Staines?

– Sim. Por quê?

– Nada. Identificaram o corpo. Parece que se chamava Giuseppe Manelli. Trabalhava como garçom no Blitz, em Londres. Curioso, não?

Capítulo 20

Battle e Anthony confabulam

Anthony não disse nada. Ficou olhando fixo pela janela. O superintendente Battle fitou suas costas imóveis por um tempo.

— Bem. Boa noite, senhor — disse por fim, encaminhando-se para a porta.

Anthony virou-se.

— Espere um minuto, Battle.

O superintendente parou obedientemente. Anthony afastou-se da janela. Tirou um cigarro da cigarreira e acendeu-o. Então, entre duas baforadas, disse:

— O senhor parece muito interessado nesse caso de Staines.

— Não. É apenas fora do comum.

— O senhor acha que o homem levou o tiro no lugar onde foi encontrado ou acha que o mataram em algum outro lugar e o levaram para lá?

— Acho que ele foi morto em algum outro lugar e transportado para o local de carro.

— Também acho — disse Anthony.

Algo na ênfase de seu tom fez com que o detetive o encarasse, intrigado.

— Tem alguma ideia a respeito? Sabe quem o levou para lá?

— Sim. Eu — respondeu Anthony.

Ficou um pouco decepcionado com a absoluta calma do outro.

— Devo dizer que recebe muito bem esses choques, Battle — observou.

– "Nunca demonstrar emoções." Foi uma regra que me ensinaram uma vez e que me pareceu muito útil.

– Vê-se que o senhor aprendeu – disse Anthony. – Acho que nunca o vi perturbado. Bem, quer ouvir a história toda?

– Por favor, sr. Cade.

Anthony puxou duas cadeiras, os dois se sentaram e ele narrou os acontecimentos da noite da quinta-feira anterior.

Battle ouvia impassível. Havia certo brilho em seu olhar quando Anthony terminou.

– Um dia desses o senhor acabará se metendo em encrenca – disse o superintendente.

– Quer dizer que, pela segunda vez, não serei preso?

– Gostamos de dar bastante corda ao indivíduo – disse o superintendente Battle.

– Muito bem colocado – comentou Anthony. – Sem dar excessiva ênfase à parte final do provérbio.

– O que não consigo entender – disse Battle – é por que o senhor decidiu abordar este assunto agora.

– É um pouco difícil de explicar – disse Anthony. – Sabe, Battle, tenho uma opinião muito boa em relação à sua capacidade profissional. O senhor sempre está presente na hora certa. Veja esta noite. Ocorreu-me que, se eu lhe ocultasse essa informação, estaria dificultando seriamente seu trabalho. O senhor merece ter acesso a todos os fatos. Fiz o que pude, e até agora só criei confusão. Até esta noite, eu não podia falar, pelo bem da sra. Revel. Mas agora que ficou definitivamente provado que aquelas cartas não têm nada a ver com ela, qualquer insinuação de cumplicidade sua se torna absurda. Talvez eu tenha lhe dado um mau conselho, mas achei que uma confissão de sua parte, afirmando ter pagado para suprimir as cartas por mero capricho, seria difícil de acreditar.

– Talvez, no caso de um júri – concordou Battle. – As pessoas de um júri não têm muita imaginação.

– Mas o senhor aceita isso facilmente? – perguntou Anthony fitando-o com curiosidade.

– Veja bem, sr. Cade, a maior parte do meu trabalho é realizada em meio a essa gente. A chamada "classe alta", quero dizer. A maioria das pessoas vive preocupada com o que os outros vão pensar. Mas os vagabundos e os aristocratas não dão importância a isso. Fazem a primeira coisa que lhes vem à cabeça e não querem nem saber o que os outros vão dizer. Não me refiro somente aos ricos ociosos, aos que dão grandes festas etc. Refiro-me também àqueles que nascem e crescem ouvindo que a única opinião que importa é a própria. Sempre encontrei o mesmo nas classes altas: pessoas destemidas, sinceras e, às vezes, extremamente tolas.

– Um discurso muito interessante, Battle. Algum dia o senhor pode escrever suas memórias também. Darão um bom livro.

O detetive recebeu a sugestão com um sorriso, mas não disse nada.

– Gostaria de lhe fazer uma pergunta – continuou Anthony. – O senhor desconfiava de mim em relação a esse caso de Staines? Pelo seu jeito, imaginei que sim.

– Desconfiava, mas não tinha nenhuma pista contundente. A propósito, o senhor se comportou muito bem. Nunca exagerou na despreocupação.

– Fico feliz em saber – disse Anthony. – Tive a impressão, desde que o encontrei, de que o senhor vinha armando pequenas armadilhas para mim. No geral, consegui contorná-las, mas a pressão foi forte.

Battle sorriu, com malícia.

– É assim que se pega um trapaceiro. Damos-lhe corda, deixamos que ele se mova à vontade, e, no fim, ele acaba se entregando.

– O senhor é um sujeito alegre, Battle. Quando me pegará?

– Bastante corda, senhor – citou o superintendente –, bastante corda.

– E nesse meio-tempo – disse Anthony –, continuo sendo o assistente amador?

– Exatamente.

– Watson trabalhando para Sherlock.

– As histórias policiais são conversa fiada – disse Battle com indiferença. – Mas agradam as pessoas – acrescentou depois de pensar melhor. – E são úteis às vezes.

– Em que sentido? – quis saber Anthony.

– Reforçam a ideia universal de que a polícia é estúpida. Quando temos um crime de amador, como um assassinato, isso é realmente muito útil.

Anthony fitou-o em silêncio por um tempo. Battle permaneceu sentado, imóvel, piscando os olhos, sem nenhuma expressão no rosto plácido. Levantou-se em seguida.

– Não adianta muito ir dormir agora – disse. – Assim que ele se levantar, gostaria de trocar uma palavrinha com lorde Caterham. Quem quiser sair da casa pode sair agora. Mas eu me sentiria muito grato se Sua Excelência fizesse um convite formal aos hóspedes para que permanecessem aqui. O senhor aceitará, eu lhe peço, e a sra. Revel também.

– Já encontrou o revólver? – perguntou Anthony de repente.

– O revólver que usaram para matar o príncipe Michael? Não, não encontrei. Mas deve estar na casa ou nos arredores. Com base na sua pergunta, mandarei alguns rapazes procurarem. Se eu conseguir encontrar o revólver, será realmente um grande avanço. O revólver e o pacote de cartas. O senhor disse que havia uma carta endereçada a "Chimneys", não? Tudo depende se essa foi a última escrita. As instruções para encontrar o diamante estão em código nessa carta.

– Qual sua teoria em relação à morte de Giuseppe? – perguntou Anthony.

– Eu diria que ele era um ladrão comum, e que foi contratado pelo rei Victor ou pelos Camaradas da Mão Vermelha. Aliás, não me surpreenderia nada se os Camaradas e o rei Victor estivessem trabalhando juntos. A organização tem muito poder e dinheiro, mas carece de pensamento estratégico. A missão de Giuseppe era roubar as memórias. Eles não tinham como saber que o senhor estava com as cartas. A propósito, é uma estranha coincidência.

– Eu sei – disse Anthony. – É incrível quando pensamos nisso.

– Giuseppe, em vez das memórias, pega as cartas. No início, fica arrasado. Depois, vê o recorte de jornal e tem a brilhante ideia de utilizá-las para chantagear a moça. Obviamente, não tem a mínima ideia de seu verdadeiro significado. Os Camaradas descobrem o que ele está fazendo e, sentindo-se traídos, decretam sua morte. Eles adoram executar traidores. Algum elemento pitoresco os atrai. O que não consigo entender direito é o revólver com o nome "Virginia" gravado. É demasiado requinte para os Camaradas da Mão Vermelha. Via de regra, eles imprimem o sinal da Mão Vermelha, de modo a infundir terror em outros possíveis traidores. Não. Isso me parece mais coisa do rei Victor. Mas não sei que motivo ele teria. Dá a impressão de ser uma tentativa deliberada de incriminar a sra. Revel, mas aparentemente não há nenhuma razão para isso.

– Eu tinha uma teoria – disse Anthony. – Mas não funcionou como eu imaginava.

Anthony contou a Battle que Virginia havia reconhecido Michael. Battle assentiu com a cabeça.

– Sim, não há dúvidas quanto à sua identidade. A propósito, aquele velho barão tem uma ótima visão do senhor. Chega a se entusiasmar falando a seu respeito.

– É muita bondade dele – disse Anthony. – Sobretudo depois que eu lhe disse que pretendia fazer o máximo para recuperar as memórias roubadas até a próxima quarta-feira.

– O senhor terá de penar para conseguir – disse Battle.

– Sim. O senhor acha? As cartas devem estar com o rei Victor e seus comparsas.

Battle concordou.

– Roubaram-nas de Giuseppe aquele dia na Pont Street. Um serviço muito bem executado. Sim, as cartas já estão com eles. Já foram decifradas, e agora eles sabem onde procurar.

Os dois homens estavam saindo da sala.

– Aqui? – perguntou Anthony virando a cabeça para trás.

– Exatamente. Aqui. Mas ainda não encontraram o que procuravam e correrão um bom risco tentando encontrar.

– Suponho que o senhor tenha algum plano nessa sua cabeça cheia de sutilezas.

Battle não disse nada. Parecia especialmente fleumático e estulto. Piscou o olho, lentamente.

– Quer minha ajuda? – perguntou Anthony.

– Quero. E vou precisar de mais uma pessoa.

– De quem?

– Da sra. Revel. Não sei se o senhor percebeu, sr. Cade, mas ela tem um jeito bastante sedutor.

– Percebi, sim – disse Anthony.

Consultou o relógio.

– Acho que concordo com o senhor quanto à ideia de ir para a cama agora, Battle. Um mergulho no lago e um farto café da manhã serão bem mais proveitosos agora.

Subiu alegremente a escada em direção ao quarto. Assobiando, despiu-se, pegou um roupão e uma toalha de banho.

Nesse momento, parou estarrecido diante da penteadeira, olhando fixo para um objeto que repousava modestamente em frente ao espelho.

Por um tempo, não conseguiu acreditar em seus olhos. Pegou o objeto, examinou-o com cuidado. Sim, não havia dúvida.

Era o pacote de cartas com a assinatura de Virginia. Estava intacto. Não faltava nenhuma carta.

Anthony caiu numa cadeira, com as cartas na mão.

– Meus miolos devem estar estourando – murmurou. – Não entendo quase nada do que está acontecendo nesta casa. Por que essas cartas reapareceram como um maldito passe de mágica? Quem será que as colocou aí? Para quê?

Não encontrou resposta satisfatória para perguntas tão pertinentes.

Capítulo 21

A maleta do sr. Isaacstein

Às dez horas dessa mesma manhã, lorde Caterham e a filha tomavam café da manhã. Bundle parecia muito pensativa.

– Pai – disse depois de um tempo.

Lorde Caterham, distraído na leitura do *The Times*, não respondeu.

– Pai – repetiu Bundle com mais força.

Lorde Caterham, interrompendo a leitura da próxima venda de livros raros, ergueu o olhar.

– Hã? – fez ele. – Você falou alguma coisa?

– Sim. Quem já tomou café da manhã?

Indicou com a cabeça o lugar que havia sido recentemente ocupado. Os outros ainda estavam à espera.

– Como é mesmo o nome dele?

– Iky, o gorducho?

Bundle e o pai tinham afinidade suficiente para entender esse tipo de observação.

– Exatamente.

– Foi impressão minha ou você estava conversando com o detetive hoje mais cedo?

Lorde Caterham suspirou.

– Sim. Ele me segurou no corredor. Para mim, as horas anteriores ao café da manhã deveriam ser sagradas. Vou precisar viajar para fora. A tensão que eu sinto...

Bundle interrompeu-o sem cerimônia.

– O que ele disse?

– Disse que quem quisesse podia ir embora.

– Ótimo. Era o que você estava esperando.

– Sim. Mas ele não falou só isso. Disse que gostaria que eu pedisse a todo mundo para ficar.

– Não entendo – disse Bundle franzindo o cenho.

– Confuso e contraditório – resmungou lorde Caterham. – E, ainda por cima, antes do café da manhã.

– O que você disse?

– Ah, eu concordei, claro. Não adianta discutir com essa gente. Principalmente antes do café da manhã – continuou lorde Caterham, insistindo nessa tecla.

– Com quem você já falou?

– Com Cade. Ele se levantou muito cedo hoje de manhã. Ele vai ficar. Não me importo. Não o entendo muito bem, mas gosto dele. Gosto bastante dele.

– Assim como Virginia – disse Bundle, fazendo com o garfo um desenho na mesa.

– Hã?

– Assim como eu. Mas isso não importa.

– E falei com Isaacstein – prosseguiu lorde Caterham.

– E ele?

– Bem, felizmente ele precisa voltar à cidade. A propósito, não se esqueça de pedir o carro para as 10h50.

– Tudo bem.

– Se eu pudesse me livrar de Fish também... – disse lorde Caterham, mais animado.

– Pensei que você gostasse de conversar com ele sobre seus livros velhos e mofados.

– Eu gosto, eu gosto. Na verdade, gostava. É monótono quando só um dos dois fala. Fish é muito interessado, mas não emite opinião.

– Melhor do que ficar só ouvindo – disse Bundle. – Como acontece quando conversamos com George Lomax.

Lorde Caterham estremeceu à lembrança.

– George é muito bom em palanques – disse Bundle. – Eu mesma já o aplaudi, embora soubesse, claro, que era tudo papo-furado. Além disso, sou socialista...

– Eu sei, meu anjo, eu sei – disse lorde Caterham com pressa.

– Tudo bem. Não vou falar de política. É o que George faz: discurso público na vida privada. Isso deveria ser proibido por lei.

– Concordo plenamente – disse lorde Caterham.

– E Virginia? – perguntou Bundle. – Ela também será convidada a ficar?

– Battle disse todo mundo.

– E com firmeza! Você ainda não pediu a Virginia para ser minha madrasta?

– Acho que não adiantaria – disse lorde Caterham em tom de lamento. – Embora ela tenha me chamado de querido ontem à noite. Mas isso é o pior dessas jovens atraentes com disposições afetivas. Elas dizem um monte de coisa que não quer dizer nada.

– É – concordou Bundle. – Haveria muito mais esperanças se ela jogasse uma bota em você ou tentasse mordê-lo.

– Vocês, jovens modernos, têm umas ideias tão extravagantes sobre o amor! – exclamou lorde Caterham levemente irritado.

– Vem da leitura de *O sheik*, de Edith Maude Hull – disse Bundle. – Amor no deserto, violência etc.

– O que é *O sheik*? – perguntou lorde Caterham. – Um poema?

Bundle olhou para ele com pena. Levantou-se e lhe deu um beijo na cabeça.

– Meu velhinho querido – disse, saindo jovialmente.

Lorde Caterham voltou à página de anúncios.

Levou um susto quando foi abordado pelo sr. Hiram Fish, que havia entrado sem fazer barulho, como sempre.

– Bom dia, lorde Caterham.

– Ah, bom dia. Bom dia. Um belo dia.

– O tempo está maravilhoso – disse o sr. Fish.

Serviu-se de café. Para comer, pegou uma torrada.

– Soube que a interdição foi removida. É isso mesmo? – perguntou depois de um tempo. – Estamos todos livres para ir embora?

– Sim – respondeu lorde Caterham. – Na verdade, eu esperava, quer dizer, eu ficaria muito satisfeito – sua consciência o impeliu –, muito satisfeito se o senhor pudesse permanecer por mais algum tempo.

– Ora, lorde Caterham...

– Sei que foi uma estadia tenebrosa – interrompeu-o lorde Caterham. – Realmente. Não posso culpá-lo por querer ir embora.

– O senhor me interpreta mal, lorde Caterham. De fato, as circunstâncias não foram nada agradáveis, não há como negar. Mas a vida de campo da Inglaterra, como acontece nas mansões dos grandes, exerce sobre mim profunda atração. Estou interessado no estudo dessas condições. É algo que não temos nos Estados Unidos. Será um prazer aceitar seu amável convite. Conte comigo.

– Bem – disse lorde Caterham –, então é isso. O prazer é todo meu, meu caro. Todo meu.

Desculpando-se com maneiras falsamente joviais, lorde Caterham disse que precisava falar com seu administrador e escapou da sala.

No saguão, encontrou Virginia descendo a escada.

– Posso levá-la para tomar café da manhã? – perguntou ele docemente.

– Já tomei na cama, obrigada. Eu estava morrendo de sono hoje cedo.

Bocejou.

– Teve uma noite ruim?

– Não. Na verdade, até que foi uma noite bastante boa. Oh, lorde Caterham – passou a mão sob o braço dele, apertando-o de leve –, estou me divertindo muito. Você é um amor por ter me convidado para ficar.

– Você ficará um pouco então, não é? Battle desfez a interdição, mas faço questão de que você fique. Bundle também faz.

– É claro que eu vou ficar. Você é um doce por me convidar.

– Ah! – fez lorde Caterham suspirando.

– Qual a sua mágoa secreta? – perguntou Virginia. – Alguém o mordeu?

– Exatamente – disse lorde Caterham, com certa tristeza.

– Não sente vontade de jogar uma bota em mim? Não, estou vendo que não. Bem, não tem importância.

Lorde Caterham afastou-se, desconsolado, e Virginia saiu para o jardim por uma porta lateral.

Ficou lá por um tempo, respirando o ar fresco de outubro, que era infinitamente revigorante para alguém em seu estado de cansaço.

Sobressaltou-se ao ver o superintendente Battle a seu lado. O homem parecia ter a extraordinária capacidade de surgir do nada, sem aviso prévio.

– Bom dia, sra. Revel. Espero que não esteja cansada demais.

Virginia sacudiu a cabeça.

– Não. Foi uma noite muito emocionante – disse. – Valeu a pena perder algumas horas de sono. A única coisa é que agora o dia me parece um pouco monótono.

– Há um lugar agradável ali na sombra, embaixo daquele cedro – comentou o superintendente. – Quer que eu leve uma cadeira para a senhora?

– Se o senhor acha que é a melhor coisa que eu tenho a fazer... – disse Virginia, em tom solene.

– A senhora é muito rápida, sra. Revel. Na verdade, quero trocar umas palavras com a senhora.

Battle pegou uma longa cadeira de vime e levou-a para o gramado. Virginia seguiu-o com uma almofada debaixo do braço.

– Aquele terraço é um lugar muito perigoso – observou o detetive. – Isto é, para uma conversa particular.

– Estou ficando animada de novo, superintendente Battle.

– Ah, não é nada importante. – Tirou um grande relógio do bolso e verificou a hora. – São dez e meia. Daqui a dez minutos vou a Wyvern Abbey fazer um relatório para o sr. Lomax. Temos bastante tempo. Só queria saber se a senhora poderia me falar um pouco mais sobre o sr. Cade.

Virginia foi pega de surpresa.

– Sobre o sr. Cade?

– Sim. Quando o conheceu, há quanto tempo... Esse tipo de coisa.

Battle falava de maneira natural. Evitou até encarar Virginia, o que a deixou levemente constrangida.

– É mais difícil do que o senhor pensa – disse ela depois de um tempo. – Ele me prestou um grande serviço uma vez...

Battle interrompeu-a.

– Antes de a senhora continuar, sra. Revel, gostaria de lhe dizer uma coisa. Ontem à noite, depois que a senhora e o sr. Eversleigh foram se deitar, o sr. Cade me contou tudo a respeito das cartas e do homem que foi assassinado em sua casa.

– Contou? – perguntou Virginia, espantada.

– Sim. E foi muito prudente de sua parte, pois esclarece vários mal-entendidos. Só há uma coisa que ele não me disse: há quanto tempo conhecia a senhora. Mas eu tenho uma ideia a esse respeito. A senhora me dirá se estou certo ou errado. Acho que o dia em que ele foi à sua casa na Pont Street foi a primeira vez que a senhora o viu. Ah! Vejo que estou certo. Foi isso mesmo.

Virginia não disse nada. Pela primeira vez sentia medo do sujeito de rosto impassível à sua frente. Entendia agora o que Anthony quis dizer quando afirmou que o superintendente Battle não era nenhum néscio.

– Ele já lhe contou alguma vez sobre sua vida? – continuou o detetive. – Antes de ir para a África, digo. No Canadá. Ou, antes disso, no Sudão. Ou sobre a infância.

Virginia limitou-se a sacudir a cabeça.

– E, no entanto, aposto que ele tem coisas que merecem ser contadas. Está na cara. Dá para ver que ele teve uma vida cheia de aventuras. Ele poderia lhe contar histórias interessantíssimas, se quisesse.

– Se o senhor quer saber sobre o passado dele, por que não manda um telegrama para aquele seu amigo, o sr. McGrath? – perguntou Virginia.

– Já mandei. Mas parece que ele viajou para algum lugar no interior do país. De qualquer maneira, não há dúvidas de que o sr. Cade esteve em Bulawayo na ocasião em que afirma ter estado. Mas eu gostaria de saber o que ele fazia antes de ir para a África do Sul. Trabalhou naquela Companhia Castle apenas um mês. – Consultou o relógio novamente. – Preciso ir. O carro deve estar esperando.

Virginia observou-a afastar-se em direção à casa, mas não se moveu dali. Desejou que Anthony aparecesse.

Em vez dele, chegou Bill Eversleigh, com um prodigioso bocejo.

– Graças a Deus, finalmente tenho uma oportunidade de falar com você, Virginia – queixou-se.

– Pois então fale comigo de maneira muito delicada, Bill querido, ou começo a chorar.

– Alguém a intimidou?

– Intimidar não é o termo exato. Entraram no meu cérebro e reviraram meus miolos. Sinto-me como se tivesse sido esmagada por um elefante.

– Battle?

– Sim, Battle. Ele é um homem terrível, na realidade.

– Não dê bola para ele. Eu amo você, Virginia, amo tanto...

– Esta manhã não, Bill. Não estou forte o suficiente. De qualquer maneira, sempre lhe disse que as pessoas dignas não propõem casamento antes do almoço.

– Pois eu poderia pedi-la em casamento até antes do café da manhã!

Virginia estremeceu.

– Bill, seja sensato e inteligente por um minuto. Quero lhe pedir um conselho.

– Se você se decidisse e aceitasse minha proposta de casamento, tenho certeza de que se sentiria muito melhor. Mais feliz, sabe, e mais sossegada.

– Ouça-me, Bill. Pedir-me em casamento é sua *idée fixe*. Os homens fazem propostas de casamento quando estão entediados e não sabem mais o que dizer. Lembre--se da minha idade e da minha condição de viúva, e vá se declarar para uma mocinha pura.

– Minha querida Virginia... Droga! Lá vem aquele francês idiota.

Tratava-se, realmente, de monsieur Lemoine, de barba preta e conduta correta como sempre.

– Bom dia, madame. Espero que não esteja cansada.

– Nem um pouco.

– Isso é ótimo. Bom dia, sr. Eversleigh. Que tal se fôssemos passear um pouco, nós três? – sugeriu o francês.

– O que você acha disso, Bill? – perguntou Virginia.

– Tudo bem – respondeu o jovem de má vontade.

Ele se ergueu da grama, e os três começaram a caminhar. Virginia, no meio dos dois homens, reparou que o francês estava um pouco agitado, mas não sabia por quê.

Logo, com a habilidade de sempre, conseguiu deixá-lo à vontade, fazendo perguntas e ouvindo as respostas. Lemoine começou a contar histórias do famoso rei Victor. Falava bem, apesar de uma certa amargura ao descrever como o departamento de investigações havia sido passado para trás.

O tempo todo, porém, embora Lemoine estivesse realmente envolvido na narrativa, Virginia teve a impressão de que o objetivo dele era outro. Percebeu que o francês, aproveitando a conversa, tomava um rumo determinado através do parque. Eles não estavam caminhando a esmo. Lemoine os conduzia deliberadamente numa determinada direção.

De repente, interrompeu a história e olhou em volta. Eles estavam justamente no ponto em que a estrada cortava o parque, fazendo uma curva abrupta logo adiante, perto de umas árvores. Lemoine observava um veículo que se aproximava, vindo da casa.

Virginia acompanhou seu olhar.

– É a carroça de bagagens – disse ela – levando as malas de Isaacstein e seu criado para a estação.

– É mesmo? – disse Lemoine. Consultou o relógio e falou apressado: – Mil desculpas. Fiquei mais tempo do que pretendia. A companhia é tão agradável... Acham que consigo uma carona até a vila?

Foi até a beira da estrada e fez sinal com o braço. A carroça parou e, após uma breve explicação, Lemoine subiu na parte de trás. Tirou cortesmente o chapéu para Virginia e seguiu viagem.

Os outros dois, intrigados, ficaram observando a carroça desaparecer. Assim que fez a curva, uma maleta caiu, mas a carroça não parou.

– Venha – disse Virginia. – Vamos ver algo interessante. Aquela maleta foi jogada da carroça.

– Ninguém percebeu – disse Bill.

Correram em direção à bagagem. Quando estavam a ponto de alcançá-la, apareceu Lemoine, a pé, suado por ter andado tão rápido.

– Fui obrigado a descer – disse, simpático. – Descobri que havia esquecido uma coisa.

– Isto? – perguntou Bill, apontando para a maleta.

Era uma elegante maleta de pele de porco, com as iniciais H.I. gravadas.

– Que pena! – disse Lemoine. – Deve ter caído. Vamos tirá-la do meio da estrada?

Sem esperar resposta, pegou a maleta e levou-a para perto da fileira de árvores. Parou ali, algo cintilou em sua mão, e a fechadura cedeu.

Lemoine falou, e sua voz estava totalmente diferente, rápida e autoritária.

– O carro chegará em alguns instantes – disse. – Já se pode vê-lo?

Virginia olhou em direção à casa.

– Não.

– Ótimo.

Com dedos hábeis, tirou as coisas de dentro da maleta. Uma garrafa de tampa dourada, pijamas de seda, algumas meias. De repente, retesou-se. Pegou o que parecia ser um pacote feito com roupas íntimas de cetim e desenrolou-o rapidamente.

Bill deixou escapar uma exclamação. No meio da roupa havia um pesado revólver.

– Estou ouvindo a buzina – disse Virginia.

Como um raio, Lemoine colocou tudo de volta na maleta. O revólver, envolveu em seu próprio lenço de seda e guardou no bolso. Trancou a maleta e voltou-se para Bill.

– Pegue-a. A madame vai com o senhor. Pare o carro e explique isto caiu da carroça de bagagens. Não mencione meu nome.

Bill dirigiu-se com rapidez para a beira da estrada no momento preciso em que a grande limusine Lanchester com Isaacstein dentro surgia na curva. O motorista diminuiu a velocidade, e Bill ergueu a maleta, mostrando-a.

– Caiu da carroça de bagagens – explicou. – Vimos por acaso.

Percebeu uma súbita expressão de sobressalto no rosto amarelado do financista quando ele o fitou, e o carro prosseguiu em sua marcha.

Voltaram para junto de Lemoine. Ele estava com o revólver na mão, e um olhar triunfante de satisfação em seu rosto.

– As chances eram mínimas – disse. – Mas deu certo.

Capítulo 22

Sinal vermelho

O superintendente Battle estava na biblioteca de Wyvern Abbey.

George Lomax, sentado numa mesa cheia de papéis, franzia o cenho.

O superintendente Battle iniciara a reunião fazendo um breve e eficiente relatório do que ocorrera. Desde então, a conversa fora dominada por George. Battle limitava-se a responder de maneira sucinta, geralmente monossilábica, às perguntas do outro.

Na mesa, na frente de George, estava o maço de cartas que Anthony encontrara sobre a penteadeira do quarto.

– Não entendo nada – disse George, irritado, pegando as cartas. – Você diz que elas estão em código?

– Exatamente, sr. Lomax.

– E onde foi que ele disse que as encontrou? Sobre a penteadeira?

Battle repetiu, palavra por palavra, o relato de Anthony Cade de como as cartas tinham voltado para as suas mãos.

– E ele as entregou imediatamente para você? Fez muito bem. De verdade. Agora, quem será que colocou essas cartas no quarto dele?

Battle sacudiu a cabeça.

– Isso é coisa que você deveria saber – reclamou George. – Acho estranho. Muito estranho mesmo. Mas, de qualquer modo, o que sabemos a respeito desse Cade? Ele surge de maneira extremamente misteriosa, em circunstâncias bastante suspeitas, e não sabemos absolutamente nada a seu respeito. Posso lhe dizer que eu, pessoalmente, não gosto nem um pouco de seu jeito. Você deve ter alguma informação sobre ele, não?

O superintendente Battle deu um sorriso paciente.

– Telegrafamos imediatamente para a África do Sul, e sua história foi toda confirmada. Ele esteve em Bulawayo com o sr. McGrath na ocasião em que diz ter estado. Antes desse encontro, trabalhava na Castle, a agência de turismo.

– Exatamente o que eu esperava – disse George. – Ele tem aquela espécie de segurança barata que funciona em certos tipos de emprego. Mas, voltando às cartas, precisamos tomar alguma providência. Imediatamente.

O grande homem empertigava-se, inflado de importância.

O superintendente abriu a boca, mas George não o deixou falar.

– Não pode haver demora. Essas cartas devem ser decifradas o quanto antes. Deixe-me ver, quem é o homem? Há um homem ligado ao Museu Britânico. Ele sabe tudo sobre códigos. Dirigiu o departamento para nós durante a guerra. Onde está a srta. Oscar? Ela vai saber. O nome dele é algo assim como Win... Win...

– Professor Wynwood – disse Battle.

– Exatamente. Lembro-me perfeitamente agora. Precisamos mandar um telegrama para ele imediatamente.

– Já mandei, sr. Lomax, há uma hora. Ele chegará às 12h10.

– Ah, muito bom, muito bom. Graças a Deus, uma coisa a menos. Preciso ir à cidade hoje. Você se vira sem mim, não?

– Acho que sim, senhor.

– Bem, faça o possível, Battle, faça o possível. Estou terrivelmente atarefado no momento.

– Tudo bem, senhor.

– A propósito, por que o sr. Eversleigh não veio com você?

– Ele ainda estava dormindo. Ficamos a noite inteira acordados, como eu lhe contei.

– Ah, é verdade. Eu mesmo viro muitas noites. Para fazer o trabalho de 36 horas em 24 horas. Assim é a minha vida. Quando voltar, mande o sr. Eversleigh vir imediatamente, sim, Battle?

– Darei o recado, senhor.

– Obrigado, Battle. Entendo perfeitamente que você tenha tido que depositar certa confiança nele. Mas acha que era realmente necessário envolver minha prima, a sra. Revel, nessa história?

– Em vista do nome assinado nas cartas, acho que sim, sr. Lomax.

– Uma incrível audácia – murmurou George, franzindo o cenho ao olhar para o pacote de cartas. – Lembro-me do falecido rei da Herzoslováquia. Um sujeito carismático, mas fraco. Deploravelmente fraco. Um instrumento nas mãos de uma mulher inescrupulosa. Você tem alguma teoria a respeito de como essas cartas foram devolvidas ao sr. Cade?

– Na minha opinião, quando não se consegue de um jeito, tenta-se outro – disse Battle.

– Não entendi.

– Esse vigarista, o tal do rei Victor, já deve saber que a Sala do Conselho está sendo vigiada. Por isso, deixará que decifremos as cartas e encontremos o esconderijo. E aí, teremos complicações! Mas Lemoine e eu nos encarregaremos disso.

– Quer dizer que você tem um plano.

– Eu não diria "um plano", mas uma ideia. Às vezes é muito útil, uma ideia.

Dito isto, o superintendente Battle levantou-se e foi embora.

Não queria confidenciar mais nada a George.

No caminho de volta, cruzou com Anthony na estrada e parou.

– Vai me dar uma carona até a casa? – perguntou Anthony. – Que bom!

– Onde esteve, sr. Cade?

– Fui à estação pedir informações sobre trens.

Battle ergueu as sobrancelhas.

– Está pensando em nos deixar outra vez? – perguntou.

– No momento, não – riu Anthony. – A propósito, o que aconteceu com Isaacstein? Ele chegou de carro quando eu estava saindo, e parecia bastante aborrecido e chocado.

– O sr. Isaacstein?

– Sim.

– Não saberia dizer. Mas imagino que seja algo sério, para chocá-lo.

– Pois é – concordou Anthony. – Ele é um dos homens fortes e tranquilos do mundo das finanças.

De repente, Battle inclinou-se para a frente e tocou o motorista no ombro.

– Poderia dar uma parada, por favor? Espere-me aqui.

Saltou do carro, para grande surpresa de Anthony. Mas, pouco tempo depois, ele viu monsieur Lemoine aproximando-se do detetive inglês, e deduziu que havia sido um sinal deste que havia atraído a atenção de Battle.

Houve uma rápida conversa entre os dois, e então o superintendente voltou para o carro, ordenando que o motorista prosseguisse.

Sua expressão estava completamente mudada.

– Encontraram o revólver – anunciou, de maneira súbita.

– O quê?

Anthony encarou-o, perplexo.

– Onde?

– Na maleta de Isaacstein.

– Impossível!

– Nada é impossível – disse Battle. – Eu devia ter me lembrado disso.

Ficou imóvel. Só as mãos davam pequenas batidas nos joelhos.

– Quem o encontrou?

Battle fez um movimento abrupto com a cabeça.

– Lemoine. Sujeito esperto. É muito bem-visto na Sûreté.

– Mas isso não subverte todas as suas ideias?

– Não – respondeu o superintendente Battle lentamente. – Não posso afirmar que subverta. No início, foi uma surpresa, admito. Mas se enquadra bem numa ideia que eu tenho.

– Qual?

O superintendente não respondeu, desviando-se para um assunto completamente diferente.

– O senhor se incomodaria de procurar o sr. Eversleigh para mim? Tenho um recado para ele, do sr. Lomax. Ele precisa ir a Abbey imediatamente.

– Tudo bem – disse Anthony. O carro acabara de chegar à porta principal. – Ele deve estar na cama ainda.

– Acho que não – disse o detetive. – Se o senhor olhar bem, verá que ele está passeando embaixo daquelas árvores com a sra. Revel.

– O senhor tem uma ótima visão, não é, Battle? – disse Anthony, afastando-se para transmitir o recado.

Bill não gostou.

– Droga – resmungou consigo mesmo, encaminhando-se para a casa. – Por que Codders não me deixa em paz de vez em quando? E por que esses malditos coloniais não ficam nas suas colônias? Por que vêm para cá e pegam nossas melhores meninas? Estou farto de tudo isso.

– Já soube do revólver? – perguntou Virginia, sem fôlego, quando Bill os deixou.

– Battle me contou. Espantoso, não? Isaacstein estava terrivelmente aflito ontem para ir embora, mas achei que fosse apenas tensão. É a única pessoa que eu julgaria acima de qualquer suspeita. Você consegue encontrar algum motivo para que ele quisesse se livrar do príncipe Michael?

– A coisa realmente não se encaixa – concordou Virginia pensativa.

– Nada se encaixa em lugar nenhum – disse Anthony desgostoso. – Pensei que pudesse começar como detetive amador, e tudo o que fiz até agora foi inocentar a governanta francesa, com muito trabalho e alguma despesa.

– Foi por isso que você viajou para a França? – perguntou Virginia.

– Sim. Fui a Dinard e conversei com a condessa de Breteuil, extremamente satisfeito com a minha própria inteligência e esperando que ela fosse me dizer que jamais tinha ouvido falar da tal mademoiselle Brun. Mas não. Fui informado de que a moça em questão havia sido o esteio dos assuntos domésticos nos últimos sete anos. Portanto, a menos que a condessa também seja uma vigarista, a minha genial teoria cai por terra.

Virginia sacudiu a cabeça.

– A madame de Breteuil está fora de suspeita. Eu a conheço bem, e tenho a impressão de que já encontrei a mademoiselle lá no castelo. Seu rosto não me é estranho. Lembro-me vagamente dela, como nos lembramos de governantas, damas de companhia e pessoas que se sentam à nossa frente no trem. É incrível, mas eu nunca presto muita atenção nelas. E você?

– Só se forem excepcionalmente belas – confessou Anthony.

– Bom, nesse caso... – interrompeu o que estava dizendo. – O que houve?

Anthony olhava para um sujeito que saíra dos arbustos e postara-se ali, chamando atenção. Era o herzoslovaco, Boris.

– Com licença – disse Anthony para Virginia. – Preciso falar com meu cão por um instante.

Foi até onde se encontrava Boris.

– O que foi? O que você quer?

– Meu senhor – disse Boris, curvando-se.

– Sim, tudo bem, mas você não pode ficar me seguindo desse jeito. É estranho.

Em silêncio, Boris pegou um pedaço de papel manchado, evidentemente fragmento de uma carta, e entregou-o a Anthony.

– O que é isso? – perguntou Anthony.

Havia um endereço rabiscado no papel. Mais nada.

– Ele deixou cair – disse Boris. – Trago para o meu amo.

– Quem deixou cair?

– O cavalheiro estrangeiro.

– Mas por que trazer para mim?

Boris encarou-o com expressão de censura.

– Bom, de qualquer maneira, pode ir agora – disse Anthony. – Estou ocupado.

Boris fez uma saudação, virou-se bruscamente e partiu. Anthony voltou para perto de Virginia, enfiando o pedaço de papel no bolso.

— O que ele queria? — perguntou de curiosidade. — E por que você o chama de seu cão?

— Porque ele age como se fosse um — disse Anthony, respondendo primeiro à última pergunta. — Deve ter sido um *retriever* na vida passada. Entregou-me um pedaço de uma carta que, segundo ele, o cavalheiro estrangeiro deixou cair. Suponho que se refira a Lemoine.

— Sim — concordou Virginia.

— Ele está sempre me seguindo — continuou Anthony. — Como um cão. Não fala quase nada. Só fica me olhando, com aqueles olhos redondos enormes. Não entendo.

— Talvez ele tenha se referido a Isaacstein — sugeriu Virginia. — Isaacstein parece estrangeiro.

— Isaacstein — murmurou Anthony com impaciência. — Onde é que ele entra nisso tudo?

— E você, está arrependido de ter se envolvido nessa história? — perguntou Virginia subitamente.

— Arrependido? Claro que não. Estou adorando. Passei a maior parte da vida procurando encrencas. Talvez, agora, tenha encontrado um pouco mais do que esperava.

— Mas você está fora de perigo agora — disse Virginia, um pouco surpresa pela gravidade incomum da voz dele.

— Não totalmente.

Caminharam sem falar nada por um ou dois minutos.

— Algumas pessoas — disse Anthony quebrando o silêncio — não se conformam com sinais. Uma locomotiva comum diminui a marcha ou até para quando encontra o sinal vermelho. Talvez eu tenha nascido daltônico. Quando vejo um sinal vermelho, não consigo parar. E isso é sinônimo de desastre. Na certa. Esse tipo de coisa geralmente é prejudicial ao tráfego.

Anthony ainda falava com muita seriedade.

– Imagino que você tenha se exposto a muitos riscos na vida, não? – disse Virginia.

– Praticamente a todos. Menos casamento.

– A ironia é proposital?

– Não. O tipo de casamento a que me refiro seria a maior aventura de todas.

– Gosto disso – disse Virginia, corando.

– Só há um tipo de mulher com quem eu me casaria: uma mulher que tenha um estilo de vida completamente diferente do meu. E o que faríamos? Ela me seguiria ou eu seguiria o ritmo dela?

– Se ela o amasse...

– Sentimentalismo, sra. Revel. Sabe que é. O amor não é uma droga que tomamos para deixar de enxergar o mundo à nossa volta. Podemos fazer isso, sim, mas é uma pena. O amor pode ser muito mais do que isso. O que você acha que o rei e sua empregadinha pensaram da vida conjugal após um ou dois anos de casados? Será que ela não sentia falta de seus trapos, seus pés descalços e sua vida livre? Aposto que sim. Teria valido a pena ele renunciar à coroa por causa dela? Claro que não. Tenho certeza de que ele seria um péssimo mendigo. E nenhuma mulher respeita um homem quando ele faz algo malfeito.

– Você já se apaixonou por alguma empregadinha, sr. Cade? – perguntou Virginia suavemente.

– No meu caso é o contrário, mas o princípio é o mesmo.

– E não há saída?

– Sempre há uma saída – disse Anthony com certa tristeza. – Tenho a teoria de que sempre podemos conseguir o que desejamos, se estivermos dispostos a pagar o preço. E sabe qual é o preço em noventa por cento das vezes? Ceder. Uma coisa terrível, mas acontece quando nos aproximamos da meia-idade. Está acontecendo comigo agora. Para conseguir a mulher que eu quero, aceitaria até um emprego fixo.

Virginia riu.

– Fui educado para seguir uma profissão – continuou Anthony.

– E abandonou-a?

– Sim.

– Por quê?

– Uma questão de princípios.

– Ah!

– Você é uma mulher bastante fora do comum – disse Anthony de repente, virando-se e olhando para ela.

– Por quê?

– Você consegue não fazer perguntas.

– Isso porque não lhe perguntei qual era a sua profissão?

– Exatamente.

Mais uma vez, caminharam em silêncio. Aproximavam-se da casa, passando pelo roseiral, com sua fragrância adocicada.

– Você entende perfeitamente – disse Anthony. – Você sabe quando um homem está apaixonado por você. Não creio que se importe comigo ou com qualquer outro, mas, por Deus, como eu gostaria de fazer você se importar.

– Acha que seria capaz? – perguntou Virginia, em voz baixa.

– Talvez não, mas faria de tudo para tentar.

– Está arrependido de ter me conhecido? – perguntou de repente.

– Claro que não! É o sinal vermelho de novo. Quando a vi pela primeira vez, naquele dia na Pont Street, sabia que estava diante de algo que ia me atingir em cheio. Foi seu rosto, seu rosto apenas. Há magia em você da cabeça aos pés. Algumas mulheres são assim. Mas nunca conheci nenhuma que se comparasse a você. Você deverá se casar com um homem respeitável e próspero, e eu voltarei à minha vidinha infame, mas vou beijá-la antes de ir embora. Juro que vou.

– Agora não vai dar – disse Virginia com delicadeza. – O superintendente Battle está nos observando da janela da biblioteca.

Anthony encarou-a.

– Você é um demônio, Virginia – disse imparcialmente. – Mas um demônio encantador.

Acenou, então, para o superintendente Battle.

– Já pegou algum criminoso hoje de manhã, Battle?

– Ainda não, sr. Cade.

– Começou bem, então.

Battle, com uma agilidade surpreendente num homem tão estouvado, pulou a janela da biblioteca e juntou-se a eles no terraço.

– O professor Wynwood está aqui – anunciou sussurrando. – Acabou de chegar. Ele está decifrando as cartas agora. Gostariam de vê-lo trabalhar?

Seu tom parecia o de um empresário falando de sua atração preferida. Como os dois responderam que sim, Battle conduziu-os à janela para espiar dentro do aposento.

Sentado numa mesa, com as cartas espalhadas à sua frente e escrevendo bastante numa grande folha de papel, encontrava-se um pequeno homem ruivo de meia-idade. Resmungava sozinho enquanto escrevia e, de vez em quando, esfregava o nariz com violência, fazendo com que ele ficasse quase da cor do cabelo.

De repente, ele ergueu o olhar.

– É você, Battle? Por que me fez vir aqui? Até uma criança de colo seria capaz de decifrar esta tolice. Chamam isto de código? Isto salta aos olhos, homem.

– Fico feliz em saber, professor – disse Battle suavemente. – Mas não somos tão inteligentes quanto o senhor.

– Não é preciso ser inteligente – disse o professor. – Isto é trabalho de rotina. Quer que decifre todas as cartas? É bastante coisa. Requer diligência e a máxima atenção, mas zero inteligência. Já fiz aquela de "Chimneys", que o senhor disse que era importante. Posso levar o resto para Londres e entregar a um dos meus assistentes. Na verdade, não tenho tempo a perder. Estou vindo de um verdadeiro enigma, e quero voltar a ele.

Seus olhos brilharam.

– Tudo bem, professor – concordou Battle. – Sinto que nosso caso seja tão insignificante. Explicarei para o sr. Lomax. Tínhamos pressa somente em relação a essa carta específica. Creio que lorde Caterham espere que o senhor fique para o almoço.

– Eu nunca almoço – disse o professor. – Mau hábito, o almoço. Uma banana e um biscoito de água e sal é tudo o que um homem sensato e saudável precisa no meio do dia.

Pegou o sobretudo, que estava sobre o espaldar de uma cadeira. Battle deu a volta, dirigindo-se para a frente da casa, e poucos minutos depois Anthony e Virginia ouviram o barulho de um carro partindo.

Battle juntou-se a eles, trazendo nas mãos a meia folha de papel que o professor lhe entregara.

— Ele é sempre assim — disse Battle referindo-se ao professor. — Sempre com uma pressa danada. Sujeito inteligente. Bem, eis aqui o cerne da carta de Sua Majestade. Querem dar uma olhada?

Virginia estendeu a mão, e Anthony leu sobre seu ombro. Tratava-se, conforme ele lembrava, de uma longa epístola, expressando paixão e desespero. A genialidade do professor Wynwood transformara-a num comunicado essencialmente comercial.

Operações realizadas com sucesso, mas S nos traiu. Retirou a pedra do esconderijo. Não está em seu quarto. Já procurei. Encontrei o seguinte memorando, que deve se referir a ela: RICHMOND SETE EM LINHA RETA OITO À ESQUERDA TRÊS À DIREITA.

— S? — disse Anthony. — Stylptitch, claro. Velho esperto. Mudou o esconderijo.

— Richmond — disse Virginia pensativa. — Será que o diamante está escondido em algum lugar em Richmond?

— É o lugar preferido da realeza — concordou Anthony.

Battle sacudiu a cabeça.

— Ainda acho que seja uma referência a algo nesta casa.

— Já sei — exclamou Virginia de repente.

Os dois homens olharam para ela.

— O quadro de Holbein na Sala do Conselho. Estavam batendo na parede bem embaixo dele. E é um retrato do duque de Richmond!

— A senhora descobriu! — exclamou Battle com uma animação incomum, dando um tapinha na própria perna.

— Esse é o ponto de partida, o quadro, e os bandidos sabem tanto quanto nós a respeito dos números. Aquelas duas armaduras ficam exatamente embaixo do quadro, e eles acharam, portanto, que o diamante estava escondido em uma delas. As medidas podiam ser polegadas. Como não encontraram nada, tiveram a ideia de que poderia haver uma passagem secreta, uma escada ou um painel corrediço. Sabe alguma coisa a respeito, sra. Revel?

Virginia abanou a cabeça.

– Existe uma câmara oculta e pelo menos uma passagem secreta, que eu saiba. Acho que já me mostraram uma vez, mas não me lembro direito agora. Aí vem Bundle. Ela deve saber.

Bundle andava rapidamente pelo terraço, vindo em direção a eles.

– Estou indo de carro até a cidade depois do almoço – anunciou. – Alguém quer uma carona? Não gostaria de ir, sr. Cade? Voltaremos na hora do jantar.

– Não, obrigado – disse Anthony. – Estou bem feliz e ocupado aqui.

– O homem tem medo de mim – disse Bundle. – Será meu fascínio ou minha maneira de dirigir?

– A segunda opção – respondeu Anthony. – Sempre.

– Bundle, querida – disse Virginia –, existe alguma passagem secreta saindo da Sala do Conselho?

– Sim. Mas é uma passagem antiga. Diziam que ligava Chimneys a Wyvern Abbey. Assim faziam muito antigamente. Mas agora está bloqueada. Só dá para caminhar uns cem metros saindo da Sala do Conselho. A que existe lá em cima, na Galeria Branca, é muito mais interessante, e a câmara oculta não está tão acabada.

– Não as estamos considerando do ponto de vista artístico – explicou Virginia. – É um trabalho. Como é que se entra na passagem da Sala do Conselho?

– Painel articulado. Posso mostrar para vocês depois do almoço, se quiserem.

– Obrigado – disse o superintendente Battle. – Vamos marcar às 14h30?

Bundle olhou para ele com as sobrancelhas levantadas.

– Pilantragem? – perguntou.

Tredwell apareceu no terraço.

– O almoço está servido, senhora – anunciou.

Capítulo 23

Encontro no roseiral

Às 14h30, um pequeno grupo se encontrou na Sala do Conselho: Bundle, Virginia, o superintendente Battle, monsieur Lemoine e Anthony Cade.

– Não adianta esperar até conseguirmos falar com o sr. Lomax – disse Battle. – Este é o tipo de coisa que é bom resolver logo.

– Se está pensando que o príncipe Michael foi assassinado por alguém que entrou por aqui, engana-se – afirmou Bundle. – É impossível. A outra entrada está completamente bloqueada.

– Não se trata disso, milady – disse Lemoine rapidamente. – Estamos numa busca muito diferente.

– Estão procurando alguma coisa? – perguntou Bundle. – Não é aquele histórico não sei o quê, por acaso?

Lemoine ficou intrigado.

– Explique melhor, Bundle – disse Virginia, em tom encorajador. – Você consegue.

– Aquele troço – disse Bundle. – O diamante histórico que foi roubado há séculos, antes que eu me entendesse por gente.

– Quem lhe contou isso, lady Eileen? – perguntou Battle.

– Eu sempre soube. Um dos lacaios me contou quando eu tinha doze anos.

– Um lacaio – disse Battle. – Meu Deus! Gostaria que o sr. Lomax tivesse ouvido essa!

– É um dos grandes segredos de George? – perguntou Bundle. – Que máximo! Jamais achei que fosse verdade. George sempre foi um idiota. Devia saber que os criados sabem de tudo.

Foi até o quadro de Holbein, tocou numa mola escondida em algum lugar ao lado do quadro, e, imediatamente, com um rangido, parte do painel girou para dentro, revelando uma passagem escura.

– *Entrez, messieurs et mesdames* – disse Bundle dramaticamente. – Vamos, podem entrar, meus caros. O melhor show da temporada, por um níquel apenas.

Lemoine e Battle estavam com lanterna. Foram os primeiros a entrar. Os outros seguiram atrás.

– O ar é fresco e agradável – observou Battle. – Deve haver ventilação em algum lugar.

Andava na frente. O chão era feito de pedras ásperas e desiguais, mas as paredes eram atijoladas. Como Bundle havia dito, a passagem estendia-se apenas por uns cem metros. Chegava, então, a um fim abrupto, terminando num muro de alvenaria. Battle verificou que não havia saída para o outro lado e falou por sobre o ombro:

– Vamos voltar. Só queria conhecer o território, por assim dizer.

Poucos minutos depois, eles estavam de volta na entrada.

– Começaremos daqui – disse Battle. – Sete em linha reta, oito para a esquerda, três para direita. Primeiro com passos.

Deu sete passos precisos e curvou-se para examinar o chão.

– Era o que eu imaginava. Em alguma ocasião, fizeram uma marca de giz aqui. Agora oito para a esquerda. Mas não podem ser passos, porque a passagem é estreita demais.

– Digamos que sejam tijolos – sugeriu Anthony.

— Perfeito, sr. Cade. Oito tijolos a contar de cima ou de baixo, no lado esquerdo. Tente de baixo para cima primeiro. É mais fácil.

Ele contou oito tijolos.

— Agora três para a direita. Um, dois, três. Opa, o que é isto?

— Vou gritar daqui a pouco — disse Bundle. — Sei que vou. O que é isto?

O superintendente Battle tentava remover o tijolo com a ponta de sua faca. Graças a seu olhar experiente, percebera logo que aquele tijolo específico era diferente do resto. Após alguns instantes, conseguiu tirá-lo. Atrás, havia uma pequena cavidade escura. Battle enfiou a mão.

Todos esperavam com ansiedade.

Battle retirou a mão.

Soltou uma exclamação de surpresa e raiva.

Os outros o cercaram, olhando, sem compreender, os três objetos que ele segurava. Por um momento, não acreditaram no que viam.

Um cartão com pequenos botões de pérolas, um retalho grosseiro de tricô e um pedaço de papel com uma série de letras E escritas em maiúsculo!

— Bem — disse Battle. — Danou-se. Qual o significado disso?

— *Mon Dieu* — murmurou o francês. — *Ça, c'est un peu trop fort!*

— Mas o que significa? — perguntou Virginia intrigada.

— O que significa? — repetiu Anthony. — Só pode significar uma coisa. O falecido conde Stylptitch devia ter muito senso de humor! Eis um exemplo. Confesso que não acho nem um pouco engraçado.

— Poderia explicar melhor o que o senhor quer dizer? — solicitou o superintendente Battle.

— Claro. Essa foi a pequena brincadeira do conde. Ele deve ter desconfiado que seu memorando tinha sido lido. Quando os ladrões viessem recuperar a joia, encontrariam este enigma extremamente inteligente. É o tipo de brincadeira que se faz em reuniões, quando as pessoas têm de adivinhar quem você é.

— Então tem um significado?

— Eu diria que sim. Se o conde quisesse somente ser ofensivo, teria posto um cartaz com a palavra "vendido", a fotografia de um burro ou algo assim.

— Um retalho de tricô, algumas letras E maiúsculas e um monte de botões – murmurou Battle desanimado.

— *C'est inouï* – disse Lemoine com raiva.

— Código número 2 – disse Anthony. – Será que o professor Wynwood saberá decifrar este?

— Quando esta passagem foi usada pela última vez, milady? – perguntou o francês para Bundle.

Bundle pensou.

— Acho que há uns dois anos. A câmara oculta é um ponto de interesse para americanos e turistas.

— Curioso – murmurou o francês.

— Por que curioso?

Lemoine inclinou-se e pegou um pequeno objeto no chão.

— Por causa disto – disse. – Esse palito de fósforo não está aqui há dois anos. Nem há dois dias. – E dirigindo-se ao grupo: – Algum dos senhores, por acaso, deixou cair isto?

Todos responderam que não.

— Bem, então – disse o superintendente Battle –, já vimos tudo o que tínhamos para ver. Podemos ir.

A proposta teve aceitação geral. O painel havia girado, mas Bundle mostrou que ele ficava trancado por dentro. Por isso, ela o destrancou e girou silenciosamente, fazendo-o abrir-se para a Sala do Conselho com um baque surdo.

— Droga! — exclamou lorde Caterham, saltando da poltrona onde aparentemente tinha tirado uma soneca.

— Coitadinho — disse Bundle. — Assustei-o?

— Não sei por que hoje em dia ninguém descansa um pouco depois da refeição — disse lorde Caterham. — É uma arte perdida. Só Deus sabe o quanto Chimneys é grande, mas mesmo assim não há um quarto onde eu possa ter um pouco de paz. Minha nossa! Quanta gente! Lembra-me os shows de mímica a que eu ia quando era criança, nos quais hordas de demônios saíam de alçapões.

— Demônio número 7 — disse Virginia, aproximando-se dele e passando a mão em sua cabeça. — Não se zangue. Estamos apenas explorando passagens secretas.

— Parece haver um enorme interesse por passagens secretas atualmente — resmungou lorde Caterham, ainda não totalmente calmo. — Esta manhã tive que mostrá-las para aquele tal de Fish.

— Quando foi isso? — perguntou Battle.

— Um pouco antes do almoço. Acho que ele ouviu falar desta aqui. Mostrei-a, e depois o levei à Galeria Branca. Terminamos com a câmara oculta. Mas ele foi perdendo o interesse. Parecia bastante entediado. De qualquer maneira, obriguei-o a ir até o fim — disse lorde Caterham, rindo ao lembrar-se disso.

Anthony segurou Lemoine pelo braço.

— Vamos lá fora — disse em voz baixa. — Quero falar com o senhor.

Os dois homens saíram juntos pela janela. Quando já se haviam distanciado o suficiente da casa, Anthony tirou do bolso o pedaço de papel que Boris lhe entregara de manhã.

– Veja – disse ele. – O senhor deixou cair isto?

Lemoine pegou o papel e examinou-o com curiosidade.

– Não – respondeu. – Nunca vi este papel antes. Por quê?

– Tem certeza?

– Absoluta, monsieur.

– Muito estranho.

Anthony contou a Lemoine o que Boris lhe dissera. O outro ouvia com atenção.

– Não, não deixei cair este papel. Foi encontrado naquele arbusto?

– Acho que sim, mas ele não disse.

– Pode ser que tenha caído da maleta de Isaacstein. Pergunte a Boris de novo. – Lemoine devolveu o papel a Anthony. Depois de um tempo, perguntou: – O que exatamente o senhor sabe a respeito desse tal de Boris?

Anthony encolheu os ombros.

– Pelo que entendi, ele era o servo fiel do falecido príncipe Michael.

– Pode ser que sim, mas procure verificar. Pergunte a alguém que saiba, como o barão de Lolopretjzyl. Talvez esse homem tenha se empregado há poucas semanas. A meu ver, ele é honesto. Mas nunca se sabe! O rei Victor é bem capaz de se fazer passar para um criado fiel se quiser.

– O senhor acha realmente...

Lemoine o interrompeu.

– Serei muito franco. O rei Victor tornou-se uma verdadeira obsessão para mim. Vejo-o em todos os lugares. Agora mesmo, chego a me perguntar: este homem que está conversando comigo, este sr. Cade, não será, talvez, o rei Victor?

– Meu Deus! – exclamou Anthony. – O senhor está mal mesmo.

– O que me importa o diamante? O que me importa descobrir o assassino do príncipe Michael? Deixo esses assuntos para o meu colega da Scotland Yard. Esse é o trabalho deles. Quanto a mim, estou na Inglaterra com uma única finalidade: capturar o rei Victor, e capturá-lo em flagrante. Nada mais me importa.

– O senhor acha que conseguirá? – perguntou Anthony, acendendo um cigarro.

– Como posso saber? – disse Lemoine, com súbito desânimo.

– Hum – fez Anthony.

Tinham voltado ao terraço. O superintendente Battle estava perto da janela, estático.

– Olhe o pobre Battle – disse Anthony. – Vamos alegrá-lo. – Fez uma pausa e disse: – Acho o senhor um pouco esquisito, sr. Lemoine.

– Em que sentido, sr. Cade?

– Bem, se eu estivesse no seu lugar, teria anotado esse endereço que lhe mostrei. Pode ser que não tenha nenhuma importância, o que é provável. Mas pode ser que tenha.

Lemoine encarou-o por um tempo. Então, com um ligeiro sorriso, arregaçou um pouco a manga esquerda do paletó. Escrito no punho branco da camisa, lia-se: "Hurstmere, Langly Road, Dover".

– Perdão – disse Anthony. – Retiro o que eu disse.

Aproximou-se do superintendente Battle.

– O senhor parece bem pensativo, Battle – comentou.

– Tenho muito em que pensar, sr. Cade.

– Imagino que sim.

– As peças não se encaixam.

– Sim, está complexo – disse Anthony, solidário. – Mas não se preocupe, Battle. Se a coisa piorar, o senhor ainda pode me prender. As minhas pegadas me incriminam.

Mas o superintendente não riu.

– Sabe se tem algum inimigo aqui, sr. Cade? – perguntou.

– Acho que o terceiro lacaio não vai muito com a minha cara – respondeu Anthony, com leveza. – Nunca me oferece as melhores verduras. Por quê?

– Tenho recebido cartas anônimas – disse o superintendente Battle. – Na verdade, uma carta anônima.

– Sobre mim?

Sem responder, Battle tirou do bolso uma folha comum de papel de carta e entregou-a para Anthony. Em caligrafia de iletrado, lia-se:

Cuidado com o sr. Cade. Ele não é o que parece.

Anthony devolveu o papel com um sorriso.

– Só isso? Anime-se, Battle. Na verdade, sou um rei disfarçado.

Entrou na casa, assobiando despreocupado. Mas, ao chegar a seu quarto e fechar a porta, seu rosto mudou. Anthony ficou sério. Sentou-se na beira da cama e olhou para o chão, preocupado.

– A coisa está ficando feia – disse baixinho. – Algo precisa ser feito.

Permaneceu sentado por um ou dois minutos e depois foi à janela. Ficou olhando para fora, com o olhar perdido, até que focalizou um determinado ponto. Seu rosto iluminou-se.

– Claro – disse. – O roseiral! É isso! O roseiral!

Desceu correndo e saiu para o jardim por uma porta lateral. Aproximou-se do roseiral por um caminho tortuoso. Em cada extremidade havia um portão. Entrou pelo mais afastado e andou até o relógio de sol, que ficava sobre um pequeno outeiro, bem no meio do roseiral.

Assim que chegou perto do relógio, estancou de repente. Havia outra pessoa ali. Os dois ficaram igualmente surpresos.

– Não sabia que se interessava por rosas, sr. Fish – disse Anthony, amavelmente.

– Interesso-me bastante por rosas – disse o sr. Fish.

Encararam-se com cautela, como antagonistas procurando medir a força do adversário.

– Eu também – mentiu Anthony.

– É mesmo?

– Na verdade, adoro rosas – disse Anthony alegremente.

O sr. Fish esboçou um sorriso. Anthony também sorria. A tensão parecia haver cedido.

– Olhe que beleza – disse o sr. Fish, inclinando-se para mostrar uma flor especialmente bela. – Madame Abel Chatenay, acho que se chama. Sim, é isso mesmo. Esta rosa branca, antes da guerra, era conhecida como Frau Carl Drusky. Rebatizaram-na, creio eu. Excesso de sensibilidade, talvez, mas verdadeiro patriotismo. A La France é sempre popular. Aprecia as rosas vermelhas, sr. Cade? Uma rosa escarlate...

A voz lenta e arrastada do sr. Fish foi interrompida. Bundle debruçava-se numa janela do primeiro andar.

– Quer uma carona para a cidade, sr. Fish? Estou saindo.

– Obrigado, lady Eileen, mas estou bem aqui.

– Tem certeza de que não vai mudar de ideia, sr. Cade?

Anthony riu e balançou a cabeça. Bundle desapareceu.

– Estou mais para dormir – disse Anthony, dando um bocejo demorado. – Tirar uma boa soneca depois do almoço! – Pegou um cigarro. – Por acaso, tem fogo?

O sr. Fish entregou-lhe uma caixa de fósforos. Anthony pegou um palito e devolveu a caixa, agradecendo.

– As rosas estão muito bonitas – disse Anthony –, mas não me sinto muito propenso à horticultura esta tarde.

Fez um alegre aceno de cabeça, sorrindo com brandura.

Nesse momento, ouviu-se um som atroador vindo da frente da casa.

– Motor potente esse que ela tem no carro, hein? – observou Anthony. – Lá vai ela.

Viram o carro passando velozmente.

Anthony bocejou de novo e dirigiu-se para a casa.

Passou pela porta e, uma vez lá dentro, transformou-se em azougue. Atravessou o hall, saltou uma das janelas da extremidade oposta e correu através do parque. Sabia que Bundle teria que dar uma volta grande, passando pelos portões da entrada e pela vila.

Anthony correu como um desesperado. Era uma luta contra o tempo. Chegou ao limite do parque no exato instante em que começou a ouvir o barulho do carro. Pulou para o meio da estrada.

– Oi! – exclamou.

Em seu aturdimento, Bundle acabou derrapando, mas conseguiu controlar o veículo, sem causar acidente. Anthony foi atrás do carro, abriu a porta e entrou.

– Vou para Londres com você – disse. – Estava pretendendo ir, desde o começo.

– Pessoa extraordinária – disse Bundle. – O que é que você tem na mão?

– É só um fósforo – respondeu Anthony.

Ficou olhando para o palito de fósforo, pensativo. Era rosa, com a cabeça amarela. Jogou fora o cigarro, que não chegara a acender, e guardou o fósforo cuidadosamente no bolso.

Capítulo 24

A casa em Dover

— Você não se importa que eu dirija mais rápido, se importa? – perguntou Bundle depois de um tempo. – Saí mais tarde do que planejava.

Anthony achava que eles já estavam indo rápido demais, mas logo comprovou que aquilo não era nada comparado ao que Bundle conseguia fazer com um Panhard quando queria.

— Algumas pessoas ficam horrorizadas com a minha maneira de dirigir – disse Bundle, diminuindo momentaneamente a velocidade ao passar por um vilarejo. – Meu pai, por exemplo. Não anda nesta charanga comigo por nada neste mundo.

Intimamente, Anthony compreendia lorde Caterham. Sair de carro com Bundle não era um esporte para um senhor nervoso, de meia-idade.

— Mas você não parece nem um pouco nervoso – prosseguiu Bundle, em tom de aprovação, fazendo uma curva em duas rodas.

— Sou bem treinado – explicou Anthony. – Além disso, também estou com pressa.

— Quer que eu corra um pouco mais? – perguntou Bundle.

— Não precisa – respondeu Anthony. – Já estamos indo bastante rápido.

— Estou morrendo de curiosidade para saber o motivo dessa sua saída tão repentina – disse Bundle, após ensurdecer toda a vizinhança com a buzina. – Mas acho que não devo perguntar, não é? Você não está fugindo da justiça, está?

– Não tenho certeza – respondeu Anthony. – Logo saberei.

– Aquele homem da Scotland Yard não é tão ruim quanto eu achava – disse Bundle, pensativa.

– Battle é um bom sujeito – concordou Anthony.

– Você deveria ter trabalhado no meio diplomático – observou Bundle. – Não libera muita informação.

– Pois eu tinha a impressão de que estava sendo tagarela.

– Meu Deus, você não está fugindo com a mademoiselle Brun, não é?

– Claro que não! – respondeu Anthony com veemência.

Houve uma pausa de alguns minutos durante a qual Bundle ultrapassou três carros.

– Há quanto tempo você conhece Virginia? – perguntou subitamente.

– Uma pergunta difícil de responder – disse Anthony, falando a mais pura verdade. – Não me encontrei muito com ela, e, mesmo assim, parece que a conheço há muito tempo.

Bundle acenou que entendia com a cabeça.

– Virginia é inteligente – comentou ela. – Fala besteira, mas é esperta. Parece que foi incrível lá na Herzoslováquia. Se Tim Revel ainda fosse vivo, teria uma bela carreira, em grande parte graças a Virginia. Ela fazia tudo por ele. Lutava com unhas e dentes. E eu sei por quê.

– Porque gostava dele? – perguntou Anthony, olhando fixo para a frente.

– Não, porque não gostava. Você não entende? Ela não o amava. Nunca o amou, e por isso fazia de tudo para parecer que amava. Típico de Virginia. Mas não se engane. Virginia nunca amou Tim Revel.

– Você parece ter muita certeza disso – disse Anthony, virando-se para ela.

As pequenas mãos de Bundle seguravam firme no volante, e seu queixo estava projetado para a frente, numa postura de pessoa determinada.

– Sei de algumas coisas. Eu era só uma criança quando ela se casou, mas ouvi certas coisas. E, conhecendo Virginia, consigo ligar os pontos. Tim Revel estava fascinado por ela. Ele era irlandês, muito atraente, e se expressava como ninguém. Virginia era muito nova, tinha dezoito anos. Sempre que saía, encontrava Tim num estado deplorável, dizendo que ia se matar ou se entregar à bebida se ela não se casasse com ele. As meninas acreditam nessas coisas. Ou pelo menos acreditavam, pois avançamos muito nesses últimos oito anos. Virginia deixou-se levar pelo sentimento que julgou inspirar. Casou-se com ele, e sempre foi um anjo para o marido. Não teria sido nem a metade do que foi se realmente o amasse. Há muito de demoníaco em Virginia. Mas uma coisa posso lhe garantir: Virginia dá muito valor à sua liberdade. Difícil tirar isso dela.

– Por que você está me contando tudo isso? – perguntou Anthony lentamente.

– É interessante saber sobre as pessoas, não acha? Quer dizer, sobre algumas pessoas.

– Eu desejava mesmo saber – admitiu ele.

– E você jamais teria ouvido isso de Virginia. Mas pode confiar no que lhe digo. Virginia é muito querida. Até as mulheres gostam dela, porque ela não é falsa. E, de qualquer maneira, precisamos levar tudo na esportiva, não é? – concluiu Bundle, um pouco obscura.

— Com certeza — concordou Anthony. Mas ele ainda estava intrigado. Não tinha a mínima ideia do que levara Bundle a lhe fornecer tanta informação não solicitada. Não que ele não estivesse feliz com aquilo.

— Aqui passam os bondes — disse Bundle suspirando. — Preciso dirigir com cuidado.

— Seria bom — disse Anthony.

Suas ideias quanto à direção segura não coincidiam com as de Bundle. Deixando transeuntes indignados para trás, finalmente saíram na Oxford Street.

— Nada mau, hein? — disse Bundle consultando o relógio de pulso.

Anthony assentiu.

— Onde você quer descer? — perguntou Bundle.

— Em qualquer lugar. Para onde você está indo?

— Para Knightsbridge.

— Ótimo. Deixe-me na esquina do Hyde Park.

— Tchau — disse Bundle, parando no lugar indicado. — E a volta?

— Eu me viro para voltar. Muito obrigado.

— Eu o assustei mesmo — observou Bundle.

— Eu não recomendaria a uma senhora idosa andar de carro com você, mas, pessoalmente, gostei muito. A última vez que corri perigo semelhante foi quando fui assaltado por uma manada de elefantes selvagens.

— Que exagero! Nem batemos hoje.

— Perdão se você teve que se controlar por minha causa.

— Acho que os homens não são mesmo muito corajosos.

— Isso é maldade — disse Anthony. — Retiro-me, humilhado.

Bundle seguiu viagem. Anthony fez sinal para um táxi.

– Victoria Station – disse para o taxista ao entrar.

Quando chegou à estação, pagou a corrida e pediu informações sobre o próximo trem para Dover. Infelizmente, acabara de perder um.

Resignado a esperar cerca de uma hora, Anthony ficou andando de um lado para o outro, de cenho franzido. De vez em quando, balançava a cabeça, com impaciência.

Na viagem para Dover, não aconteceu nada. Assim que chegou, Anthony saiu imediatamente da estação, mas logo voltou, como se tivesse lembrado de alguma coisa de repente. Esboçou um ligeiro sorriso ao perguntar como fazia para ir até Hurstmere, Langly Road.

A estrada em questão era longa, partindo diretamente da cidade. De acordo com as informações do carregador, Hurstmere era a última casa. Anthony caminhava com determinação. A pequena ruga reapareceu entre seus olhos, mas havia certo júbilo em sua expressão, como sempre acontecia quando se aproximava do perigo.

Hurstmere era, como o carregador dissera, a última casa da Langly Road. Situava-se bem no fundo de um terreno desigual e coberto de vegetação. O lugar devia estar abandonado há anos, concluiu Anthony. Um imenso portão de ferro rangia nas dobradiças, e o nome inscrito nele estava quase apagado.

– Um lugar isolado – murmurou Anthony. – Uma ótima escolha.

Hesitou um pouco, olhou de um lado para o outro da estrada, que estava completamente deserta, e passou furtivamente pelo portão barulhento, seguindo o caminho coberto de plantas. Andou um pouco e depois parou para ouvir. Encontrava-se ainda a alguma distância da casa. Silêncio absoluto. Algumas folhas amareladas desprenderam-se de uma das árvores e caíram, produzindo um ruído sinistro em meio àquela tranquilidade. Anthony levou um susto e depois achou graça.

– Nunca pensei que eu pudesse ficar tenso.

Continuou andando. Como o caminho fazia uma curva, ele se embrenhou nos arbustos e prosseguiu sem que pudesse ser visto. De repente parou, espiando por entre as folhas. Um cão latia à distância, mas o que lhe chamou atenção foi um som mais próximo.

Seu ouvido aguçado não o enganara. Um homem surgiu de trás da casa, um sujeito baixo, corpulento, com aparência de estrangeiro. Não parou. Contornou a casa e desapareceu novamente.

Anthony balançou a cabeça.

– Sentinela – murmurou. – Eles fazem a coisa bem feita.

Assim que o homem passou, Anthony continuou a andar, desviando-se para a esquerda e seguindo os passos do sentinela.

Caminhava sem fazer ruído.

Com as paredes da casa à sua direita, Anthony chegou até onde uma extensa mancha de luz incidia sobre o caminho de cascalho. O som de vozes de homens conversando tornou-se claramente audível.

– Meu Deus! Que grandessíssimos idiotas – murmurou Anthony. – Bem que eles mereciam levar um susto.

Foi com cuidado até a janela, abaixando-se para não ser visto. Ergueu a cabeça à altura do parapeito e espiou.

Seis homens estavam sentados em volta de uma mesa. Quatro deles eram parrudos, com maçãs do rosto salientes e olhos magiares, puxados. Os outros dois eram pequenos como camundongos, com gestos rápidos. A língua falada era o francês, mas os quatro grandalhões expressavam-se com insegurança e entonação gutural bastante áspera.

– E o chefe? – rosnou um deles. – Quando chegará?

Um dos homens pequenos encolheu os ombros.

– A qualquer momento.

– Já era hora – resmungou o primeiro. – Nunca vi esse chefe de vocês. Bem que poderíamos ter realizado um trabalho grande e glorioso nesses dias de espera à toa!

– Seu idiota – disse o outro homem pequeno. – Cair nas garras da polícia seria o único trabalho grande e glorioso que você e seu bando precioso de gorilas estabanados teriam realizado!

– Ah – bradou um dos outros sujeitos parrudos. – Está insultando os Camaradas? Vou deixar a marca da Mão Vermelha na sua garganta para ver se você gosta.

Já ia se levantar, encarando furiosamente o francês, mas um de seus companheiros o segurou.

– Nada de briga – grunhiu. – Devemos trabalhar juntos. Pelo que sei, esse tal de rei Victor não tolera desobediência.

No escuro, Anthony ouviu os passos do sentinela voltando em sua ronda, e foi para trás de um arbusto.

– Quem está aí? – perguntou um dos homens do lado de dentro.

– Carlo, fazendo a ronda.

– Ah. E o prisioneiro?

– Ele está bem. Voltando a si rapidamente. Recuperou-se bem da pancada que lhe demos na cabeça.

Anthony afastou-se furtivamente.

– Meu Deus! Que corja! – murmurou. – Discutem seus assuntos com a janela aberta, e esse idiota do Carlo faz a ronda com passadas de elefante e olhos de morcego. Como se não bastasse, os herzoslovacos e os franceses estão a ponto de se estapear a qualquer momento. O quartel-general do rei Victor está numa situação crítica. Como seria divertido lhe dar uma lição!

Ficou irresoluto por um momento, sorrindo sozinho.

Em algum lugar, sobre sua cabeça, ouviu um gemido abafado.

Anthony olhou para cima. Ouviu novamente o gemido.

Inspecionou em volta. Carlo ainda demoraria para aparecer de novo. Agarrou-se à hera e subiu agilmente até chegar ao peitoril de uma janela. A janela estava fechada, mas, com uma ferramenta que tirou do bolso, conseguiu forçar o trinco.

Parou um instante para ouvir e saltou para o interior do quarto, com habilidade. Havia uma cama na extremidade oposta, e nessa cama jazia um homem, cuja fisionomia não se distinguia na escuridão.

Anthony dirigiu-se à cama e iluminou o rosto do homem com sua lanterna. Era um rosto estrangeiro, pálido e macilento, a cabeça toda envolta em bandagens.

O homem estava com as mãos e os pés amarrados. Fitou Anthony com o olhar perdido, confuso.

Anthony inclinou-se sobre ele, mas, nesse momento, ouviu um barulho e virou-se, a mão movendo-se rápida para o bolso do paletó.

Uma dura ordem o deteve.

– Mãos ao alto, filhinho. Você não esperava me ver aqui, mas acontece que peguei o mesmo trem que você na Victoria Station.

Era o sr. Hiram Fish, em pé junto ao batente da porta. Sorria, empunhando uma grande pistola azulada.

Capítulo 25

Terça à noite em Chimneys

Lorde Caterham, Virginia e Bundle estavam na biblioteca depois do jantar. Era a noite de terça-feira. Cerca de trinta horas haviam passado desde a partida um tanto dramática de Anthony.

Pela sétima vez, no mínimo, Bundle repetia as palavras com que Anthony se despedira na esquina do Hyde Park.

– "Eu me viro para voltar" – disse Virginia pensativa. – Não dá a impressão de ser tanto tempo assim. Além disso, ele deixou todas as suas coisas aqui.

– Ele não disse para onde estava indo?

– Não – respondeu Virginia, olhando fixo para a frente. – Não me disse nada.

Em seguida, houve silêncio por alguns instantes. Lorde Caterham foi o primeiro a quebrá-lo.

– De um modo geral – observou –, manter um hotel é mais vantajoso do que manter uma casa de campo.

– Em que sentido?

– Aquele pequeno aviso que eles afixam no quarto: os hóspedes que pretendem ir embora devem comunicar antes do meio-dia.

Virginia sorriu.

– Talvez eu seja antiquado e exagerado – continuou ele. – Sei que está na moda entrar e sair de uma casa como se ela fosse um hotel. Muita liberdade e nenhuma conta no fim!

– Você é um velho resmungão – disse Bundle. – Tem Virginia e tem a mim. O que mais você quer?

— Mais nada. Mais nada — disse lorde Caterham. — Não é isso. É o princípio da coisa, que deixa qualquer um intranquilo. Admito que foram 24 horas quase ideais. De paz. Perfeita paz. Sem assaltos, crimes, violência. Sem detetives, sem americanos. A única questão é que eu poderia ter aproveitado muito mais se me sentisse realmente seguro. Porque repetia o tempo todo para mim mesmo: "Um deles deve voltar a qualquer instante". E isso estragava tudo.

— Mas ninguém voltou — observou Bundle. — Fomos abandonados. É estranho como Fish desapareceu. Ele não disse nada?

— Nem uma palavra. A última vez em que o vi foi ontem à tarde, andando de um lado para o outro no roseiral, fumando um daqueles charutos desagradáveis dele. Depois disso, parece que se evaporou na paisagem.

— Alguém deve ter sequestrado o sr. Fish — sugeriu Bundle.

— Daqui a um ou dois dias, imagino a Scotland Yard esvaziando o lago para encontrar seu corpo — disse seu pai em tom lúgubre. — Bem feito para mim. No momento certo, deveria ter ido para o exterior cuidar da minha saúde. Dessa forma, não teria caído na armadilha dos planos arrojados de George Lomax. Eu...

Foi interrompido por Tredwell.

— O que foi agora? — perguntou lorde Caterham irritado.

— O detetive francês está aqui, milorde, e gostaria que o senhor lhe concedesse alguns minutos.

— O que foi que eu lhes disse? — falou lorde Caterham. — Sabia que era bom demais para ser verdade. Vai ver que encontraram o corpo de Fish no tanque dos peixes.

Tredwell, de maneira estritamente respeitosa, voltou à questão inicial.

– Devo dizer-lhe que o senhor o receberá, milorde?
– Sim, sim. Traga-o aqui.

Tredwell retirou-se. Voltou um ou dois minutos depois, anunciando em voz solene:

– Monsieur Lemoine.

O francês entrou com passo lépido. Seu modo de andar, mais do que sua expressão, demonstrava que ele estava empolgado com alguma coisa.

– Boa noite, Lemoine – disse lorde Caterham. – Aceita um drinque?

– Não, obrigado. – Curvou-se meticulosamente para as mulheres. – Finalmente estou progredindo. No ponto em que as coisas estão, achei que o senhor precisava ter conhecimento das descobertas, das importantes descobertas que fiz ao longo das últimas 24 horas.

– Julguei mesmo que algo importante estivesse acontecendo – disse lorde Caterham.

– Senhor, ontem à tarde um de seus hóspedes saiu desta casa de maneira estranha. Devo dizer-lhe que suspeitei desde o início. Um homem que vem da natureza selvagem. Dois meses atrás ele estava na África do Sul. Mas e antes disso?

Virginia respirou fundo. O francês fitou-a por alguns instantes, com olhar curioso. Depois, prosseguiu:

– E antes disso? Ninguém sabe. E ele é exatamente o homem que estou procurando: alegre, audacioso, despreocupado, ousado. Já mandei diversos telegramas, mas não consigo nenhuma informação sobre seu passado. Sabe-se que ele esteve no Canadá há dez anos, mas depois disso... silêncio. Minhas suspeitas crescem. Certo dia, então, vejo um pedaço de papel num lugar por onde ele havia passado. O papel tem um endereço: o endereço de uma casa em Dover. Mais tarde, como que por acaso, deixo cair esse mesmo pedaço de papel. De rabo de olho, vejo Boris, o herzoslovaco, pegar o papel e entregá-lo a seu amo. Desde o começo, tive certeza de que esse Boris era um emissário dos Camaradas da Mão Vermelha. Sabemos que os Camaradas estão trabalhando com o rei Victor neste caso. Se Boris reconhecesse em Anthony Cade seu chefe, não faria exatamente o que estava fazendo, ou seja, não transferiria sua fidelidade para ele? Senão, por que Boris teria se ligado a um estranho insignificante? Muito suspeito. Mas sou pego de surpresa, pois Anthony Cade me traz esse papel imediatamente e me pergunta se não o deixei cair. Como eu disse, sou pego de surpresa, mas não totalmente. Porque esse gesto pode significar que ele é inocente ou muitíssimo inteligente. Nego, claro, que o papel seja meu ou que eu o tenha deixado cair. Mas, nesse meio-tempo, dou início a uma investigação paralela. Só hoje recebo notícias. A casa em Dover foi precipitadamente abandonada, mas até ontem à tarde ela estava ocupada por um grupo de estrangeiros. Sem dúvida, ali se situava o quartel-general do rei Victor. Agora, prestem atenção no significado de tudo isto. Ontem à tarde, o sr. Cade desaparece daqui de repente. Desde o momento em que deixou aquele papel cair, ele deve saber que o jogo está prestes a terminar. Vai a Dover, e imediatamente a quadrilha debanda. Qual será o próximo movimento, não sei. Só sei que o sr. Anthony Cade não voltará aqui. Mas, conhecendo o rei Victor como eu conheço, tenho certeza de que ele não abandonará a partida sem fazer mais uma tentativa para conseguir a joia. E é aí que eu o pego!

Virginia levantou-se subitamente. Andou até a lareira e falou, num tom frio como aço:

– O senhor está deixando de considerar uma coisa, monsieur Lemoine. O sr. Cade não é o único hóspede que desapareceu misteriosamente ontem à tarde.

– O que a madame quer dizer?

– Que tudo o que o senhor disse se aplica igualmente a outra pessoa. E o sr. Hiram Fish?

– Ah, o sr. Fish!

– Sim, o sr. Fish. O senhor não nos disse, naquela primeira noite, que o rei Victor tinha vindo da América para a Inglaterra? O sr. Fish também veio da América para a Inglaterra. É verdade que ele trouxe uma carta de recomendação assinada por um homem muito conhecido, mas é claro que isso, para um sujeito como o rei Victor, seria simples de conseguir. Ele, com certeza, não é o que finge ser. Lorde Caterham comentou que quando o sr. Fish vinha aqui, supostamente para discutir sobre edições originais, o americano nunca falava, só ouvia. E há diversos fatos suspeitos contra ele. Havia uma luz em sua janela na noite do assassinato. E aquela outra noite na Sala do Conselho. Quando o encontrei no terraço, ele estava completamente vestido. Talvez tenha sido *ele* quem deixou cair o papel. O senhor não *viu* o sr. Cade fazendo isso. O sr. Cade foi a Dover somente com o intuito de investigar. Talvez tenha sido raptado lá. O que estou querendo dizer é que existem muito mais coisas suspeitas contra o sr. Fish do que contra o sr. Cade.

A voz do francês soou cortante:

– Do seu ponto de vista, pode ser, madame. Não discuto. E concordo que o sr. Fish não é o que aparenta ser.

– Então?

– Mas isso não faz diferença. *O sr. Fish, madame, é um detetive particular americano.*

– O quê? – exclamou lorde Caterham.

– Sim, lorde Caterham. Ele veio para cá atrás do rei Victor. O superintendente Battle e eu já sabíamos disso há algum tempo.

Virginia ficou muda. Voltou a sentar-se, lentamente. Com aquelas poucas palavras, a estrutura que erguera tão cuidadosamente desmoronava a seus pés.

– Compreendem? – continuou Lemoine. – Todos nós sabíamos que, em algum momento, o rei Victor viria para Chimneys. Era o único lugar seguro para pegá-lo.

Virginia ergueu o olhar, com um brilho estranho nos olhos.

– Mas ainda não pegaram – disse, rindo.

Lemoine encarou-a.

– Ainda não, madame. Mas pegarei.

– Parece que ele é muito famoso em enganar os outros, não?

– Desta vez será diferente – disse o francês, furioso.

– É um sujeito muito atraente – comentou lorde Caterham. – Muito atraente. Mas com certeza... Por que você disse que ele era um velho amigo seu, Virginia?

– Por isso mesmo – respondeu Virginia, calmamente. – Acho que monsieur Lemoine está cometendo um engano.

Encarou o detetive, que não pareceu se abalar.

– O tempo dirá, madame – disse ele.

– O senhor acha que foi ele quem atirou no príncipe Michael? – perguntou ela.

– Com certeza.

Virginia sacudiu a cabeça.

– Ah, não! – exclamou. – Disto estou certa: Anthony Cade não matou o príncipe Michael.

Lemoine observava-a com atenção.

– Existe a possibilidade de que a senhora esteja certa, madame – disse ele, lentamente. – Uma possibilidade, nada mais. Talvez o herzoslovaco, Boris, tenha se excedido no cumprimento das ordens e dado o tiro. É possível que o príncipe Michael tenha lhe causado algum dano, e ele tenha desejado se vingar.

– Ele tem mesmo cara de assassino – concordou lorde Caterham. – Dizem que as criadas gritam quando ele passa por elas nos corredores.

– Bem – disse Lemoine. – Preciso ir. Achei que o senhor devia saber em que pé andam as coisas.

– Muita gentileza sua – disse lorde Caterham. – Tem certeza de que não quer um drinque? Tudo bem. Boa noite.

– Odeio esse homem, com essa barbinha preta e esses óculos – disse Bundle, assim que a porta se fechou. – Espero que Anthony consiga escapar dele. Adoraria vê-lo mordendo-se de raiva. O que você acha disso tudo, Virginia?

– Não sei – respondeu Virginia. – Estou cansada. Vou dormir.

– Não é má ideia – disse lorde Caterham. – Já são onze e meia.

Quando estava atravessando o amplo vestíbulo, Virginia viu de relance um homem de costas largas, vagamente familiar, saindo discretamente por uma porta lateral.

– Superintendente Battle! – chamou ela convicta.

O superintendente, pois era ele mesmo, virou-se com certa má vontade.

– Sim, sra. Revel?

– Monsieur Lemoine esteve aqui. Ele disse... Diga-me: é verdade mesmo que o sr. Fish é um detetive americano?

– Sim – respondeu o superintendente Battle.

– O senhor já sabia disso o tempo todo?

O superintendente Battle respondeu que sim com a cabeça.

Virginia encaminhou-se para a escada.

– Ok – disse ela. – Obrigada.

Até aquele momento, ela recusava-se a acreditar. E agora?

Sentada em seu quarto, em frente à penteadeira, encarava a questão de forma objetiva. Cada palavra que Anthony dissera voltava carregada de novo significado.

Seria esse o "ofício" do qual ele falara?

O ofício do qual ele desistira. Mas, nesse caso...

Um som diferente perturbou o curso natural de suas meditações. Virginia ergueu a cabeça, assustada. Seu pequeno relógio de ouro mostrava que já passava de uma hora da manhã. Há duas horas que ela estava ali, pensando.

O som se repetiu. Uma batida seca na vidraça. Virginia foi até a janela e abriu-a. Lá embaixo, na vereda, encontrava-se um sujeito alto, abaixando-se para pegar mais pedregulhos.

Por um momento, o coração de Virginia disparou, e então ela reconheceu a corpulência e o contorno anguloso do herzoslovaco Boris.

– Sim – disse ela em voz baixa. – O que houve?

Não lhe pareceu estranho, na ocasião, que Boris estivesse atirando pedregulhos em sua janela àquela hora da madrugada.

– O que houve? – repetiu ela, impaciente.

– Venho por ordem de meu amo – disse Boris em voz baixa, mas perfeitamente audível. – Mandou que eu viesse buscá-la – declarou com naturalidade.

– Buscar a mim?

– Sim. Devo levá-la até ele. Trago uma nota. Vou jogá-la para a senhora.

Virginia afastou-se um pouco, e um pedaço de papel, preso a uma pedra, caiu bem a seus pés. Ela o desdobrou e leu:

Minha cara (Anthony escrevera), estou em apuros, mas pretendo sair desta. Você confiará em mim e virá me ver?

Por cerca de dois minutos, Virginia ficou imóvel, paralisada, lendo e relendo aquelas poucas palavras.

Ergueu a cabeça, olhando o quarto luxuosamente equipado, como se enxergasse com novos olhos.

Debruçou-se, então, novamente na janela.

– O que eu devo fazer? – perguntou.

– Os detetives estão do outro lado da casa, do lado de fora da Sala do Conselho. Desça e saia pela porta lateral. Estarei lá. Tenho um carro esperando na estrada.

Virginia assentiu. Trocou o vestido por outro de tricô marrom e colocou um pequeno chapéu de couro, também marrom.

Sorrindo, escreveu um bilhete curto para Bundle e prendeu-o na alfineteira.

Desceu sorrateiramente e destrancou a porta lateral. Parou por um momento e, com um meneio de cabeça que denotava valentia, a mesma valentia com que seus ancestrais partiram para as Cruzadas, saiu.

Capítulo 26

Dia 13 de outubro

Às dez horas da manhã de quarta-feira, dia 13 de outubro, Anthony Cade entrou no Harridge's Hotel e perguntou pelo barão Lolopretjzyl, que estava hospedado lá.

Após uma boa demora, Anthony foi conduzido ao apartamento em questão. O barão estava em pé sobre o tapete junto à lareira, em postura ereta e rígida. O pequeno capitão Andrassy, em posição igualmente correta, mas denotando certa hostilidade, também estava presente.

O encontro iniciou-se com as mesuras habituais, o bater de calcanhares e outras saudações formais próprias da etiqueta. Anthony, a essa altura, já estava totalmente familiarizado com essa rotina.

– Perdão pela visita assim tão cedo, barão – disse ele jovialmente, deixando o chapéu e a bengala em cima da mesa. – Na verdade, tenho um pequeno negócio para lhe propor.

– Ah, é mesmo? – disse o barão.

O capitão Andrassy, que jamais superara a desconfiança inicial em relação a Anthony, mostrou-se cabreiro.

– Todo negócio – disse Anthony – baseia-se na conhecida lei da oferta e da procura. Uma pessoa deseja alguma coisa que outra pessoa tem. Resta apenas estabelecer o preço.

O barão fitou-o, mas não disse nada.

– Entre um nobre herzoslovaco e um cavalheiro inglês os termos devem ser facilmente fixados – acrescentou Anthony, corando um pouco. Tais palavras não vêm com facilidade aos lábios de um inglês, mas ele observara, em outras ocasiões, o enorme efeito de tal fraseologia sobre a mentalidade do barão. Como era de se esperar, a estratégia funcionou.

– É verdade – disse o barão, satisfeito, assentindo com a cabeça. – A mais pura verdade.

Até o capitão Andrassy pareceu ficar mais à vontade, anuindo também.

– Muito bem – disse Anthony. – Chega de rodeios.

– Como assim "rodeios"? – interrompeu o barão. – Não compreendo.

– Mera figura de linguagem, barão. Para falar com mais clareza, *o senhor* quer a mercadoria, *nós* a temos! Tudo está bem no navio, mas falta-lhe a figura de comando. Por navio quero dizer o Partido Legalista da Herzoslováquia. No atual momento, o senhor carece do principal suporte de sua plataforma política. Falta-lhe um príncipe! Agora, suponha, apenas suponha, que eu pudesse lhe fornecer um príncipe.

O barão admirou-se.

– Não compreendo – declarou.

– Senhor – disse o capitão Andrassy, torcendo o bigode –, isto é um insulto!

– De forma alguma – disse Anthony. – Estou tentando ser útil. Oferta e procura. Tudo justo e transparente. Só será fornecido um príncipe genuíno, com marca registrada. Se chegarmos a um acordo, o senhor verificará que digo a verdade. Estou lhe oferecendo um artigo genuinamente real, tirado do fundo da gaveta.

– Continuo não compreendendo – disse o barão.

– Na verdade, não importa – disse Anthony amavelmente. – Só quero que o senhor se acostume com a ideia. Para dizer de maneira mais direta, tenho algo escondido na manga. Guarde apenas isto: o senhor quer um príncipe. Dependendo das condições, posso lhe fornecer um.

O barão e Andrassy ficaram olhando para ele, perplexos. Anthony pegou o chapéu e a bengala e preparou-se para ir embora.

– Pense a respeito. Outra coisa, barão. O senhor precisa vir a Chimneys hoje à noite. O capitão Andrassy também. Deverá acontecer muita coisa curiosa por lá. Combinado? Na Sala do Conselho, às nove horas? Obrigado, cavalheiros. Posso contar com os senhores?

O barão deu um passo à frente e fitou o rosto de Anthony de modo inquisitivo.

– Sr. Cade – disse com dignidade –, espero que o senhor não esteja de brincadeira comigo.

Anthony encarou-o de volta.

– Barão – disse com um tom estranho na voz –, quando esta noite terminar, o senhor deverá ser o primeiro a admitir a seriedade do negócio.

Curvando-se perante os dois homens, Anthony retirou-se.

Sua próxima parada foi no centro de Londres, onde enviou seu cartão para o sr. Herman Isaacstein.

Depois de um bom tempo, Anthony foi recebido por um subalterno pálido elegantemente vestido, de modos envolventes e título militar.

– Desejava ver o sr. Isaacstein, não? – perguntou o jovem. – O problema é que ele está muito ocupado hoje de manhã. Reunião do conselho e essas coisas. Posso ajudá-lo?

– Preciso falar com ele pessoalmente – explicou Anthony, acrescentando: – Acabei de chegar de Chimneys.

O jovem balançou à menção de Chimneys.

– Oh! – exclamou em tom de dúvida. – Vou ver o que posso fazer.

– Diga a ele que é importante.

– Algum recado de lorde Caterham? – perguntou o rapaz.

– Algo semelhante – respondeu Anthony –, mas é imprescindível que eu veja o sr. Isaacstein o quanto antes.

Dois minutos depois, Anthony foi conduzido a um suntuoso gabinete, onde o que o impressionou foi, sobretudo, o tamanho e a profundidade das poltronas de couro.

O sr. Isaacstein levantou-se para cumprimentá-lo.

– Perdão por procurá-lo desta maneira – disse Anthony. – Sei que o senhor é um homem ocupado, e não vou tomar muito seu tempo. Quero apenas lhe propor um negócio.

Isaacstein fitou-o por um tempo com seus olhos redondos e negros.

– Pegue um charuto – disse de modo inesperado, apresentando uma caixa aberta.

– Obrigado – disse Anthony. – Vou aceitar.

Anthony pegou o charuto.

– É sobre aquele negócio da Herzoslováquia – continuou Anthony, enquanto aceitava um fósforo. Notou um brilho momentâneo no olhar fixo do outro. – O assassinato do príncipe Michael deve ter atrapalhado um pouco os planos.

O sr. Isaacstein levantou uma sobrancelha, murmurou "Hã?" e olhou para o teto.

– Petróleo – disse Anthony, observando, pensativo, a superfície lustrada da mesa. – Que coisa maravilhosa o petróleo.

Percebeu o leve sobressalto do financista.

– O senhor se incomodaria de ir diretamente ao assunto, sr. Cade?

– Claro que não. Imagino, sr. Isaacstein, que se essas concessões de petróleo forem garantidas a outra companhia, o senhor não ficará muito satisfeito. Estou certo?

– Qual é a sua proposta? – perguntou o outro encarando-o.

– Um pretendente adequado ao trono, cheio de simpatia pela Inglaterra.

– Onde o encontrou?

– Isso é da minha conta.

Isaacstein recebeu a resposta com um breve sorriso. Seu olhar aguçou-se.

– Artigo genuíno? Não tenho tempo para brincadeiras.

– Totalmente genuíno.

– Correto?

– Correto.

– Confio em sua palavra.

– O senhor não precisa de muito argumento para se convencer – disse Anthony, olhando-o com curiosidade.

Herman Isaacstein sorriu.

– Eu não estaria onde estou agora se não tivesse aprendido a reconhecer quando um homem está falando a verdade ou não – retrucou ele com simplicidade. – Quais são os seus termos?

– O mesmo empréstimo oferecido ao príncipe Michael, com as mesmas condições.

– E quanto ao senhor?

– Por enquanto, nada. Só queria lhe pedir que viesse a Chimneys hoje à noite.

– Não – disse Isaacstein em tom peremptório. – Não posso fazer isso.

– Por quê?

– Vou jantar fora. Um jantar muito importante.

– Mesmo assim. Acho que o senhor terá que cancelar esse jantar. Pelo seu próprio bem.

– O que o senhor quer dizer com isso?

Anthony encarou-o em silêncio antes de responder:

– O senhor sabia que eles encontraram o revólver utilizado para matar Michael? Sabe onde o encontraram? Na sua maleta.

– O quê?

Isaacstein quase pulou da poltrona, em frenesi.

– O que está dizendo? Como assim?

– Vou lhe contar.

Muito gentilmente, Anthony narrou as ocorrências relacionadas à descoberta do revólver. Enquanto ele falava, o rosto do outro assumia uma tonalidade acinzentada de absoluto terror.

– Mas não é verdade – berrou Isaacstein quando Anthony terminou. – Nunca coloquei o revólver ali. Não sei nada sobre isso. É uma conspiração.

– Não fique nervoso – disse Anthony acalmando-o. – Se isso é verdade, o senhor poderá provar facilmente.

– Provar? Como?

– Se eu fosse o senhor – disse Anthony tranquilamente –, viria a Chimneys hoje à noite.

Isaacstein fitou-o, com expressão de dúvida.

– Acha que eu devo ir?

Anthony inclinou-se para a frente e segredou-lhe algo. O financista caiu para trás admirado.

– Quer dizer que...

– Venha e veja – disse Anthony.

Capítulo 27

Dia 13 de outubro (continuação)

O relógio da Sala do Conselho deu nove horas.

– Bem – disse lorde Caterham, com um suspiro profundo. – Aqui estão todos de volta, abanado o rabo como carneirinhos.

Olhou tristemente em volta da sala.

– O tocador de realejo, com direito a macaco – murmurou, indicando o barão com o olhar. – O intrometido da Throgmorton Street...

– Acho que você está sendo indelicado com o barão – protestou Bundle, a quem essas confidências eram feitas. – Ele me disse que o considerava um exemplo de hospitalidade inglesa entre a *haute noblesse*.

– Imagino – disse lorde Caterham. – Ele sempre diz coisas desse tipo. Chega a ser cansativo conversar com ele. Mas lhe garanto que já não sou mais tão hospitaleiro quanto era. Assim que puder, passarei Chimneys a uma empresa americana e vou morar num hotel. Pelo menos ali, se alguma coisa nos incomodar, podemos pedir a conta e ir embora.

– Anime-se – disse Bundle. – Parece que perdemos o sr. Fish para sempre.

– Sempre o achei divertido – disse lorde Caterham, que apresentava um humor contraditório. – Quem me fez entrar nessa foi aquele seu jovem precioso. Por que esta reunião de conselho na minha casa? Por que ele não aluga The Larches, Elmhurst ou alguma vila residencial agradável, como as de Streatham, e não faz suas reuniões lá?

— Atmosfera inapropriada — disse Bundle.

— Espero que ninguém nos pregue uma peça — disse o pai, nervoso. — Não confio naquele francês, Lemoine. A polícia francesa é capaz de todo tipo de coisa. Põe faixas de borracha no braço das pessoas e reconstitui o crime, faz o sujeito pular e registra tudo num termômetro. Sei que quando eles perguntarem "quem matou o príncipe Michael?", minha contagem será de 122, ou algo assim terrível, e eles me prenderão na hora.

A porta se abriu e Tredwell anunciou:

— O sr. George Lomax e o sr. Eversleigh.

— Entra Codders, seguido de seu cão fiel — murmurou Bundle.

Bill foi direto a ela, enquanto George cumprimentou lorde Caterham da maneira cordial que assumia em público.

— Meu caro Caterham — disse George, apertando-lhe a mão —, recebi seu recado e vim imediatamente, claro.

— Fez muito bem, meu caro, fez muito bem. É um prazer tê-lo conosco. — A consciência de lorde Caterham levava-o sempre a um excesso de cordialidade quando ele sabia que não sentia nada. — O recado nem era meu, mas não importa.

Nesse meio-tempo, Bill interpelava Bundle em voz baixa.

— Para que tudo isso? Que história é essa de Virginia sair às pressas no meio da noite? Ela não foi sequestrada, foi?

— Oh, não — disse Bundle. — Ela deixou um bilhete na alfineteira, como se fazia antigamente.

— Ela não fugiu com ninguém, fugiu? Com aquele amigo colonial? Nunca gostei desse cara, e dizem as más línguas que ele é o famoso vigarista. Mas não vejo muito bem como possa ser.

– Por que não?

– Bem, esse tal de rei Victor é francês, e Cade é bastante inglês.

– Você nunca ouviu dizer que o rei Victor é um poliglota nato e tem ascendência irlandesa?

– Meu Deus! Foi por isso, então, que ele se manteve afastado, não é?

– Não sei se ele se manteve afastado. Ele desapareceu anteontem. Mas hoje de manhã recebemos um telegrama dele dizendo que estaria aqui às nove horas da noite e pedindo que convidássemos Codders. Todas essas pessoas vieram também a convite do sr. Cade.

– É uma reunião – disse Bill, olhando em volta. – Um detetive francês na janela, um detetive inglês perto da lareira. O elemento estrangeiro bem representado. Os Estados Unidos não enviaram seu representante?

Bundle sacudiu a cabeça.

– O sr. Fish tomou chá de sumiço. Virginia também não está aqui. Mas todos os outros estão reunidos, e eu tenho a impressão, Bill, de que estamos nos aproximando do momento em que alguém dirá "James, o mordomo", e tudo será esclarecido. Só estamos esperando Anthony Cade chegar.

– Ele jamais virá – disse Bill.

– Então por que teria convocado esta reunião de conselho, como diz o meu pai?

– Ah, existe alguma coisa por trás disso tudo. Vá saber. Talvez ele queira que estejamos todos juntos aqui, enquanto ele próprio vai a outro lugar. Esse tipo de coisa.

– Então acha que ele não virá?

– Não tem perigo. Acha que ele vai enfiar a cabeça na boca do leão? O lugar está cheio de detetives e autoridades.

– Você não conhece o rei Victor, se acha que isso o impediria. Pelo que dizem, este é o tipo de situação que ele adora, e ele sempre consegue sair por cima.

O sr. Eversleigh sacudiu a cabeça, não muito convencido.

– Seria uma verdadeira façanha, com o dado viciado contra ele. Ele jamais...

A porta se abriu de novo e Tredwell anunciou:

– O sr. Cade.

Anthony dirigiu-se diretamente ao anfitrião.

– Lorde Caterham – disse –, sei que estou lhe causando uma enorme dor de cabeça, e lamento muito por isso. Mas realmente acho que esta noite o mistério será esclarecido.

Lorde Caterham pareceu tranquilizar-se. Sempre tivera uma secreta preferência por Anthony.

– Dor de cabeça nenhuma – disse ele jovialmente.

– É muita gentileza sua – disse Anthony. – Pelo que vejo, estamos todos aqui. Podemos começar, então.

– Não entendo – disse George, sério. – Não entendo mais nada. Tudo isto é muito estranho. O sr. Cade não tem boa reputação, muito pelo contrário. A situação é bastante difícil e delicada. Sou da opinião...

O fluxo da eloquência de George foi interrompido. Movendo-se de maneira discreta para perto dele, o superintendente Battle sussurrou algumas palavras em seu ouvido. George ficou perplexo e desconcertado.

– Muito bem, nesse caso... – disse, com relutância. Depois, acrescentou em tom mais alto: – Tenho certeza de que todos queremos ouvir o que o sr. Cade tem a dizer.

Anthony ignorou a evidente condescendência no tom do outro.

– É apenas uma ideia que eu tive, nada mais – disse alegremente. – Provavelmente todos vocês já sabem que recebemos outro dia uma certa mensagem em código. Havia uma referência a Richmond e alguns números. – Pausa. – Bem, tivemos uma oportunidade de solucionar o caso e fracassamos. Porém, nas memórias do falecido conde Stylptitch (que eu acabei lendo), há uma referência a um determinado jantar, o "jantar das flores", em que cada participante deveria comparecer com um emblema representando uma flor. O conde usou uma réplica exata do modelo que encontramos na cavidade da passagem secreta. Representava uma rosa. Se estão lembrados, havia diversas coisas, em fileira: botões, letras E e retalhos de tricô. Agora, senhores, o que nesta casa está organizado em fileiras? Os livros, não? Acrescente-se a isso que no catálogo da biblioteca de lorde Caterham há um livro chamado *A vida do conde de Richmond*, e acho que teremos uma boa ideia do esconderijo. Partindo do livro em questão e usando os números como indicação de prateleiras e livros, deveremos descobrir que o objeto de nossa busca está escondido num livro falso, ou numa cavidade atrás de certo livro.

Anthony olhou em volta com modéstia, obviamente à espera de aplausos.

– Palavra de honra, muito engenhoso – disse lorde Caterham.

– Muito engenhoso – admitiu George em tom condescendente. – Mas falta verificar...

Anthony riu.

– Só acreditam vendo, não é? Pois deixem que eu resolvo a questão. – Levantou-se. – Vou à biblioteca...

Não foi muito longe. Monsieur Lemoine afastou-se da janela em sua direção.

– Só um momento, sr. Cade. Com sua permissão, lorde Caterham.

Foi até a escrivaninha e rabiscou algumas linhas. Fechou-as num envelope e tocou a campainha. Tredwell apareceu. Lemoine entregou-lhe o envelope.

– Faça com que seja enviado imediatamente, por favor.

– Perfeitamente, senhor – disse Tredwell.

Com seu jeito sempre majestoso, retirou-se.

Anthony, que estava de pé, irresoluto, sentou-se novamente.

– Qual a grande ideia, Lemoine? – perguntou, sem se alterar.

Todos sentiram uma súbita tensão no ar.

– Se a joia está mesmo onde o senhor diz que está, bem... já está lá há mais de sete anos. Quinze minutos a mais não fará diferença.

– Continue – disse Anthony. – Não era só isso que o senhor queria dizer.

– Não mesmo. Na atual conjuntura, não é prudente permitir que alguma pessoa saia da sala. Principalmente se essa pessoa tiver antecedentes duvidosos.

Anthony ergueu as sobrancelhas e acendeu um cigarro.

– Suponho que uma vida errante não seja mesmo muito respeitável – murmurou.

– Há dois meses, sr. Cade, o senhor esteve na África do Sul. Isso sabemos. Onde o senhor se encontrava antes disso?

Anthony recostou-se na cadeira, soltando anéis de fumaça, indolentemente.

– No Canadá. No deserto do noroeste.

– Tem certeza de que não estava na prisão? Uma prisão francesa?

O superintendente Battle, num gesto automático, aproximou-se da porta, para impedir que se fugisse por ali, mas Anthony não deu nenhum sinal de que tentaria algo dramático. Em vez disso, encarou o detetive francês e começou a rir.

– Meu pobre Lemoine. Que fixação! O senhor realmente vê o rei Victor em toda parte. Acha que eu sou ele?

– O senhor nega?

Anthony limpou a cinza que havia caído na manga de seu paletó.

– Jamais nego qualquer coisa que me divirta – respondeu levianamente. – Mas a acusação é, na verdade, demasiado absurda.

– Ah, o senhor acha? – O francês inclinou-se para a frente. Seu rosto contraía-se dolorosamente, e, ao mesmo tempo, ele parecia aturdido, como se algo na postura de Anthony o intrigasse. – E se eu lhe disser, monsieur, que desta vez, desta vez estou decidido a pegar o rei Victor e nada me impedirá?

– Muito louvável – comentou Anthony. – O senhor já havia decidido pegá-lo antes, não é, Lemoine? E ele levou a melhor. O senhor não tem medo de que isso aconteça de novo? Dizem que ele é um sujeito bastante resvaladiço.

A conversa transformara-se num duelo entre o detetive e Anthony. Todos os presentes sentiam a tensão do momento. Era uma luta decisiva entre o francês, em árdua determinação, e o homem que fumava com toda a calma do mundo e cujas palavras pareciam denotar que ele não se importava com nada.

– Se eu fosse você, Lemoine – continuou Anthony –, tomaria cuidado. Muito cuidado. Atenção com o vão entre o trem e a plataforma. Esse tipo de coisa.

– Desta vez não haverá erro – garantiu Lemoine.

– O senhor parece muito seguro – disse Anthony –, mas há uma coisa chamada prova.

Lemoine sorriu, e algo em seu sorriso atraiu a atenção de Anthony. Anthony apagou o cigarro, empertigando-se.

– Viu aquele recado que escrevi agora há pouco? – perguntou o detetive francês. – Era para o meu pessoal que está na estalagem. Recebi ontem da França as impressões digitais e as medidas antropométricas do rei Victor, também chamado de capitão O'Neill. Pedi que as mandassem para cá. Em alguns minutos, *saberemos* se o senhor é o homem que estamos procurando!

Anthony encarou-o e sorriu.

– O senhor é realmente muito esperto, Lemoine. Nunca pensei nisso. Os documentos chegarão, o senhor me obrigará a mergulhar os dedos na tinta, ou alguma coisa desagradável assim, medirá minhas orelhas e verificará meus sinais característicos. Se tudo corresponder...

– Se tudo corresponder... – repetiu Lemoine, incitando-o a completar a frase.

Anthony curvou-se para a frente.

– Se tudo corresponder – disse com tranquilidade –, e daí?

– "E daí"? – disse o detetive, espantado. – E daí que terei provado que o senhor é o rei Victor! – afirmou, deixando transparecer, porém, uma sombra de insegurança inédita em sua postura.

– O que lhe proporcionará, sem dúvida, uma grande satisfação – disse Anthony. – Mas não vejo muito bem como isso pode me atingir. Não estou admitindo nada, mas suponhamos, só a título de retórica, que eu seja o rei Victor. Posso estar arrependido, não?

– Arrependido?

– Pois é. Ponha-se no lugar do rei Victor, Lemoine. Use a imaginação. O senhor acabou de sair da prisão, e está vivendo relativamente bem. Perdeu o interesse pela vida de aventuras. Digamos, até, que encontrou uma bela moça e está pensando em se casar. Pretende morar o campo e cultivar hortaliças. Decide, daqui para a frente, levar uma vida irrepreensível. Coloque-se no lugar do rei Victor. Não consegue imaginar a sensação?

– Acho que eu não teria essa sensação – disse Lemoine com um sorriso sardônico.

– Talvez não – admitiu Anthony. – Mas o senhor não é o rei Victor, é? Não tem como saber o que ele sente.

– Mas não faz sentido tudo isso que o senhor está dizendo – cortou o francês.

– Faz sim. Ora, Lemoine, se sou eu o rei Victor, o que é que o senhor tem contra mim, afinal de contas? Lembre-se de que não conseguiu provar nada sobre o meu passado. Já cumpri minha sentença e pronto. Suponho que o senhor poderia me prender com base no que chamam de "vagabundagem com intenção de cometer crime", mas isso não lhe daria muita satisfação, concorda?

– O senhor está se esquecendo da América! – disse Lemoine. – E aquele negócio de obter dinheiro valendo-se de falsos pretextos, fazendo-se passar pelo príncipe Nicholas Obolovitch?

– Desista, Lemoine – disse Anthony. – Eu não estava nem perto da América nessa época. E posso provar facilmente. Se o rei Victor desempenhou o papel de príncipe Nicholas na América, então eu não sou o rei Victor. Tem certeza de que alguém se fez passar pelo príncipe? Será que aquele não era o próprio príncipe?

O superintendente Battle interpôs-se.

– O homem era um impostor, sr. Cade.

– Eu não me atreveria a contradizê-lo, Battle – disse Anthony. – O senhor costuma estar sempre certo. Tem certeza também de que o príncipe Nicholas morreu no Congo?

Battle fitou-o com curiosidade.

– Não coloco minha mão no fogo quanto a isso, mas é o que dizem.

– Cuidado, homem. Como é mesmo a sua estratégia? Dar bastante corda, não? Segui seu exemplo, e dei a monsieur Lemoine bastante corda. Não neguei as acusações dele. Mas receio que ele vá ficar desapontado. Sempre acreditei em trazer algo escondido na manga, sabe? Prevendo que poderiam surgir algumas situações desagradáveis aqui, tomei a precaução de trazer um trunfo. Está lá em cima.

– Lá em cima? – perguntou lorde Caterham interessadíssimo.

– Sim. O coitado tem passado por momentos bem difíceis ultimamente. Levou uma pancada na cabeça. Estive cuidado dele.

De repente, a voz grave do sr. Isaacstein se fez ouvir:

– Podemos adivinhar quem é?

– Se quiserem... – disse Anthony. – Mas...

Lemoine interrompeu, com repentina ferocidade:

– Tudo isso é absurdo. O senhor está querendo me enganar de novo. Pode ser verdade o que o senhor diz, que não esteve na América. O senhor é inteligente demais para afirmar algo que não seja verdade. Mas existe outra coisa: assassinato! Sim, assassinato. O assassinato do príncipe Michael. Ele o atrapalhou naquela noite em que o senhor estava procurando a joia.

– Lemoine, o senhor já ouviu dizer que o rei Victor tivesse cometido algum assassinato? – perguntou Anthony, com firmeza na voz. – O senhor sabe tão bem, ou melhor do que eu, que ele nunca derramou sangue.

– Quem, além do senhor, poderia ter matado o príncipe Michael? – berrou Lemoine. – Diga-me!

As últimas palavras morreram-lhe nos lábios quando se ouviu um assobio agudo no terraço. Anthony levantou-se, deixando de lado toda a sua aparente indiferença.

– O senhor me pergunta quem matou o príncipe Michael? – exclamou. – Não vou lhe dizer. Vou lhe *mostrar*. Esse assobio era o sinal que eu estava esperando. O assassino do príncipe Michael está na biblioteca agora.

Saltou pela janela, e os outros o seguiram, dando a volta pelo terraço até a janela da biblioteca. Anthony empurrou a esquadria, que cedeu.

Correu a pesada cortina para que pudessem olhar para dentro.

Em pé, junto à estante, encontrava-se uma figura sombria, tirando e recolocando os livros no lugar. Estava tão envolvida na tarefa que nem prestou atenção no barulho de fora.

E então, enquanto observavam, tentando reconhecer a figura, cuja silhueta se projetava vagamente contra a luz da lanterna que empunhava, alguém passou correndo por eles dando um grito que mais parecia o bramido de um animal selvagem.

A lanterna caiu no chão, apagou-se, e o som de uma terrível briga tomou conta do ambiente. Lorde Caterham foi tateando até o interruptor e acendeu a luz.

Duas pessoas engalfinhavam-se. Enquanto os outros olhavam, a luta terminou. Ouviu-se um estalido curto e seco de tiro, e a figura menor tombou. A outra virou-se para eles, encarando-os. Era Boris, com os olhos tomados de fúria.

– Ela matou meu amo – rosnou. – Agora tentava me matar. Eu teria arrancado o revólver de sua mão e dado um tiro nela, mas a arma disparou durante a luta. O santo Michael quis assim. A mulher perversa está morta.

– Uma mulher? – exclamou George Lomax, aproximando-se dela.

No chão, com o revólver ainda preso à mão e expressão de malignidade mortal no rosto, jazia mademoiselle Brun.

Capítulo 28

Rei Victor

— Suspeitei dela desde o início – explicou Anthony. – Havia uma luz acesa em seu quarto na noite do assassinato. Depois, tive dúvidas. Perguntei sobre ela na Bretanha e voltei convencido de que ela era o que dizia ser. Fui um idiota. Como a condessa de Breteuil havia contratado uma mademoiselle Brun e falado muito bem dela, nunca me ocorreu que a verdadeira mademoiselle Brun pudesse ter sido raptada no caminho para o trabalho, e uma substituta fosse tomar o seu lugar. Em vez disso, desviei minhas suspeitas para o sr. Fish. Somente quando ele me seguiu até Dover e conversamos é que comecei a enxergar as coisas com maior clareza. No momento em que descobri que ele era um detetive americano na cola do rei Victor, minhas suspeitas voltaram-se ao objeto original. O que mais me intrigava era que a sra. Revel havia reconhecido a mulher. Mas aí me lembrei que foi somente *depois* de eu ter mencionado que ela tinha sido governanta de madame Breteuil. E ela só disse que o rosto da governanta lhe era familiar. O superintendente Battle poderá lhe contar que uma verdadeira trama foi organizada para impedir que a sra. Revel viesse a Chimneys. Estamos falando de um cadáver. E, embora o assassinato tenha sido obra dos Camaradas da Mão Vermelha, punindo suposta traição por parte da vítima, a encenação do crime e a ausência do sinal característico do grupo indicavam uma inteligência superior no comando das operações. Desde o início, suspeitei de uma ligação com a Herzoslováquia. A sra. Revel era a única pessoa da casa que já havia estado nesse país. Julguei, a princípio, que alguém estivesse representando o papel de príncipe Michael, mas vi depois que estava totalmente enganado. Quando admiti a possibilidade de mademoiselle Brun ser uma impostora, acrescendo-se o fato de que seu rosto era familiar à sra. Revel, a coisa começou a clarear. Evidentemente, era fundamental que ela não fosse reconhecida, e a sra. Revel era a única pessoa capaz de reconhecê-la.

– Mas quem era ela? – perguntou lorde Caterham.
– Alguém que a sra. Revel conheceu na Herzoslováquia?
– Acho que o barão poderá nos dizer – respondeu Anthony.
– Eu? – O barão encarou-o. Em seguida, baixou o olhar para a figura imóvel no chão.
– Olhe bem – disse Anthony. – Não se deixe enganar pela maquiagem. Lembre-se de que ela já foi atriz.

O barão olhou novamente. De repente, teve um sobressalto.

– Meu Deus! Não é possível! – exclamou.
– O que não é possível? – perguntou George. – Quem é essa mulher? O senhor a reconhece, barão?
– Não, não, não é possível – continuava murmurando o barão. – Ela foi morta. Os dois foram mortos. Nos degraus do palácio. O corpo dela foi recuperado.
– Mutilado e irreconhecível – lembrou Anthony. – Ela conseguiu escapar, fingindo-se de morta. Acho que fugiu para a América, e ficou por lá muitos anos, dominada por um terror mortal dos Camaradas da Mão Vermelha. Eles promoveram a revolução, lembre-se, e sempre lhe guardaram rancor. O rei Victor foi solto, e eles planejaram recuperar o diamante juntos. Ela procurava a joia naquela noite quando se deparou com o príncipe Michael, que a reconheceu. Ela nunca teve

muito medo de encontrá-lo. Hóspedes da realeza não entram em contato com governantas, e ela poderia, em todo caso, retirar-se alegando enxaqueca, como fez no dia em que o barão chegou. Mas, quando menos esperava, viu-se cara a cara com príncipe Michael. O destino vinha desgraçá-la. Atirou no príncipe. Foi ela quem pôs o revólver na maleta de Isaacstein, para confundir as pistas, e foi ela quem devolveu as cartas.

Lemoine deu um passo à frente.

– O senhor está dizendo que ela estava procurando a joia aquela noite – disse ele. – Não estaria ela indo se encontrar com seu cúmplice, o rei Victor, que vinha pelo lado de fora? Hein? O que me diz quanto a isso?

Anthony suspirou.

– O senhor ainda insiste nisso, Lemoine? Como é persistente! Ainda não se deu conta de que tenho um trunfo na manga?

Mas George, cujo cérebro funcionava lentamente, interrompeu.

– Ainda não entendo nada. Quem era essa mulher, barão? Parece que o senhor a reconhece, não?

O barão afastou-se, empertigado.

– O senhor está enganado, sr. Lomax. Essa mulher eu nunca vi antes. Uma estranha completa é ela para mim.

– Mas...

George olhava para ele, intrigado.

O barão levou-o para um canto da sala e sussurrou algo em seu ouvido. Anthony divertia-se, observando o rosto de George ficar vermelho, os olhos arregalarem-se, todos os sintomas incipientes de apoplexia.

– Certamente... certamente... – murmurava George, com sua voz gutural. – Sem dúvida... não precisa... é complicado... máxima discrição.

– Ah! – Lemoine bateu na mesa. – Nada disso me importa! O assassinato do príncipe Michael não é assunto meu. Eu quero é o rei Victor.

Anthony sacudiu a cabeça.

– Sinto muito, Lemoine. O senhor é, de fato, um sujeito muito capaz. Mas, de qualquer maneira, vai perder o jogo. Chegou o momento de apresentar meu trunfo.

Anthony atravessou a sala e tocou a campainha. Tredwell apareceu.

– Um cavalheiro chegou comigo hoje à noite, Tredwell.

– Sim, senhor. Um cavalheiro estrangeiro.

– Exatamente. Poderia lhe pedir para vir até aqui o quanto antes?

– Claro, senhor.

Tredwell retirou-se.

– Entra em cena o trunfo, o misterioso monsieur X – disse Anthony. – *Quem será?* Alguém adivinha?

– Ligando os pontos – disse Herman Isaacstein –, considerando suas misteriosas insinuações desta manhã e sua atitude hoje à noite, eu diria que não restam dúvidas quanto a isso. De alguma forma, o senhor conseguiu trazer o príncipe Nicholas da Herzoslováquia.

– O senhor acha isso também, barão?

– Sim. A não ser que tenha trazido outro impostor. Mas não acredito. Comigo, o senhor foi muito correto.

– Obrigado, barão. Não me esquecerei dessas palavras. Então, estão todos de acordo?

Olhou em volta para o círculo de rostos ansiosos. Só Lemoine não respondeu. Manteve os olhos fixos na mesa, bastante sério.

Os ouvidos atentos de Anthony perceberam o som de passos do lado de fora.

– Sinto informar, porém, que vocês estão todos enganados – disse ele, com um sorriso estranho.

Encaminhou-se rapidamente para a porta e abriu-a.

Havia um sujeito no batente: um homem de barba preta, óculos, maneiras ligeiramente afetadas e a fisionomia um pouco desfigurada por uma bandagem na cabeça.

– Quero apresentar-lhes o verdadeiro monsieur Lemoine, da Sûreté.

Houve grande tumulto, e então ouviu-se a voz nasal e calma do sr. Hiram Fish tranquilizando-os da janela:

– Não, nada disso, filhinho. Por aqui, não. Fiquei a noite toda neste lugar com o único propósito de impedir sua fuga. Observe que você está bem na mira do meu revólver. Vim pegá-lo, e peguei. Mas você realmente não é fácil!

Capítulo 29

Mais algumas explicações

— O senhor nos deve uma explicação, sr. Cade – disse Herman Isaacstein, um pouco mais tarde, na mesma noite.

— Não há muito o que explicar – disse Anthony modestamente. – Fui para Dover e Fish me seguiu, achando que eu era o rei Victor. Lá, encontramos um estranho misterioso que estava preso, e assim que ouvimos sua história entendemos o que havia acontecido. A mesma história de sempre. O homem verdadeiro raptado, e o falso, nesse caso o próprio rei Victor, no seu lugar. Battle, contudo, desconfiou desde o início desse seu colega francês e telegrafou para Paris solicitando suas impressões digitais e outros meios de identificação.

— Ah! – fez o barão. – As impressões digitais. As medidas antropométricas que aquele pilantra mencionou?

— Foi uma ideia muito inteligente – disse Anthony. – Admirei-a tanto que me vi obrigado a entrar no jogo. Além disso, meu modo de agir intrigou bastante o falso Lemoine. Assim que fiz menção às fileiras e à localização da joia, ele passou habilmente a informação para sua cúmplice, ao mesmo tempo em que nos manteve aqui nesta sala. O bilhete era para a mademoiselle Brun. Disse a Tredwell que o entregasse imediatamente, e Tredwell obedeceu, subindo para entregá-lo na sala de estudos. Lemoine me acusou de ser o rei Victor, desviando a atenção e impedindo que saíssemos da sala. No momento em que tudo se esclarecesse e fôssemos para a biblioteca procurar a joia, ela não estaria mais lá, para seu regozijo.

George limpou a garganta, pigarreando.

– Devo dizer, sr. Cade – falou com certa pompa –, que considero sua ação neste caso totalmente repreensível. Uma pequena falha nos seus planos, e uma das nossas principais propriedades nacionais teria desaparecido sem possibilidade de recuperação. Foi muita imprudência de sua parte, sr. Cade, uma imprudência para lá de censurável.

– Acho que o senhor não entendeu bem a coisa, sr. Lomax – disse o sr. Fish com a voz arrastada. – O diamante histórico jamais esteve atrás dos livros da biblioteca.

– Não?

– Não.

– O pequeno artifício de que se valeu o conde Stylptitch – explicou Anthony – representava o modelo original, ou seja, uma rosa. Quando descobri isso na segunda-feira à tarde, fui direto para o roseiral. O sr. Fish também tivera a mesma ideia. De costas para o relógio de sol, se você der sete passos para a frente, oito para a esquerda e três para a direita, chegará a um conjunto de arbustos com rosas brilhantes e vermelhas, chamadas Richmond. A casa foi revirada de cabeça para baixo na busca do esconderijo, mas ninguém pensou em procurar no jardim. Sugiro que façamos um mutirão de escavação amanhã de manhã.

– Então a história sobre os livros da biblioteca...

– Foi uma invenção minha para pegar a cúmplice. O sr. Fish montou guarda no terraço e assobiou no momento psicologicamente adequado. Posso dizer que o sr. Fish e eu estabelecemos lei marcial na casa de Dover e impedimos que os Camaradas da Mão Vermelha se comunicassem com o falso Lemoine. Ele lhes enviou uma ordem para evacuar o local e recebeu resposta de que isso tinha sido feito. Prosseguiu, portanto, com seus planos de denúncia contra mim.

— Muito bem – disse lorde Caterham, alegremente –, parece que tudo se esclareceu de forma bastante satisfatória.

— Tudo, menos uma coisa – disse o sr. Isaacstein.

— O quê?

O grande financista encarou Anthony.

— Para que o senhor me trouxe aqui? Só para assistir a uma cena dramática como espectador?

Anthony sacudiu a cabeça.

— Não, sr. Isaacstein. O senhor é um homem ocupado, e tempo é dinheiro. Qual era o motivo original de sua vinda para cá?

— A negociação de um empréstimo.

— Com quem?

— Com o príncipe Michael da Herzoslováquia.

— Exatamente. O príncipe Michael está morto. O senhor está disposto a oferecer o mesmo empréstimo, nas mesmas condições, a seu primo Nicholas?

— E como é que o senhor vai fazer? Achei que ele tivesse morrido no Congo.

— Ele morreu, sim. Eu o matei. Oh, não, não sou um assassino. Quando digo que o matei quero dizer que espalhei a notícia de sua morte. Prometo-lhe um príncipe, sr. Isaacstein. Serve *eu*?

— O senhor?

— Sim, eu mesmo. Nicholas Sergius Alexander Ferdinand Obolovitch. Um nome um pouco louco para o tipo de vida que decidi viver. Por isso, saí do Congo como Anthony Cade.

O pequeno capitão Andrassy levantou-se.

— Mas isso é incrível! Incrível! – exclamou. – Tenha cuidado com o que diz, senhor.

— Posso apresentar inúmeras provas – disse Anthony calmamente. – Acho que serei capaz de convencer o barão.

O barão ergueu a mão.

– Seus provas examinarei, sim. Mas para mim não é necessário. Seu palavra já é suficiente. Além disso, o senhor se parece muito com seu mãe inglesa. Eu sempre pensei: "Este rapaz, de um lado ou de outro, é muito bem-nascido".

– O senhor sempre confiou na minha palavra, barão – disse Anthony. – Garanto-lhe que jamais me esquecerei disso.

Olhou, então, para o superintendente Battle, cujo rosto permanecia completamente impassível.

– Os senhores hão de compreender – disse Anthony, sorrindo – que minha posição era extremamente precária. De todos os que estavam na casa, eu devia ser considerado como o que tinha a melhor razão para desejar a morte de Michael Obolovitch, uma vez que eu era o próximo herdeiro do trono. Durante todo o tempo, tive muito medo de Battle. Sempre senti que ele suspeitava de mim, mas que não podia agir por falta de provas.

– Jamais achei que o senhor tivesse atirado nele – declarou o superintendente Battle. – Temos uma intuição para esse tipo de assunto. Mas eu sabia que o senhor estava com medo de alguma coisa, e isso me intrigava. Se eu tivesse descoberto antes quem o senhor era, acho que teria me rendido à evidência e decidido prendê-lo.

– Fico satisfeito por ter conseguido esconder pelo menos um segredo comprometedor. O senhor conseguiu me arrancar todos os outros. O senhor é excelente em sua profissão, Battle. Sempre lembrarei da Scotland Yard com respeito.

– Inacreditável – murmurou George. – É a história mais incrível que já ouvi. Mal posso acreditar. O senhor está certo, barão, de que...

— Meu caro sr. Lomax — disse Anthony, com certa rispidez na voz —, não tenho intenção de pedir ao Ministério das Relações Interiores da Inglaterra que apoie minha reivindicação sem apresentar as mais convincentes provas documentais. Sugiro que terminemos agora, e que o senhor, o barão, o sr. Isaacstein e eu discutamos os termos do empréstimo proposto.

O barão levantou-se e bateu os calcanhares.

— Será o momento de maior orgulho de meu vida — disse ele solenemente — quando o senhor vai ser rei da Herzoslováquia.

— Ah, a propósito, barão — disse Anthony, despreocupado, dando-lhe o braço —, esqueci de lhe dizer: há um laço que me prende. Sou casado.

O barão recuou, com expressão desalentada.

— Alguma coisa errada eu sabia que haveria — soltou. — Meu Deus! Ele se casou com uma mulher negra em África!

— Calma, não exagere — disse Anthony rindo. — Ela é bem branca. Toda branca.

— Bom. Um relação morganático pode ser, então.

— Absolutamente. Ela será tão rainha quanto eu rei. Não adianta balançar a cabeça. Ela é totalmente qualificada para o posto. É a filha de um nobre inglês, cujo reino remonta à época do Conquistador. Está na moda agora as pessoas da realeza se casarem na aristocracia. E ela conhece um pouco da Herzoslováquia.

— Meu Deus! — exclamou George Lomax, ignorando a discrição de sempre. — Não vai me dizer que é Virginia Revel?

— Sim — respondeu Anthony. — É Virginia Revel.

— Meu caro amigo — disse lorde Caterham —, quer dizer, senhor. Felicito-o. Realmente. Ela é uma criatura adorável.

– Obrigado, lorde Caterham. Ela é tudo o que o senhor diz, e muito mais.

O sr. Isaacstein, porém, olhava-o com curiosidade.

– Desculpe-me a pergunta, Sua Alteza, mas quando foi essa casamento?

Anthony respondeu com um sorriso:

– Na verdade, casei-me com ela hoje de manhã.

Capítulo 30

Anthony assume um novo trabalho

— Se quiserem, podem ir começando, cavalheiros. Eu vou dentro de alguns minutos – disse Anthony.

Esperou que os outros saíssem e virou-se para o superintendente Battle, que parecia entretido examinando o madeiramento da parede.

— Então, Battle? Quer me perguntar alguma coisa, não?

— Quero, sim. Como é que o senhor percebeu? Bom, sempre observei que o senhor entende rápido as coisas. Pelo que entendi, a mulher que morreu era a rainha Varaga, não?

— Exatamente, Battle. Espero que a notícia não se espalhe. Pode entender como me sinto em relação aos esqueletos da família.

— O sr. Lomax se incumbirá disso. Ninguém jamais saberá. Quer dizer, muitas pessoas saberão, mas o assunto não virará notícia.

— Era isso o que queria me perguntar?

— Não, senhor. Foi só uma pergunta casual. Na verdade, fiquei curioso para saber o que o fez trocar de nome. Desculpe-me a intromissão.

— Não é intromissão nenhuma. Vou lhe dizer. Matei a mim mesmo pelos motivos mais simples, Battle. Minha mãe era inglesa, fui educado na Inglaterra e estava muito mais interessado na Inglaterra do que na Herzoslováquia. Sentia-me ridículo andando por aí com um título de ópera-bufa atrelado a mim. Quando eu era muito novo, tinha ideias democráticas. Acreditava na pureza dos ideais e na igualdade dos homens. Não acreditava em reis e príncipes.

– E depois?

– Ah, depois viajei o mundo. Não existe muita igualdade. Veja bem, ainda acredito na democracia. Mas é preciso obrigá-la ao povo com mão forte, empurrá-la goela adentro. Os homens não querem ser irmãos. Talvez queiram algum dia, mas atualmente não é isso o que acontece. Minha crença na fraternidade humana morreu no dia em que cheguei a Londres, na semana passada, e vi as pessoas no metrô simplesmente se recusarem a se mover para dar lugar aos que entravam. Não transformaremos as pessoas em anjos apelando para sua boa índole, pelo menos por enquanto. Mas podemos coagi-las a um comportamento mais ou menos decente umas para com as outras. Ainda acredito na fraternidade humana, mas no futuro. Digamos, daqui a uns 10 mil anos. Não adianta ser impaciente. A evolução é um processo lento.

– Estou muito interessado nos seus pontos de vista, senhor – disse Battle com brilho nos olhos. – E, se me permite dizer, tenho certeza de que o senhor será um excelente rei.

– Obrigado, Battle – disse Anthony com um suspiro.

– O senhor não parece muito feliz com a ideia.

– É, não sei. Talvez seja divertido. Mas vou ter que me prender a um trabalho fixo. Sempre fugi disso.

– E, no entanto, sabe que é seu dever, e por isso aceita.

– Não! Nada disso. Que ideia! É por uma mulher. Sempre as mulheres. Por ela, eu faria mais do que ser rei.

– Tem razão.

– Organizei as coisas de modo que o barão e Isaacstein não possam desistir. Um quer um rei, o outro quer petróleo. Os dois terão o que desejam, e eu tenho... Oh, senhor! Já esteve apaixonado alguma vez, Battle?

– Sou muito apegado à sra. Battle, senhor.

– Muito apegado à sra... Ah, você não entendeu o que eu quis dizer. É totalmente diferente!

– Desculpe-me, senhor, aquele seu criado está esperando do lado de fora da janela.

– Boris? É mesmo. Um sujeito maravilhoso. Ainda bem que o revólver disparou durante a briga e matou a mulher. Caso contrário, Boris lhe teria torcido o pescoço, com certeza, e você ia querer enforcá-lo. Sua dedicação à dinastia Obolovitch é algo notável. O curioso é que, assim que Michael morreu, ele se apegou a mim. E ele não tinha como saber quem eu era.

– Instinto – disse Battle. – Como um cão.

– Instinto muito esquisito, pensei no momento. Tive receio que, por causa disso, você desconfiasse de alguma coisa. Acho melhor ir ver o que ele quer.

Anthony saiu pela janela. O superintendente Battle ficou só, olhando naquela direção. Depois disse, como se falasse com as paredes:

– Ele servirá.

Do lado de fora, Boris se explicava.

– Meu amo – disse e conduziu-o pelo terraço.

Anthony o seguiu, intrigado.

Boris parou e apontou com o indicador. Era noite de lua, e na frente deles havia um banco de pedra, onde estavam sentadas duas pessoas.

"Ele é realmente um cão", pensou Anthony. "E digo mais: é um *pointer*."

Caminhou para a frente. Boris desapareceu na escuridão.

As duas pessoas se levantaram e vieram a seu encontro. Uma era Virginia. A outra...

– Oi, Joe – disse uma voz muito familiar. – Essa sua garota é o máximo.

– Jimmy McGrath, que maravilha! – exclamou Anthony. – Como é que você veio parar aqui?

– Aquela minha viagem para o interior não deu certo. Em seguida, apareceram uns gringos para me importunar. Queriam comprar aquele manuscrito. Quando quase fui esfaqueado nas costas uma determinada noite, cheguei à conclusão de que o havia encarregado de um serviço maior do que eu imaginava. Considerando que você podia estar precisando de ajuda, vim logo atrás de você, no navio seguinte.

– Esplêndido, não? – disse Virginia, apertando o braço de Jimmy. – Por que é que você nunca me disse que ele era tão legal? Você é ótimo, Jimmy.

– Pelo visto, vocês dois estão se dando muito bem – disse Anthony.

– Claro! – disse Jimmy. – Eu estava procurando saber de você, quando encontrei essa moça. E ela não era nada do que eu imaginava... alguma dessas importantes damas da alta sociedade que metem medo na gente.

– Ele me contou sobre as cartas – disse Virginia. – E me senti envergonhada de não ter ficado em apuros por causa delas, quando ele foi esse incrível cavaleiro errante.

– Se eu soubesse que você era assim – disse Jimmy de modo galanteador –, não teria entregado as cartas para ele. Teria trazido pessoalmente. Como é, meu rapaz, a diversão acabou mesmo? Não há mais nada que eu possa fazer?

– Há, sim! – exclamou Anthony. – Espere um minuto.

Anthony entrou na casa. Pouco tempo depois, voltou com um pacote que jogou nos braços de Jimmy.

– Vá à garagem e pegue um carro bonito. Corra para Londres e entregue esta encomenda na Everdean

Square, 17. É o endereço particular do sr. Balderson. Em troca, ele lhe dará mil libras.

– O quê? Não são as memórias, são? Pelo que eu soube, elas foram queimadas.

– Está me estranhando? – disse Anthony. – Achou que eu ia cair numa história dessas? Liguei imediatamente para os editores, descobri que o outro telefonema havia sido um trote, e agi de acordo. Fiz um pacote falso, conforme a orientação que recebi, coloquei o verdadeiro no cofre da gerência e entreguei o falso. As memórias jamais saíram das minhas mãos.

– Bravo, meu caro – disse Jimmy.

– Oh, Anthony! – exclamou Virginia. – Você não vai deixar que elas sejam publicadas, não é?

– Não tenho como evitar. Não posso decepcionar um companheiro como Jimmy. Mas você não precisa se preocupar. Tive tempo de lê-las, e agora entendo por que as pessoas dizem que os figurões não escrevem as próprias memórias, mas contratam alguém para escrever por eles. Como escritor, Stylptitch é chatíssimo. Fala de política e não conta nenhum caso interessante ou indiscreto. Sua paixão pelo sigilo manteve-se firme até o fim. Não há uma única palavra sequer nas memórias que possa melindrar algum político. Liguei para Balderson hoje e combinei de entregar o manuscrito hoje mesmo, até a meia-noite. Mas, agora que Jimmy está aqui, ele próprio pode fazer esse trabalho.

– Estou de saída – disse Jimmy. – Gosto da ideia das mil libras, sobretudo quando já as considerava fora de cogitação.

– Espere um segundo – disse Anthony. – Tenho uma confissão a fazer, Virginia. Uma coisa que todo mundo sabe, mas que ainda não lhe contei.

– Não me importa quantas mulheres estranhas você amou, contanto que você não me fale nada sobre elas.

– Mulheres! – exclamou Anthony com ar virtuoso. – Você acha mesmo? Pergunte aqui ao James com que tipo de mulheres eu estava na última vez que ele me viu.

– Velhas cafonas – disse Jimmy, solenemente. – Nenhuma tinha menos de 45 anos.

– Obrigado, Jimmy, você é um verdadeiro amigo – disse Anthony. – Não, é muito pior do que isso. Enganei-a quanto ao meu verdadeiro nome.

– E isso é assim tão horrível? – perguntou Virginia, com interesse. – Já sei. É um nome bizarro, como Pobbles. Imagine ser chamada de sra. Pobbles.

– Você sempre pensa o pior de mim.

– Admito que cheguei a pensar que você fosse o rei Victor, mas só por um minuto e meio.

– A propósito, Jimmy, tenho um trabalho para você: exploração de ouro nas regiões rochosas da Herzoslováquia.

– Tem ouro lá? – perguntou Jimmy, entusiasmado.

– Com certeza – respondeu Anthony. – É um país maravilhoso.

– Então você aceitou meu conselho e está indo para a Herzoslováquia?

– Sim – disse Anthony. – Seu conselho valia mais do que você imaginava. Agora, a confissão. Não fui trocado na maternidade, nem nada romântico assim. Mas sou o príncipe Nicholas Obolovitch, da Herzoslováquia.

– Oh, Anthony – exclamou Virginia. – Que maravilha! E eu me casei com você! E agora, o que vamos fazer?

– Vamos para a Herzoslováquia e fazemos de conta que somos rei e rainha. Jimmy McGrath disse uma vez que a média de vida de um rei ou rainha lá é de menos de quatro anos. Espero que você não se importe.

— Me importar? – exclamou Virginia. – Eu vou amar!

— Ela não é demais? – murmurou Jimmy.

Depois, discretamente, sumiu dentro da noite. Alguns minutos mais tarde, ouviu-se o barulho de um carro.

— Nada como deixar que um homem faça o seu próprio trabalho – disse Anthony, com satisfação. – Além disso, eu não sabia como me livrar dele. Desde que nos casamos, não ficamos nem um minuto sozinhos.

— Vamos nos divertir muito – disse Virginia. – Ensinar os bandoleiros a deixarem de ser bandoleiros, os assassinos a não assassinar, e elevar o nível moral do país.

— Gosto de ouvir esse idealismo puro – disse Anthony. – Sinto que meu sacrifício não foi em vão.

— Besteira – disse Virginia calmamente. – Você vai gostar de ser rei. Está no sangue. Você foi educado para isso, e tem aptidão natural para a coisa, assim como os encanadores entendem de encanamentos.

— Nunca achei que eles entendessem – disse Anthony. – Mas, ei, não vamos perder tempo falando de encanadores. Você sabia que neste exato momento eu deveria estar numa importante reunião com Isaacstein e o velho Lollipop? Eles querem conversar sobre petróleo. Petróleo, meu Deus! Eles que esperem. Virginia, você se lembra quando eu disse que tentaria de tudo para fazer com que você gostasse de mim?

— Lembro – respondeu Virginia suavemente. – Mas o superintendente Battle estava espiando pela janela.

— Sim. Mas agora ele não está – disse Anthony.

Puxou-a subitamente para si, beijando-lhe as pálpebras, os lábios, o cabelo dourado...

— Eu te amo, Virginia – sussurrou. – Te amo muito. Você me ama?

Baixou os olhos para ela, certo da resposta.

Ela descansou a cabeça em seu ombro e, com uma voz trêmula e doce, respondeu:

– Nem um pouco!

– Você não presta – brincou Anthony, beijando-a de novo. – Agora tenho certeza de que a amarei até que a morte nos separe...

Capítulo 31

Detalhes diversos

Cena – Chimneys, quinta-feira, 11h.

Johnson, o policial, sem paletó, cavando.

No ar, atmosfera de funeral. Amigos e parentes em volta do túmulo que Johnson está cavando.

George Lomax parece ser o principal beneficiário do testamento do falecido. O superintendente Battle, impassível, mostra-se satisfeito que tudo tenha corrido bem. Como agente funerário, ele ganhou crédito. Lorde Caterham tem aquela postura solene e chocada que os ingleses assumem no decurso de uma cerimônia religiosa.

O sr. Fish não se enquadra tão bem na cena. Não é solene o bastante.

Johnson, curvado na missão, endireita-se de repente. Leve burburinho agita o ambiente.

– Está bom, filhinho – diz o sr. Fish. – Precisamos ter cuidado agora.

Percebe-se logo que ele é realmente o médico da família.

Johnson afasta-se. O sr. Fish, com a devida circunspecção, inclina-se sobre a escavação. O cirurgião está prestes a operar.

Traz um pequeno pacote embrulhado em lona. Com muita cerimônia, entrega-o ao superintendente Battle. Este último, por sua vez, entrega-o a George Lomax. A etiqueta exigida pela situação foi cuidadosamente cumprida.

George Lomax desembrulha o pacote, corta o oleado de dentro e mexe no conteúdo. Durante um tempo, segura algo na palma da mão e, ato contínuo, amortalha o objeto de volta em algodão.

Limpa a garganta.

– Neste momento auspicioso – começa, com a eloquência de um orador experiente.

Lorde Caterham retira-se precipitadamente. No terraço, encontra a filha.

– Bundle, aquele seu carro está em ordem?

– Sim. Por quê?

– Leve-me, então, para a cidade, imediatamente. Vou viajar para o exterior. Hoje mesmo.

– Mas pai...

– Não discuta comigo, Bundle. George Lomax me avisou, ao chegar hoje de manhã, que estava ansioso para ter uma conversa particular comigo, sobre um assunto bastante delicado. Acrescentou que o rei de Timbuktu chegará a Londres em breve. Não quero passar por tudo aquilo de novo. Bundle, está me ouvindo? Nem por cinquenta George Lomax! Se Chimneys é um lugar tão valioso para a nação, que a nação o compre. Caso contrário, eu o venderei a um sindicato, que poderá transformá-lo num hotel.

– Onde está Codders agora?

Bundle coloca-se à altura das circunstâncias.

– Neste exato momento – retruca lorde Caterham, consultando o relógio –, está servindo ao Império, pelo menos por quinze minutos.

Outro quadro.

O sr. Bill Eversleigh, que não foi convidado para a cerimônia fúnebre, ao telefone.

– Não, realmente. Quer dizer... Não se ofenda... Quer jantar comigo hoje à noite? Não, não estive. Estava trabalhando como um condenado. Você não imagina como é Codders... Dolly, você sabe muito bem o que eu acho de você... Sabia que eu nunca dei bola para ninguém? Só para você. Sim, vou ao espetáculo primeiro. Como está indo? *Fechos e desfechos...*

Sons horripilantes: o sr. Eversleigh tenta cantarolar o refrão da peça.

E a peroração de George chega ao fim nesse momento.

– ...a paz duradoura e a prosperidade do Império britânico!

– Puxa – disse o sr. Hiram Fish, em voz baixa para si mesmo e para quem quisesse ouvir –, esta foi uma semaninha e tanto.

Série Agatha Christie na Coleção **L&PM** POCKET

O homem do terno marrom
O segredo de Chimneys
O mistério dos sete relógios
O misterioso sr. Quin
O mistério Sittaford
O cão da morte
Por que não pediram a Evans?
O detetive Parker Pyne
É fácil matar
Hora Zero
E no final a morte
Um brinde de cianureto
Testemunha de acusação e outras histórias
A Casa Torta
Aventura em Bagdá
Um destino ignorado
A teia da aranha (com Charles Osborne)
Punição para a inocência
O Cavalo Amarelo
Noite sem fim
Passageiro para Frankfurt
A mina de ouro e outras histórias

MISTÉRIOS DE HERCULE POIROT

Os Quatro Grandes
O mistério do Trem Azul
A Casa do Penhasco
Treze à mesa
Assassinato no Expresso Oriente
Tragédia em três atos
Morte nas nuvens
Os crimes ABC
Morte na Mesopotâmia
Cartas na mesa
Assassinato no beco
Poirot perde uma cliente
Morte no Nilo
Encontro com a morte
O Natal de Poirot
Cipreste triste
Uma dose mortal
Morte na praia
A Mansão Hollow
Os trabalhos de Hércules
Seguindo a correnteza
A morte da sra. McGinty
Depois do funeral
Morte na rua Hickory
A extravagância do morto
Um gato entre os pombos
A aventura do pudim de Natal
A terceira moça
A noite das bruxas
Os elefantes não esquecem
Os primeiros casos de Poirot
Cai o pano: o último caso de Poirot
Poirot e o mistério da arca espanhola e
    outras histórias
Poirot sempre espera e outras histórias

MISTÉRIOS DE MISS MARPLE

Assassinato na casa do pastor
Os treze problemas
Um corpo na biblioteca
A mão misteriosa
Convite para um homicídio
Um passe de mágica
Um punhado de centeio
Testemunha ocular do crime
A maldição do espelho
Mistério no Caribe
O caso do Hotel Bertram
Nêmesis
Um crime adormecido
Os últimos casos de Miss Marple

MISTÉRIOS DE TOMMY & TUPPENCE

O adversário secreto
Sócios no crime
M ou N?
Um pressentimento funesto
Portal do destino

ROMANCES DE MARY WESTMACOTT

Entre dois amores
Retrato inacabado
Ausência na primavera
O conflito
Filha é filha
O fardo

TEATRO

Akhenaton
Testemunha de acusação e outras peças
E não sobrou nenhum e outras peças